JN278353

●子育て支援シリーズ

地域の子育て環境づくり

3

[編集代表] 大日向雅美

[監修] 汐見　稔幸
佐藤　博樹
大日向雅美
小宮　信夫
山縣　文治

ぎょうせい

はじめに

　政官界をはじめ多方面で、ここ10数年、少子化対策を重点課題に掲げ、様々な施策が検討されてきましたが、いずれも少子化の進展を阻止するだけの十分な効果をあげられないまま今日に至っています。その反省に立って、2007年12月に政府が取りまとめた『子どもと家族を応援する日本重点戦略』では、従来の総花的な施策の羅列を廃し、少子化対策として基本となる2つの施策に焦点を絞って取りまとめられており、今後の施策が大きく前進することが期待されます。

　本巻はこの2つの施策である「働き方の見直し」と「地域の保育・子育て支援の充実」のうち、「地域の保育・子育て支援」を取り上げ、その現状と今後の課題を明らかにするものです。具体的構成としては、本巻の第1部で、地域における子育て支援について、重点戦略の流れに沿って現状と課題について述べ、中でも重要なテーマとなる保育と放課後対策を取り上げています。続く第2部では、近年目覚しい動きを示している地域の民間の活動について取り上げています。さらに第3部では、地域の子育て支援の行方を左右する人材の確保と活用について、特色ある実践例を紹介しています。地域の子育て支援の発展は、人々が安心して子どもを生み、子育てに喜びを見出せる社会を築くために欠かせない要件であり、市民と行政、そして企業等が協働し、新しい社会の仕組みを創る可能性を秘めた取組みであると考えます。地域の子育て支援について、あるべき方向の理論的な基礎を示し、かつ地域の特性を活かした実践を紹介した本巻が、子育て支援行政や実践活動に携る方々にとってお役に立てれば幸いです。

2008年10月

編集代表

大日向　雅美

目　次

はじめに

第1部　子育て支援とは

第1章　子育て支援は地域の時代に……………………………………3
大日向　雅美（恵泉女学園大学大学院教授／NPO法人あい・ぽーとステーション代表理事）

1．国も施策を大きく方向転換……………………………………… 3
　少子化対策のこれまで／新たなステージを迎えて

2．「子どもと家族を応援する日本重点戦略」の基本的視点と地域の子育て支援の重要性……………………………………… 8
　2つの基本的視点／地域の子育て支援と重点戦略の意義

3．地域の保育・子育て支援の重要性と課題……………………11
　重点戦略が示す「包括的な次世代育成支援」の枠組み／子育て支援は「ハコモノ」から「人」へ／家庭的保育の制度化に象徴される課題

4．すべての家庭をカバーする子育て支援の時代を迎えて……15
　行政の姿勢に求められること／困難な状況にある子どもや家族に対する支援の強化／地域の子育て支援は、今、大きく動き始めている

5．地域の子育て支援の今後に向けた課題………………………18
　民間の活動をいかに育むか／ネットワークと支援マインドの確立を

第2章　保育制度から見た子育て支援……………………………… 22
普光院　亜紀（保育園を考える親の会代表）

はじめに……………………………………………………………22

1．急増した保育ニーズ……………………………………………22
　2．保育ニーズの多様化とその支援………………………………24
　　就労支援／地域の子育て支援／福祉的ニーズの増大
　3．保育制度の変化と現状…………………………………………31
　　規制緩和／保育の多様化
　4．これからの子育て支援と施設保育……………………………44

第3章　子どもの放課後の支援……………………………… 47
　　　　　　　　普光院　亜紀（保育園を考える親の会代表）
はじめに………………………………………………………………47
　1．放課後児童クラブ（学童保育）の制度化とニーズの急増…47
　　歴史が浅い子どもの放課後事業／放課後児童クラブの整備状況
　　／放課後児童クラブの不足
　2．放課後児童クラブの現状………………………………………50
　　対象児童／実施場所／終了時刻／施設規模
　3．「全児童対策事業」と「放課後子どもプラン」の課題 ……53
　　「全児童対策事業」とは／「全児童対策事業」と就労家庭ニーズ
　　／「放課後子どもプラン」の創設
　4．小学校から思春期にかけての子どもの居場所………………64
　　地域・子ども・家庭のニーズ／これからの放課後事業に求めら
　　れること／人と人のつながり

第2部　民間からのムーブメント

第1章　子育て支援の類型と民間活動……………………… 71
　　　　　　　　山縣　文治（大阪市立大学大学院 生活科学研究科教授）
　1．子育て支援の展開………………………………………………71
　2．子育て支援の類型………………………………………………72

第2章　拠点を核とした多様な活動……………………………73
　　　　　　山縣　文治（大阪市立大学大学院　生活科学研究科教授）
　1．わははネット……………………………………………………74
　　　子育てをキーワードに様々な人が集まるひろばに
　　　　　　中橋　恵美子（NPO法人わははネット理事長）
　2．子育て応援かざぐるま…………………………………………81
　　　子どもといっしょに　おとなもいっしょに
　　　　　　山田　智子（NPO法人子育て応援かざぐるま代表理事）
　3．まめっこ…………………………………………………………86
　　　子育て支援でおとなが変わる、地域が変わる
　　　　　　丸山　政子（NPO法人子育て支援のNPOまめっこ理事長）
第3章　仲間（ピア）としての支援………………………………90
　　　　　　山縣　文治（大阪市立大学大学院　生活科学研究科教授）
　4．げんき発信隊……………………………………………………91
　　　認め合い、元気になれる場所づくり
　　　　　　金子　留里（子育て支援サークル　げんき発信隊代表）
　5．マミーベアーズ…………………………………………………96
　　　お母さん、ひとりでがんばりすぎないで
　　　　　　藤本　佳子（多胎児子育て支援グループ　マミーベアーズ代表）
　6．しぶたね………………………………………………………101
　　　病気の子どものきょうだいをサポートしています
　　　　　　清田　悠代（しぶたね（Sibling Supportたねまきプロジェクト）代表）
第4章　地域との共生をめざした活動……………………………106
　　　　　　山縣　文治（大阪市立大学大学院　生活科学研究科教授）
　7．山東子育て応援団………………………………………………107
　　　地域との共生をめざした活動─地域交流サロン「ばあちゃんち」の活動を通して

村上　千幸（社会福祉法人喜育園　山東保育園園長）

8．ハートフレンド……………………………………………………… 112
「地域総がかりの子育てを」―すべての人に優しい居場所づくりをめざして

徳谷　章子（NPO法人ハートフレンド代表理事）

9．河北子育てアドバイザーセンター「ひなのおうち」…………… 117
地域との共生をめざした活動

奥山　勝夫（NPO法人河北子育てアドバイザーセンタ副理事長兼事務局長）

第5章　子育て支援のネットワークづくり……………………… 123
山縣　文治（大阪市立大学大学院　生活科学研究科教授）

10．こももネット………………………………………………………… 124
おおきなWAになって子育て

中谷　邦子（NPO法人こももネット代表理事）

11．こどもなんでもネットワーク下関………………………………… 129
子育てにやさしい世間の再生をめざして

中川　浩一（こどもなんでもネットワーク下関事務局）

12．岡山子育てネットワーク研究会…………………………………… 134
広げよう、深めよう！岡山の子育てネットワーク～出会いとつながりをすべての親子へ～

赤迫　康代（岡山子育てネットワーク研究会代表世話人）

第6章　市民視点の予防活動……………………………………… 140
山縣　文治（大阪市立大学大学院　生活科学研究科教授）

13．子育て支援グループamigo………………………………………… 141
市民視点の予防活動～子育て支援グループamigoの実践から～

松田　妙子（子育て支援グループamigo発起人）

14．心の子育てネット…………………………………………………… 146

にしよどがわ　地域の子育てネットワークが主催する、親が
　　主体的に取り組む「いのちの授業」
　　　　　　　原　　博美（心の子育てネット にしよどがわ代表）
　15. 福間津屋崎子ども劇場……………………………………………151
　　メディアと主体的に向きあう力をすべての子どもたちに
　　　　　　佐伯　美保（NPO法人福間津屋崎子ども劇場代表理事）
　第7章　女性の自立支援を意識した活動…………………………157
　　　　　　山縣　文治（大阪市立大学大学院　生活科学研究科教授）
　16. おふぃすパワーアップ……………………………………………158
　　京都の子育て情報発信から始まった母親の自立支援
　　　丸橋　泰子（NPO法人子育て支援コミュニティおふぃすパワー
　　　　　　　　　アップ代表）
　17. やまがた育児サークルランド……………………………………164
　　母親自身が持っている力を活かす支援を！
　　　　　　野口　比呂美（NPO法人やまがた育児サークルランド代表）
　18. びぃめ～る…………………………………………………………170
　　自分らしいGENKIな一歩を踏み出すために
　　　　　　　小川　泰江（NPO法人びぃめ～る企画室）

第3部　テーマ別に見る自治体の子育て支援

第1章　地域支援・地域連携のタイプ分け……………………177
　　　　　　岡　　健（大妻女子大学　家政学部児童学科准教授）
はじめに…………………………………………………………………177
　1．支援・連携のMISSION ………………………………………… 177
　2．組織の整備……………………………………………………… 178
　3．情報の提供……………………………………………………… 180
　4．子育て・家族支援者の養成とバックアップ………………… 181

5．中高生の居場所づくりと支援者の養成……………………………… 182

6．「どうせ」から「どうか」へ
　　―市民を「お客さん」から「当事者」にする公共の運営………… 183

7．場や拠点の整備……………………………………………………… 184

8．子育て支援におけるもう1つの協働
　　―"win-winの関係"をめざした地域支援―……………………… 186

9．要支援家庭へのサポート…………………………………………… 187

10．父母や保護者たちのエンパワメント
　　―これからの「子育て支援」をめざして―……………………… 188

おわりに……………………………………………………………………… 189

第2章　支援・連携のMISSION―子どもの権利保障の担い手としての自治体職員に求められること― …………………… 191
　　　　　　安部　芳絵（早稲田大学 女性研究者支援総合研究所客員講師）

1．子育て支援部門におけるミッション……………………………… 191

2．「子育て支援」と「子どもの視点」の登場 ………………………… 192

3．子ども条例の制定動向……………………………………………… 193
　　「総合条例」の制定動向／「個別条例」の制定動向／「施策推進の原則条例」の制定動向

4．社会を子ども中心に変える、自治体職員の力…………………… 198

5．求められる子ども支援と連携の力量形成………………………… 199
　　子どもの意見表明・参加への支援／子どもとNPO・市民をつなぐ

6．子どもにやさしいまちづくり……………………………………… 202

第3章　組織の整備……………………………………………………… 205
　　　　　　榊原　智子（読売新聞東京本社 生活情報部）

1．次世代育成施策の充実を支える行政体制………………………… 205
　　時代が求める組織の見直し／手探りのシステム再編

2．鎌倉市のチャレンジ

──「横割」連携で生まれた「こども部」……………………… 207
　　　公約された「こども局」／手探りで始まった横断的協力／ブックスタートで見えた連携の成果／子育て支援の道先案内人／生まれた様々な副次効果
　3．行財政改革から生まれた三鷹市の子育て支援室……………… 215
　　　行政改革が可能にした先進的な施策／組織改正を重ねた10年／大所帯の「子育て支援室」が誕生
　4．横断的連携がもたらすメリット………………………………… 219
　　　横断的組織を機能させるポイント／次世代育成支援に必要な"縦割風土"の克服

第4章　情報の提供……………………………………………………222
　　　羽田　圭子・荻田　竜史（みずほ情報総研株式会社　社会経済コンサルティング部）
　1．自治体の子育て支援における情報提供の意義………………… 222
　2．民間との協働によるウェブサイトでの一元的情報提供
　　　──東京都三鷹市………………………………………………… 223
　　　全国有数の電子自治体・三鷹市／子育て関連情報をトータルに提供する「みたか★子育てねっと」／トータルで有用な情報提供を可能にした民間主導のコンテンツづくり
　3．行政組織の一元化によるきめ細かな情報提供
　　　──愛知県豊田市………………………………………………… 228
　　　国際色豊かな企業城下町・豊田市／転入時のきめ細かな情報提供／ワンストップサービスを実現する組織体制／来所や訪問での対面による情報提供／2種類の情報提供ツールの整備／利用者や住民の視点の重視
　4．まとめ…………………………………………………………… 233
　　　ワンストップサービスはコンシェルジュ・サービス／ワンストップサービスを有効にする情報提供ツールの作成／住民や民

間団体との連携の推進

第5章　子育て・家族支援者の養成とバックアップ……………236
　　　大日向　雅美（恵泉女学園大学大学院教授／NPO法人あい・ぽーとステーション代表理事）

1．今、なぜ地域の人材養成なのか………………………………… 236
2．子育て・家族支援者養成の実際………………………………… 237
　　講座の概要と実績／本講座の特徴
3．子育て・家族支援者養成の課題………………………………… 241

第6章　中高生の居場所づくり支援と支援者の養成……………243
　　　水野　篤夫（(財)京都市ユースサービス協会）

1．「居場所」を失った子どもたち ………………………………… 243
2．中高生にとっての第4の空間…………………………………… 246
3．中高生への関わりの難しさ
　　（非行対策・健全育成策の限界）………………………………… 247
4．非行対策・健全育成策からユースサービスへ………………… 248
5．中高生はどんな空間や「居場所」を求めているか？ ………… 249
6．中高生の居場所づくりの課題
　　〜行政がつくる「居場所」と民間団体の居場所づくり〜………… 250
7．居場所づくり支援とユースワーカー…………………………… 252
8．若者の側にいる支援者
　　〜様々な形の「ユースワーカー」が若者の近くにいる！〜……… 255

第7章　「どうせ」から「どうか」へ
　　　―市民を「お客さん」から「当事者」にする公共の運営……257
　　　　　西川　正（NPO法人ハンズオン埼玉　副代表）

はじめに……………………………………………………………… 257
1．これまでの行政と住民の関係―今、何が問題なのか………… 258
　　あちらとこちらの壁／公共「サービス」―消費する暮らしの浸透／誰でもよい、という関係性

2．自治の視点から住民の仕事・行政の仕事を見直す……………… 262
   新しい公共の哲学を／住民自身にしかできないこと／NPOと
   協働する理由は？／自治の仕事—決め方を変える、社会資源を
   生み出す行政へ
 3．「どうせ」から、「どうか」へ……………………………………… 269
   たき火の条件／パートナーとして

第8章　場や拠点の整備……………………………………………………272
　　大豆生田　啓友　（関東学院大学　人間環境学部人間発達学科准教授）
　　　荒木田　ゆり（横浜市こども青少年局　地域子育て支援課長）
　　原　美紀（横浜市港北区地域子育て支援拠点どろっぷ施設長・
　　　　NPO法人びーのびーの事務局長）

 はじめに………………………………………………………………… 272
 1．横浜市における地域子育て支援事業の展開……………………… 272
   概況／地域子育て支援の場の整備の考え方／地域子育て支援の
   場の概略
 2．行政から見た地域子育て支援事業実施上の利点と課題………… 274
 3．NPOサイドから見た実施上の利点と課題 ……………………… 280
   利点／課題
 おわりに………………………………………………………………… 291

第9章　子育て支援におけるもう1つの協働
　　　　—"win-winの関係"をめざした地域支援—………………293
　　　　　　　　島村　友紀・安田　純子（野村総合研究所）

 1．企業の「子育て支援」……………………………………………… 293
 2．CSR活動の一環としての子育て支援 …………………………… 294
   自治体中心×社会貢献重視：子育てマッチングシステム——三
   重県「スイッチ」／自治体中心：事業性重視：子育て家庭優待
   事業——石川県「プレミアム・パスポート事業」／自治体と企
   業の協業×社会貢献重視：地域見守り隊——北九州市「ヤクル

トレディによるサポート隊」／自治体と企業の協業×事業性重視：子育て応援ファンド——石川県「ふるさといしかわ子育て応援ファンド」／企業中心×事業性重視：新たなビジネスモデル「ソーシャルビジネス」

 3．まとめ……………………………………………………… 306

第10章　要支援家庭へのサポート………………………………308
島村　友紀（野村総合研究所）

 1．児童虐待対策の流れ………………………………………… 308
 2．市町村における児童家庭相談援助………………………… 310
  基本的な考え方・役割／児童家庭相談援助の流れ
 3．要保護児童対策地域協議会を中心とした体制づくり…… 314
  連携体制／要保護児童対策地域協議会の設置について／要保護児童対策地域協議会の構成員／要保護児童対策地域協議会の運営
 4．事例：加古川市における家庭児童相談援助……………… 317
  市の概要／要保護児童対策に関する取組みと現状／加古川市における要保護児童対応に関する基本的な考え方
 5．まとめ……………………………………………………… 322

第11章　父母や保護者たちのエンパワメント
──これからの「子育て支援」をめざして──………323
久保田　力（浜松大学 健康プロデュース学部こども健康学科教授）

 1．普遍的な社会機能として存在していた子育て支援……… 323
 2．「少子社会」問題対策／政策・施策としての「子育て支援」…… 324
 3．「子育て支援」諸施策の類型……………………………… 325
  「乳幼児を託す」場や機会の拡大／「子育て支援」と「子育て代行」との混同／「子育てに関する相談」の場や機会の拡大／「子育てに関する財政的援助」の拡大
 4．看過されてきた「保護者」になるための学習活動……… 328
 5．ニュージーランドのプレイセンター（Playcentre）に見る

「子育て相互支援」……………………………………………… 330
　　　　　セッション（session）／ワークショップ（workshop）
　6．わが国での父母（保護者）のエンパワメントの課題……… 334

　　　　　　　　　　　（執筆者の肩書きは2008年10月現在）

第1部
子育て支援とは

第1章

子育て支援は地域の時代に

大日向　雅美　（恵泉女学園大学大学院教授／NPO法人あい・ぽーとステーション代表理事）

1. 国も施策を大きく方向転換

（1）少子化対策のこれまで

　日本において少子化社会の到来が初めて認識されたのは、いわゆる1.57ショックといわれる1990年でした。前年の合計特殊出生率が、丙午の迷信によって大幅に下がった1966年の1.58をさらに下回った人口動向に刺激を受けたことは、よく知られています。以来、様々な対策が検討されてきましたが、打ち出された施策の経緯は図表1に示されているとおりです。

　図表1に示した施策の流れは大きく3つのステージに分けられます。

　第1ステージは、1990年代はじめに、〈出生率の動向を踏まえた対策〉としてエンゼルプランが策定され、続いて1990年代後半に〈少子化への対応の必要性に基づく対策〉を経て、〈総合的な少子化対策〉である新エンゼルプランが策定された時期に相当します。エンゼルプラン（1995年度〜1999年度）では、各種保育事業についての具体的な数値目標を定めた「緊急保育対策等5ヵ年事業」が策定され、続く新エンゼルプラン（2000年度〜2004年度）では「待機児童ゼロ作戦」により、保育所受入れ児童数の拡大が盛り込まれるなど、保育関係事業を中心に具体的な目標数値が掲げられてきました。

　しかし、少子化傾向の進展に歯止めがかからず、〈少子化の流れを変えるためのもう一段の対策〉へと施策が移行したのが、第2ステージです。2000年に入ると、就労家庭に加えて在宅家庭の子育てについても同様の困難さが

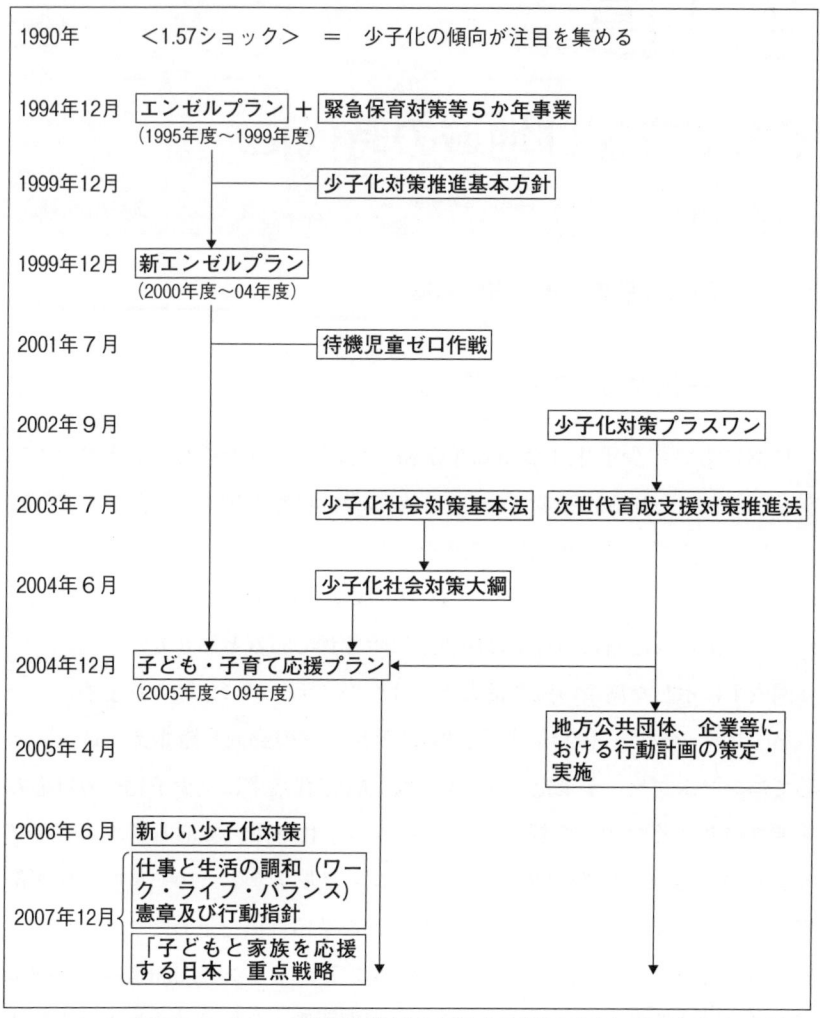

図表1　少子化対策・子育て支援施策の経緯

1990年	＜1.57ショック＞ ＝ 少子化の傾向が注目を集める
1994年12月	エンゼルプラン（1995年度～1999年度）＋ 緊急保育対策等5か年事業
1999年12月	少子化対策推進基本方針
1999年12月	新エンゼルプラン（2000年度～04年度）
2001年7月	待機児童ゼロ作戦
2002年9月	少子化対策プラスワン
2003年7月	少子化社会対策基本法／次世代育成支援対策推進法
2004年6月	少子化社会対策大綱
2004年12月	子ども・子育て応援プラン（2005年度～09年度）
2005年4月	地方公共団体、企業等における行動計画の策定・実施
2006年6月	新しい少子化対策
2007年12月	仕事と生活の調和（ワーク・ライフ・バランス）憲章及び行動指針／「子どもと家族を応援する日本」重点戦略

（内閣府『平成20年版 少子化社会白書』（佐伯印刷、2008年））

あることが注目され、従来の保育中心の施策から、より包括的な支援の必要性が認められる展開となったものです。すなわち「男性を含めた働き方の見直し」「地域における次世代支援」「社会保障における次世代支援」「子どもの社会性の向上や自立の促進」を4本柱に、社会全体で総合的に取り組む必

要性を指摘したものが「少子化対策プラスワン」(2002年)、「次世代育成支援対策推進法」(2003年)です。また「少子化対策基本法」(2003年)が議員立法として制定され、その具体化を図る「少子化対策大綱」(2004年)が閣議決定されました。この大綱に盛り込まれた施策の効果的な推進を図ることをめざして、2004年12月に「子ども・子育て応援プラン」の決定をみましたが、このプランが取りまとめられた段階で、少子化対策に必要なすべてのメニューが出そろったといえます。

(2) 新たなステージを迎えて

「子ども・子育て応援プラン」を受けて、その具体化を進めているのが、現段階の第3ステージです。少子化対策・子育て支援に必要な施策を集大成した「子ども・子育て応援プラン」の中から施策に優先順位をつけ、対策の具体化のための制度設計を推進する時代が到来したといえます。「子ども・子育て応援プラン」策定から3年を経て2007年12月に国がとりまとめた『子どもと家族を応援する日本重点戦略』は、文字どおり、今後の日本社会に最も重要かつ急務と考えられる施策を重点的に取りまとめ、焦点を絞ったものです。具体的内容は、図表2に示されていますが、「働き方の改革による仕事と生活の調和」と「"家庭における子育て"を包括的に支援する枠組み(社会的基盤)の構築」を主要な対策として位置づけています。換言すれば、子育てや家庭生活を犠牲にすることなく働き続けられる就労環境を確保して、同時に親が多様な働き方を選択できる柔軟なサポート体制を構築し、安心して子どもを預けることのできる保育や地域の育児支援の充実をめざしたものです。この施策の実現に要する費用は単なるコストではなく未来への投資である、と踏み込んだ見解を示して、効果的な財政投入の必要性にも配慮されており、重点戦略にかける政府の意気込みを感じさせる内容となっています。

図表2　「子どもと家族を応援する日本」重点戦略のポイント

I　重点戦略策定の視点

○今後の労働力人口の急速な減少と、結婚や出産・子育てに関する希望と現実の乖離（かいり）の拡大
○人口減少下で、持続的な経済発展の基盤として必要なこと
・「若者や女性、高齢者の労働市場参加の実現」
・「国民の希望する結婚や出産・子育ての実現」の2点の同時達成

> その鍵は「就労と結婚・出産・子育ての二者択一構造」の解決に

> 「二者択一構造」解消のための「車の両輪」→ 速やかに軌道に乗せる必要

| 働き方の改革による仕事と生活の調和の実現 | 「親の就労と子どもの育成の両立」「家庭における子育て」を包括的に支援する枠組み（社会的基盤）の構築 |

II　仕事と生活の調和の実現

「仕事と生活の調和（ワーク・ライフ・バランス）憲章」（国民的な取組の大きな方向性の提示）
「仕事と生活の調和推進のための行動指針」を策定（企業や働く者等の効果的取組、国や地方公共団体の施策の方針）

仕事と生活の調和が実現した社会の姿

国民一人ひとりがやりがいや充実感を感じながら働き、仕事上の責任を果たすと共に、家庭や地域生活などにおいても、子育て期、中高年期といった人生の各段階に応じて多様な生き方が選択・実現できる社会

| ①就労による経済的自立が可能な社会 | ②健康で豊かな生活のための時間が確保できる社会 | ③多様な働き方・生き方が選択できる社会 |

各主体の取組みを推進するための社会全体の目標を設定

（代表例）

○就業率（②、③にも関連）〈女性（25～44歳）〉64.9%→69～72%〈高齢者（60～64歳）〉52.6%→60～61%○フリーターの数187万人→144.7万人以下	○週労働時間60時間以上の雇用者の割合10.8%→半減○年次有給休暇取得率46.6%→完全取得	○第1子出産前後の女性の継続就業率38.0%→55%○育児休業取得率（女性）72.3%→80%（男性）0.50%→10%○男性の育児・家事関連時間（6歳未満児のいる家庭）60分／日→2.5時間／日

（いずれも現状→10年後）

> 社会全体としての進捗状況を把握・評価し、政策に反映

関係者が果たすべき役割

企業と働く者	国・地方公共団体
協調して生産性の向上に努めつつ、職場の意識や職場風土の改革とあわせ働き方の改革に自主的に取り組む	国民運動を通じた気運の醸成、制度的枠組みの構築や環境整備などの促進・支援策への積極的な取組み、地域の実情に応じた展開

第1章　子育て支援は地域の時代に

Ⅲ　包括的な次世代育成支援の枠組みの構築

仕事と生活の調和を推進し、国民の希望する結婚や出産・子育ての
実現を支える給付・サービスの考え方

①親の就労と子どもの育成の両立を支える支援	②すべての子どものすこやかな育成を支える対個人給付・サービス	③すべての子どものすこやかな育成の基盤となる地域の取組み
○就業希望者を育児休業と保育（あるいはその組合せ）で切れ目なくカバーできる体制、仕組みの構築 ○そのための制度の弾力化（短時間勤務を含めた育児期の休業取得方法の弾力化、家庭的保育など保育サービスの提供手段の多様化） ○保育所から放課後児童クラブへの切れ目のない移行	○一時預かりをすべての子ども・子育て家庭に対するサービスとして再構築（一定のサービス水準の普遍化） ○子育て世帯の支援ニーズに対応した経済的支援の実施	○妊婦健診の望ましい受診回数の確保のための支援の充実 ○各種地域子育て支援の面的な展開（全戸訪問の実施、地域子育て支援拠点の整備） ○安全・安心な子どもの放課後の居場所の設置 ○家庭的な環境における養護の充実など、適切な養育を受けられる体制の整備

効果的な財政投入の必要性

（社会的コストの試算）

児童・家族関係社会支出額 （2007年度推計）約4兆3,300億円 （対GDP比0.83％ 欧州諸国では2～3％） ※現在の費用構成は、国・地方公共団体の公費が約8割、企業・個人の保険料等が約2割	推計追加所要額1.5～2.4兆円 （希望者すべてが就業した場合や就業率がスウェーデン並みとなった場合等を仮定した試算） ※フランスの家族関係支出を日本の人口規模に換算すると約10.6兆円

○上記の考え方に示した給付・サービスの充実、とりわけ仕事と家庭の両立や家庭における子育てを支える社会的基盤となる現物給付の実現に優先的に取り組む必要
○これは単なるコストではなく「未来への投資」として、効果的な財政投入が必要
○諸外国と比較しても特に厳しい財政状況の下で、その費用を次世代の負担によって賄うことのないよう、必要な財源をその時点で手当てして行うことが必要

《具体的な制度設計の検討》
○給付の性格や施策間の整合、連携を考慮しつつ、国・地方公共団体の公費負担、事業主や個人の子育て支援に対する負担・拠出の組合せにより支える具体的な制度設計の検討について、直ちに着手の上、税制改革の動向を踏まえつつ速やかに進めるべき
《先行して取り組むべき課題》
○制度設計の検討とともに、家庭的保育の制度化や一時預かり事業等の法律的な位置づけの明確化、地方公共団体や事業主が策定する次世代育成支援の行動計画に基づく取組みの推進のための制度的な対応、社会的養護体制の充実などの課題について20年度において先行実施すべき

Ⅳ　利用者の視点に立った点検・評価とその反映

○利用者の視点に立った点検・評価手法を構築
○2009年度までの現行のプラン（「子ども・子育て応援プラン」、地方公共団体の次世代育成支援のための行動計画）の見直しに当たって、利用者の視点に立った指標等を盛り込んで、定期的に点検評価を行い、その結果を毎年度の予算編成、事業実施に反映
　（PDCAサイクルを確立）

Ⅴ　おわりに～支援策が十分に効果を発揮するための国民の理解と意識改革～

○施策の必要性と有効性について十分に国民に説明し、理解を浸透
○自然に子育ての喜びや大切さを感じられるよう社会全体の意識改革のための国民運動

（「子どもと家族を応援する日本」重点戦略検討会議 資料）

第1部　子育て支援とは

2．「子どもと家族を応援する日本重点戦略」の基本的視点と地域の子育て支援の重要性

（1）2つの基本的視点

　重点戦略が「働き方の改革による仕事と生活の調和」と「"家庭における子育て"を包括的に支援する枠組み（社会的基盤）を構築する」の2点に注力した背景には、次の2つの視点が基本とされています。

　第1に少子化による急速な労働力人口の減少が抜き差しならない事態を招くという危機感です。このまま効果的な対策も打たずに手をこまねいていれば、2050年には労働力人口が2,400万人減となり、今の3分の2にまで落ち込むと試算されています（図表3参照）。

　子育て支援が労働力確保の必要性から提言された経緯に抵抗を覚える向き

図表3　労働市場参加が進まない場合の労働力の推移

○「就業」と「結婚や出産・子育て」の「二者択一構造」が解決されないなど労働市場への参加が進まない場合、日本の労働力人口は今後大きく減少（特に、2030年以降の減少は急速）。
○　若者や女性、高齢者の労働市場参加の実現と、希望する結婚や出産・子育ての実現を同時に達成できなければ、中長期的な経済発展を支える労働力の確保は困難に。その鍵は「二者択一構造」の解決。

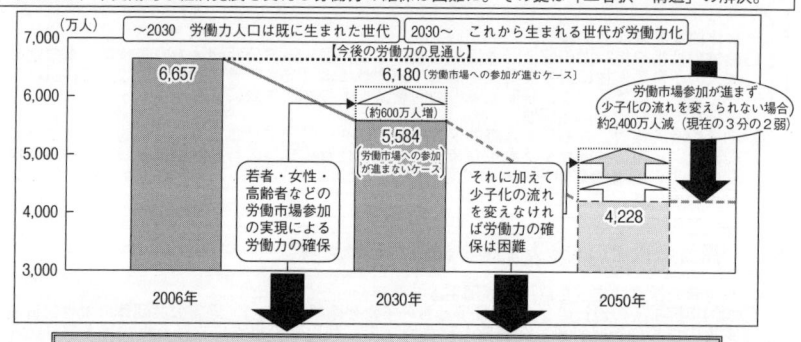

```
（万人）    ～2030 労働力人口は既に生まれた世代  2030～ これから生まれる世代が労働力化
7,000                      ［今後の労働力の見通し］
         6,657          6,180 ［労働市場への参加が進むケース］
6,000                                                    労働市場参加が進まず
                    （約600万人増）                         少子化の流れを変えられない場合
5,000                       5,584                         約2,400万人減（現在の3分の2弱）
                    若者・女性・  労働市場への参加
                    高齢者などの  が進まないケース
4,000               労働市場参加              それに加えて
                    の実現による               少子化の流れ
                    労働力の確保               を変えなけれ      4,228
                                             ば労働力の確保
3,000                                         は困難
         2006年              2030年              2050年
```

この2つの要請を同時に達成する必要 → 「二者択一構造」の解決が不可欠

①「結婚・出産」のために「就業」を断念すれば、女性の労働市場参加が実現せず、中期的（～2030年頃）な労働人口減少の要因となり、
②「就業」のために「結婚・出産」を断念すれば、生産年齢人口の急激な縮小により、長期的（2030年頃以降）な労働力確保が困難に。

（注）2030年までの労働力人口は雇用政策研究会推計の労働市場参加が進まないケース（2007年11月第7回研究会資料より）。ただし、2050年の労働力人口は、2030年以降の性・年齢階級別労働力率が変わらないと仮定して、2006年将来推計人口（中位推計）に基づき、厚生労働省社会保障担当参事官室において推計。

も少なくないと思われます。しかし、「働き方」を変えるには、働く人の生活者としての質を尊重する方向で改革がなされなければなりません。親の多様な働き方に応じた対応のために、都市部では長時間・夜間保育が普及しつつありますが、こうした傾向が果たして親や子にとって本当に支援になるのか、子育て期の親が働き盛りの時期でもある現状には、改善されなければならない課題が山積しているのではないでしょうか。

　第2に、若い世代は、必ずしも結婚や出産・子育てに後ろ向きではありません。各種世論調査を見ても、できることなら家庭を持ち、子育てを楽しみたいと願っている人が大半を占めています。しかし、いざ社会に出ると、就労環境は厳しく、他方で地域に安心して子どもを預ける場所を確保することが難しい現状に突き当たります。若い世代の願望と現実との乖離(かいり)を可能な限りなくすことが、重点戦略のもう1つの基本的視点です。

（2）地域の子育て支援と重点戦略の意義

　これまで述べたことからも明らかなように、重点戦略では若い世代や子育て家庭の願望に即して、かなり重点的に的を絞った施策を打ち出していますが、施策の対象となる世代の当事者にほとんど知られていないばかりか、地域の子育て支援に携っている人々の中にも知らない人が少なくありません。

　子育て支援において重視されるべき点は、いうまでもなく子どもの発達を保障することであり、同時に親が親として育つプロセスです。父親が育児に関わる必要性は父子関係の発達や男性が親として成長していくためにも欠かせない要件であり、この点は地域で子育て支援に携っている人の間では意見が一致するところでしょう。しかし、具体的に子育てひろば等で父親参加のプログラムを立案しようとすると、父親の参加はいまだ少なく、立案できずに立ち往生する場合が少なくありません。もっと父親に育児への関与を求めようとするのであれば、企業社会の就労実態を改善することを視野に置くことが必要です。

　重点戦略が「働き方の改革による仕事と生活の調和の実現」を掲げて、年

次有給休暇取得率を現状の46.6％から完全取得へ、6歳未満の子どものいる男性の家事・育児時間を現状の60分（1日当たり）から2.5時間へ、男性の育児休業取得率を現状の0.5％から10％に高める目標を設定していますが、いまだこうした数値目標を掲げざるを得ない段階に留まっているのが企業社会の現実であり、男性が育児等を理由として仕事を休むことが依然として厳しい職場環境に変化が見られないことをうかがわせます（参考／2007年度の育児休業取得率：男性1.56％、女性89.7％（厚生労働省雇用均等調査））。

　保育園に朝、子どもを連れてくる父親の姿が増えている様子を指して、最近の父親はずいぶんと育児に協力的になったと楽観的にいう保育者がいる反面、子育て支援センターや子育てひろば等で父親向けのプログラムを熱心に組んでみたものの、実際にはなかなか男性の参加が得られないと、父親の意識の遅れを嘆く声もあります。しかし、父親の育児参加を向上させるヒントを得るには、男性たちがいかに育児に関わることの難しい環境に置かれているかを、正しく理解することから始める必要があります。

　また、働き方の見直しが求められるのは父親だけではなく、母親への支援を考える上でも重要です。保育園関係者の中には、最近は働くために子どもを預けるのではなく、子育ての煩わしさを一時的に避けるために働き口を見つけて、保育園に子どもを入所させる親が増えていると嘆く人が依然として少なくありません。しかし、3歳未満児における保育サービス利用率が3割を超えている自治体は11か所のみで、1～2割前後の都道府県が大部分を占めています。とりわけ都市部で見られる待機児問題は解決していないのです。母親となった女性の就労継続がいかに困難であるかが明らかです。第1子出産前後の女性の就業継続率が38.0％に過ぎず、6割強の女性が就労継続を断念しています。かつての高度経済成長期と変わることなく、「男性は仕事に、女性は家事・育児に」という性別役割分業体制が根強い中で、女性は在宅で育児を行うため専業主婦となり、社会からの疎外感や社会から取り残される焦燥感に苛まれています。こうした女性にも支援の手が差し伸べられなければならないと考えられた点が、「包括的な次世代育成支援の枠組みの

構築」に規定されていることを理解する必要があります。

3．地域の保育・子育て支援の重要性と課題

（1）重点戦略が示す「包括的な次世代育成支援」の枠組み

　「包括的な次世代育成支援の枠組み」は、具体的には次の3つの柱に則して構築がめざされています。すなわち、①親の就労と子どもの育成の両立を支える支援、②すべての子どものすこやかな育成を支える対個人給付・サービス、③すべての子どものすこやかな育成の基盤となる地域の取組み、です。

　①親の就労と子どもの育成の両立を支える支援として、家庭的保育など保育サービスの提供手段の多様化、保育所から放課後児童クラブへの切れ目のない移行が挙げられています。これは前述のように、女性の就労継続希望は高まっているにもかかわらず、多くの女性が出産によって退職し、その結果として乳幼児を持つ母親の就業率が低く留まっている現状を改善することを目的としています（図表4）。

　一方、②すべての子どものすこやかな育成を支える対個人給付・サービスとして、一時預かりをすべての子ども・子育て家庭に対するサービスとして再構築（一定のサービス水準の普遍化）、③すべての子どものすこやかな育成の基盤となる地域の取組みとして、各種地域子育て支援の面的展開（全戸訪問の実施、地域子育て支援拠点の整備）、安全・安心な子どもの居場所の設置が掲げられています。これらはまさにすべての家庭をカバーする子育て支援であり、地域の育児力が問われる点であり、家庭における子育てを支える保育や地域の育児支援の充実を意図しています。

（2）子育て支援は「ハコモノ」から「人」へ

　重点戦略が今後注力すべき子育て支援として列挙している項目は、前述のように保育所・子どもの放課後・地域の子育て支援拠点等々ですが、これら

第1部　子育て支援とは

図表4　保育・放課後サービスの現状と潜在的ニーズとの差

○ 我が国では、多くの女性が出産退職し、幼い末子を有する母の就業率は低く留まっているが、就業希望者は多い。
　（0～3歳：就業率31%＋就業希望者25%、4～6歳：就業率51%＋就業希望者20%、7～9歳：就業率62%＋就業希望者13%）
○ 「新待機児童ゼロ作戦」では、これらの就業希望を実現するための抜本的なサービス基盤の拡充の必要性を提示。

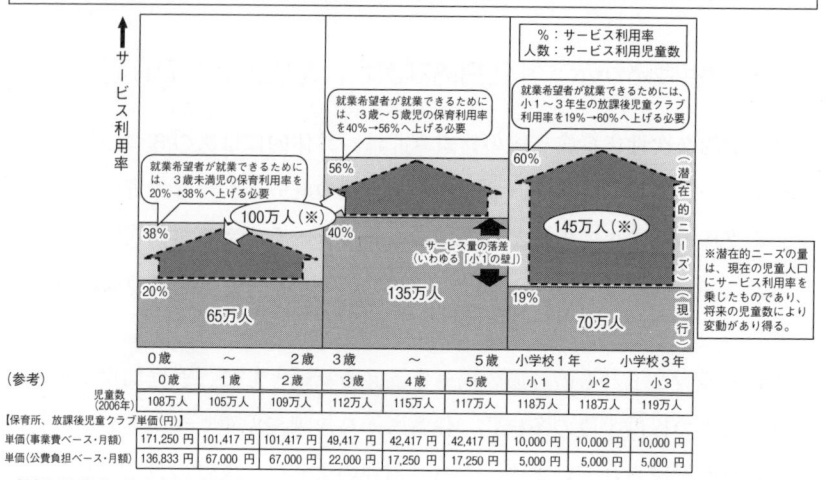

％：サービス利用率
人数：サービス利用児童数

就業希望者が就業できるためには、3歳未満児の保育利用率を20%→38%へ上げる必要
就業希望者が就業できるためには、3歳～5歳児の保育利用率を40%→56%へ上げる必要
就業希望者が就業できるためには、小1～3年生の放課後児童クラブ利用率を19%→60%へ上げる必要

38%　40%　56%　60%
100万人(※)　145万人(※)
20%　135万人　19%
65万人　70万人

サービス量の落差（いわゆる「小1の壁」）

《潜在的ニーズ》
《現行》

※潜在的ニーズの量は、現在の児童人口にサービス利用率を乗じたものであり、将来の児童数により変動があり得る。

(参考)	0歳	1歳	2歳	3歳	4歳	5歳	小1	小2	小3
児童数(2006年)	108万人	105万人	109万人	112万人	115万人	117万人	118万人	118万人	119万人
【保育所、放課後児童クラブ単価(円)】									
単価(事業費ベース・月額)	171,250円	101,417円	101,417円	49,417円	42,417円	42,417円	10,000円	10,000円	10,000円
単価(公費負担ベース・月額)	136,833円	67,000円	67,000円	22,000円	17,250円	17,250円	5,000円	5,000円	5,000円

（厚生労働省 社会保障審議会 少子化対策特別部会「次世代育成支援のための新たな制度体系の設計に向けた考え方」（2008年）参考資料集より）

を見ても、地域の子育て支援の重要性を強調していることが明らかです。同時に（1）の①～③の各項目に掲げられている内容をいかに充実させ、成果を挙げていくべきかを考えたとき、一時預かりや子育てひろばを例にして考えてみれば明らかなとおり、場所の確保の大切さは指摘するまでもありませんが、同時に活動に従事する人材の確保と養成が極めて重要な意義を持つことを十分に認識しなければなりません。子育て支援は支援を受ける側も支える側も「人」です。地域の子育て支援が重視される時代とは、いいかえれば、日本の子育て支援策が「ハコモノ」から「人」の育成へと舵取りの方向を大きく転換させる時代を迎えたことを意味しているのです。

しかし、重点戦略が指し示す方向は、同時にあらためて大きな課題を抱えていることを意味するものであり、必ずしも楽観視できることばかりではありません。例えば、親が安心して働くためには、安心して預けられる保育の確保が不可欠であり、多様な親の働き方を柔軟にサポートできるよう保育

サービスの提供手段の多様化が図られることは必須の状況です。サービスの多様化が図られるとき、その質をいかに担保するかについても、同時に関心が払われなくてはならないと考えます。この点については、次の第2章と第3章で詳述されていますので、参考にしていただきたいと思います。

また、一時預かりをすべての子ども・子育て家庭に対するサービスとして再構築する必要性を指摘している点も、在宅で孤独な子育てを強いられている母親への支援として欠かせません。しかし、地域で活動する人材の養成は十分な蓄積が乏しく、一朝一夕には進まない難しい課題を抱えていることが最大の問題点です。地域の人材養成の課題と様々な試みの詳細は、第3部を参照してください。本章では、重点戦略の中の1項目である「家庭的保育の制度化」について、次に述べることとします。

(3) 家庭的保育の制度化に象徴される課題

重点戦略では、保育者の居宅等で主に3歳未満の少人数の乳幼児を対象に行う「家庭的保育事業」が、保育サービスの提供手段の多様化の一つとして掲げられています。都市部の保育所入所待機児問題に象徴されるように、現状の保育体制は親の就労実態やニーズに対応しきれていません。保育所を増設することは膨大な経費がかさむだけでなく、乳幼児人口減少を目前にして、早晩、「ハコモノ」といわれる設備投資が無用となることも、現実には避け難い懸念といえましょう。親のニーズに柔軟に対応できる様々な保育の選択肢が用意される意義は、地域の子育て支援の充実の観点からも大きいものがあります。そこで着目されたのが家庭的保育ですが、問題は実施場所の設置基準の整備と共に、担い手となる保育者の資格や研修の水準をいかに確保するかという点です。

家庭的保育は、その名称から、家庭内のアットホームな保育という印象が先行し、だれもが簡便に実施できる保育であるかのような誤解を招くこともあるようです。しかし、保育形態は施設型の保育所と同様で、日々同じ子どもが通い、約8時間の保育を受ける通常保育です。ひとりないしは少数の担

当者が、限られたスペースで通常の保育所保育と同等の保育を行うためには、保育論や子どもの発達等に関したかなりの知識と技能が必要です。家庭的保育に必要とする十分な知識と技術を備えて、保育の質を一定レベルに確保するためには、保育者の研修も欠かせない要件です。そのためにも安定した雇用の確保や研修の整備が大切な課題となってきます。

家庭的保育には、2000年に創設された国庫補助事業としての家庭的保育がありますが、そこでは資格要件が「保育士または看護師」に限られ、保育所との連携が掲げられています。他方、国庫補助事業としての家庭的保育に先がけて、全国では自治体基準の家庭的保育が実施されてきています（83か所：2005年厚生労働省調べ）。その「家庭的保育」の実施基準や資格要件は必ずしも明確に定められているとはいえません。保育者を確保する苦肉の策として保育士や看護師以外にも資格要件を広げている自治体も見られます。

既に実施している事業に、一律に国基準の適用を求めることはなかなか困難と考えられますが、一方で前述のように「家庭的保育」という言葉から、家庭内の母親の育児を連想し、女性であればだれもが担えるアットホームな事業であるかのようなイメージを持つことは誤りです。家庭的保育に従事する人々の資質の維持向上とその養成に無関心となることのないよう、ぜひとも慎重な議論が必要であると考えます。繰り返しになりますが、多様な保育ニーズに弾力的にこたえるためにも「家庭的保育事業」の拡大の必要性は十分に認められるものです。しかし、それは子どもの育ちの権利を守ることを前提としたものでなくてはなりません。そのためにも実施基準のガイドライン作成や研修制度の確立等が重要であり、保育士や看護師によって担われている現状の国の事業としての「家庭的保育事業」の水準をいかに維持向上させるか、慎重な検討が必要であることを認識したいと考えます。

なお家庭的保育の普及と制度化に関しては、この制度が普及しているフランスがしばしば例に引き出されます。しかし、フランスの子育て期の親の就労時間が日本に比べてはるかに短いことにも注意をする必要があります。諸外国の施策を参考にするにあたっては、当該国の所与の各種要件について比

較検討がなされることが大切であると考えます。

4．すべての家庭をカバーする子育て支援の時代を迎えて

（1）行政の姿勢に求められること

　以上、述べてきたように、これからの日本社会における子育て支援の金字塔ともなるべき重点戦略が掲げた施策の一つが、「包括的な次世代育成支援」を地域に展開することです。希望する人が無理なく働き続けながら、子育てや家庭生活を送れるようにという観点に照らして考えれば、就労家庭への支援の維持強化が必要であり、そのために地域の保育機能を充実する必要性がいっそう大きくなっています。一方、子育て期の多様で柔軟な働き方を応援することも、これからの課題であり、子どもの成長発達に応じて、一時期は親が在宅で子育てにあたるという選択の幅も多いに認められていくことが必要でしょう。親がゆとりを持って安心して子育てに携れるように、地域の子育て支援拠点や一時保育の充実をはじめとした、すべての子育て家庭を視野においた地域の取組みに重点が置かれていることも、ぜひとも認識を新たにしたいところです。

　親の多様なニーズにいかに柔軟にこたえることができるかを考えるとき、サービスの多様化と量的拡大の問題はこれからの子育て支援に課せられた大きな課題といえましょう。その際に忘れられてはならないことがあります。それは保育や子育て支援の量的な拡大に際しては、対人社会サービスとしての公的性格・特性があるという点です。

　対人社会サービスとしての公的性格・特性とは、すなわち第1に、「良好な育成環境の保障という公的性格」を持っていること。第2に、提供者と受け手との間に、情報の非対称性があること。第3に、質や成果の評価に困難が伴うこと。第4に、サービスの選択者（保護者）と最終利用者（子ども）が異なること。第5に、子育て中の親が親としての役割を果たすための支援など、保育サービス提供者と保護者の関係は、単なる経済的取引で捉えきれ

ない相互性を有する、ということです(社会保障審議会少子化対策特別部会「次世代育成支援のための新たな制度体系の設計に向けた基本的考え方」2008年5月20日)。

以上の点に十分な配慮を行うということは、とりもなおさず地域の保育や子育て支援を担う人々の専門性の向上と、その人々が活動する環境の改善を通して、いかに質を確保するかに尽きるといえましょう。こうした質の確保を前提とした量の拡充を図ることが大切であり、そのためにも地域の人材の発掘と活用に各自治体が汗を流す時代を迎えたといえるのではないかと考えます。

(2) 困難な状況にある子どもや家族に対する支援の強化

戦後、核家族が一般化し、他方で地域がコミュニティとしての相互扶助の力を喪失して久しくなります。就労環境の熾烈化や社会的格差の拡大も加担して、家族や親をとりまく環境の悪化は一部で増大しています。そうした中で、虐待相談処理件数も増加の一途にあるのが現状です。また発達障がいをはじめとして、特別支援を求める子どもと親への支援も、残念ながら不十分な段階にあるといえます。

虐待を受けた子どもや社会的養護を必要とする子ども、障がい児などの特別な支援を求める子どもと家族が、地域の中で共に生活ができるよう、利用しやすい支援を地域の中に整備していくことも必要とされています(図表5)。

(3) 地域の子育て支援は、今、大きく動き始めている

就労の有無を問わず、また特別支援を求める子どもと親を含めて、すべての子育て家庭の親子が安心して地域で暮らし、子育ての喜びを分かち合うことができるには、国が施策の骨格を確立することが前提となりますが、これまで述べてきたように、「子どもと家族が応援する日本重点戦略」に明確な視点と施策が打ち出されています。また、その具体的制度設計に向けた議論

図表5　社会的養護の現状について

里親制度	保護者のない児童または保護者に監護させることが不適当であると認められる児童の養育を都道府県が里親に委託する制度	登録里親数	委託里親数	委託児童数
		7,882人	2,453人	3,424人

資料：福祉行政報告例（2006年度末現在）

	乳児院	児童養護施設	情緒障がい児短期治療施設	児童自立支援施設	自立援助ホーム
対象児童	乳児（保健上、安定した生活環境の確保その他の理由により特に必要のある場合には、幼児を含む。）	保護者のない児童、虐待されている児童その他環境上養護を要する児童（安定した生活環境の確保その他の理由により特に必要のある場合には、乳児を含む。）	軽度の情緒障がいを有する児童	不良行為をなし、またはなすおそれのある児童および家庭環境その他の環境上の理由により生活指導等を要する児童	義務教育を終了した児童であって、児童養護施設等を退所した児童等
施設数（公立・私立）	120か所（15か所・105か所）	559か所（53か所・506か所）	31か所（12か所・19か所）	58か所（56か所・2か所）	46か所
児童定員	3,707人	33,561人	1,486人	4,101人	336人
児童現員	3,143人	30,764人	1,131人	1,836人	236人

資料：社会福祉施設等調査報告（2006年10月1日現在）
自立援助ホームは連絡協議会調（2007年12月1日現在）
（12月1日現在協議会に加入しているホームについて）

小規模グループケア	357か所
地域小規模児童養護施設	146か所

資料：小規模グループケア、地域小規模児童養護施設は家庭福祉課調（2007年度）

は、重点戦略が決定されたことを受けて社会保障審議会の下に設置された「少子化対策特別部会」でも、精力的に展開されています。

　こうした国の動きを一方に持ちつつ、真に実効ある子育て支援を展開していくためには、地域のNPOや母親同士のサークル、ネットワーク等の地域の子育て支援が機能して初めて可能となるといえましょう。近年、そのうねりがあたかも地殻変動を起こすマグマのような勢いを持ちつつあるのは、心

強い限りです。第2部にその一端を紹介しています。

　地域の子育て支援活動は乳幼児とその母親を対象としたひろば型支援が依然として大半を占めてはいますが、近年は対象が拡大すると共に支援内容にも多様化が見られます。例えば対象となる子どもの年齢が乳幼児だけでなく、学童や思春期までに拡大されているところも出始めました。病児・病後児や障がいのある子、外国籍の家庭とその子どもへの支援を含む活動も全国的に始まりつつあります。子育て中の女性の起業や再就職など、親、特に母親自身のライフスタイルへの支援も増えています。

　子育て支援活動の多様化に伴って、当然ながら活動の担い手も多様化しています。育児当事者や経験者である母親が依然として大半を占めてはいますが、シルバー世代の男女の参画による活動も散見されます。企業や行政との巧みな協働体制を基に活動を展開する形態をとるものも出現し、支援の方法もITの活用や町内会等の地域の既存組織との連携を有効に活かすものまで、多様なあり方が出現しています。

5. 地域の子育て支援の今後に向けた課題

（1）民間の活動をいかに育むか

　地域の子育て支援活動の広がりは、それだけ子育てや家族の問題が多様化している証でもあると考えられます。支援を受ける側も支援する側も、共に地域の異世代交流・多文化交流の意義を活かして関わり、参画する方向で今後普及していくことが期待されます。まさに市民と企業と行政が協働で地域の育児力の向上に向けて活動する時代を迎えているのです。

　地域の子育て支援の活動は、急激に増加する一方で、活動内容や活動水準もまた様々であり、あらためて地域の子育て支援に課題が少なくないことを考えさせられることも事実です。例えば、地域活動にも格差が開いていることが否定できません。活発に特色ある活動を展開する団体等が注目される一方で、市民やNPOの活動の多くは基盤の脆弱さという壁にぶつかっている

ケースも多く、活動場所や活動資金の確保に四苦八苦しているところが少なからず見受けられます。担い手の多くがボランティアであり、支援活動に必要な研修を受けるだけの時間的経済的余裕がないという訴えもよく耳にします。基盤の弱さは活動を担う人材確保の困難にもつながるなど、継続して活動するには問題が山積しており、地域の子育て支援活動は4〜5年継続されていればかなり「老舗」の部類に入るといわれています。

　こうした市民の活動を、いかに育み、対等な協働の体制を築いていくかが、今後の行政に課せられている課題ではないかと考えます。前にも触れましたが、民間の活動を行政の安価な受け皿にしようと期待する行政が一部に見られますが、そうした発想ではせっかく芽生え始めた地域の子育て支援の活動に新たな展開を求めることは難しいといえましょう。地域の育児力の向上を真に願うのであれば、民間がいかにその特性を発揮できるか、そのために行政に何ができるかを検討する姿勢を堅持できるか否かが、今後の地域子育て支援の展開の鍵を握ると考えます。

（2）ネットワークと支援マインドの確立を

　地域の子育て支援の担い手や活動内容が多様化している今日、支援活動に従事する人や行政にとって、最も求められている機能は多様な支援活動をいかに結び、ネットワークを図るかということです。

　地域の子育て支援のネットワークの充実を図るには、ネットワークのタイプを大きく2つに分けた検討が必要であると考えます。第1は、各種の専門機関なり専門職との連携です。子育てに戸惑う親は必要な情報や支援をどこにいけば手に入れられるのかがわからないものです。あるいは何に困窮しているのかが自分でも把握できない状況にあって、子育てに戸惑っている親も少なくありません。親や家族が抱える問題も実に多様化・複雑化している昨今では、たとえ専門職といえども、ひとりだけで対応できないことはいうまでもなく、1つの支援センターやひろばの機能だけで対応ができない場合が少なくないことでしょう。地域の保健所、保育園・幼稚園・学校、子育て・

家族支援センター、療育相談センター、児童相談センター等々、地域の社会的資源がいかに連携を図り、速やかに適切な支援を届けることができるかを検討していく必要があります。そのためにも、日頃から地域の専門職が、互いにネットワークの一員として交流できる仕組みの確立が必要です。

　第2のネットワークとして、子育て支援活動に携わっているひろばやサロン、NPO間のネットワークを構築することです。子育て団体やNPOの活動は、基盤が弱く、人材確保や研修等で課題を抱えていることは前述のとおりです。相互に連携を取り合うことで、それぞれが持つ人材や情報を有効に活用し、地域の支援に深みを増すことが、今後、いっそう求められていくことでしょう。必要に応じて、行政が声を掛け、ネットワークのきっかけをつくれば、それを契機に、行政と地域の民間活動との連携も確かなものになることが期待されます。

　最後に、地域の子育て支援に際して最も忘れてならないのは、親や子に対して「支援をする」という視点から、いかに脱却できるかという点です。子育て支援は、子どもの成長発達への支援だけではありません。親や家族への支援も今後は大きな比重を占めてきます。親もまた発達の途上にあり、子育てに関して経験のなさもあって、無知な面をたくさん抱えていることは否めません。しかし、それが直ちに「ダメな親」「困った親」とはいえません。どの親も子育てに戸惑い、不安を抱え、間違いも繰り返しながら、一歩一歩、親として成長していきます。そのプロセスを温かく見守り、必要な支援は何かを見極めながら寄り添うことが、地域の子育て支援に最も求められているのです。そうした子育て支援の理念を確かに持った活動については、その一端を本巻の第2部、第3部で紹介しています。

　地域に暮らす人々は、様々な困難を抱えつつも、だれもがかけがえのない人生経験を持っています。例えば、小中学生は成長発達や安全面において地域のおとなから見守られる対象ですが、同時に地域に開かれた保育園活動で園児とふれあい、小さい子どもたちと共に遊びあう中で、立派な支援活動の一翼を担ってくれています。高齢者も単に介護を受ける存在ではなく、様々

な形で子どもや子育て中の親とふれあい、豊かな人生経験を披露するなど、地域には欠かせない重い役割を果たしてくれる可能性を持った方々です。地域で暮らす人々が共に生活を分かち合い、支えあうためには、行政や専門職が何かを教え、指示するというスタンスが時に災いとなる事例も少なくありません。支援は教育や指示ではありません。まして、地域における子育て支援は、支え・支えられたお互い様の関係を大切にするものであり、一方的に「支援する側」と「支援を受ける側」に二分される関係ではなくなっていることを肝に銘じておくことが大切であることを、本章の最後に述べておきたいと思います。

第2章

保育制度から見た子育て支援

普光院　亜紀　（保育園を考える親の会代表）

はじめに

　この章では、家族や地域の変容、少子高齢化の流れの中で、社会のインフラとして整備が求められている保育の現状と制度の変化、そして、これらの制度や施設に求められる子育て支援のポイントについて述べます。

1．急増した保育ニーズ

　日本の高度経済成長期は、右肩上がりの所得の上昇を背景に、男性が一家を支える大黒柱となり、女性は家庭に入って子育てに専念するというライフスタイルが主流になり、性別役割分担が進んだ時代でした。しかし、教育を受け、社会に参画する意欲を持ち、仕事にやりがいを求める女性たちが徐々に増えてくる中、1985年、日本は国連の女子差別撤廃条約に批准し、批准国の義務として、男女平等の社会を実現するため国内の法整備を進めていくことになりました。1986年に男女雇用機会均等法が施行、1992年に育児休業法が施行され、その後も様々な制度改善が進められ、人々の意識の変化と相前後して、社会全体が男女共同参画社会へと大きく舵をきってきたのです。

　一方、1990年、前年の合計特殊出生率が、丙午のため出生率が落ち込んだ1966年を下回ったことが「1.57ショック」と騒がれました。国は、急速な少子高齢化がもたらすであろう社会保障の不安定化や経済成長への悪影響に危機感を強め、1995年にはエンゼルプランをスタートさせるなど、子育て支援策を次々に打ち出すようになりました。

　エンゼルプランが、認可保育所の低年齢児保育、延長保育、病後児保育、

放課後児童健全育成事業(学童保育)などの充実をめざした5か年計画だったことからも明らかなように、その柱は、働く親たちの子育てと仕事の両立支援でした。少子化は、先進国に共通する現象ですが、保育制度や育児休業制度が充実し、子育て期の女性の労働力率が高い国ほど出生率が高いという統計結果も明らかになり、女性が子どもを産んでも働き続けられる社会にすることが、少子化対策の有効施策であると考えられました。

こういった流れの中、全体の子どもの数が減り続けているにも関わらず、認可保育所の入所児童数は増え続けています。図表1は、1995年以降の認可保育所と幼稚園の在園児の数および認可保育所の待機児童数を表したものです。

この数年、待機児はようやく減少傾向になってきたものの、グラフでも明

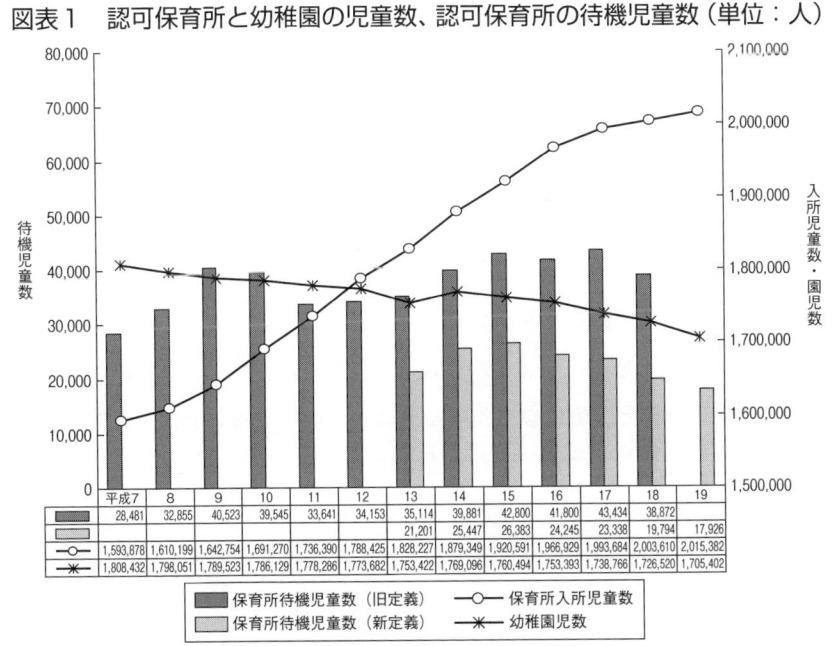

図表1　認可保育所と幼稚園の児童数、認可保育所の待機児童数（単位：人）

年度	保育所待機児童数（旧定義）	保育所待機児童数（新定義）	保育所入所児童数	幼稚園児数
平成7	28,481		1,593,878	1,808,432
8	32,855		1,610,199	1,798,051
9	40,523		1,642,754	1,789,523
10	39,545		1,691,270	1,786,129
11	33,641		1,736,390	1,778,286
12	34,153		1,788,425	1,773,682
13	35,114	21,201	1,828,227	1,753,422
14	39,881	25,447	1,879,349	1,769,096
15	42,800	26,383	1,920,591	1,760,494
16	41,800	24,245	1,966,929	1,753,393
17	43,434	23,338	1,993,684	1,738,766
18	38,872	19,794	2,003,610	1,726,520
19		17,926	2,015,382	1,705,402

（注）　各年度保育所は4月1日現在、幼稚園は5月1日現在の数値。2001年から認可保育所の待機児童数の定義が変わり、入所申請して待っている子どもの数（旧定義の待機児童数）のうち、自治体助成の認可外保育施設や保育ママの保育を受けている子ども等の数を除いた数を新定義の待機児童数とした。旧定義は2007年度から集計されていない。　　　（筆者作成）

らかなように、認可保育所に対するニーズの増加には著しいものがあります。これに対して、幼稚園児数は、少子化の流れのままに減少してきていることがわかります。

認可保育所へのニーズの高まりは、「共働き一般化」社会を反映したものにほかなりません。1998年の『厚生白書　少子社会を考える』は、少子社会の処方箋として、男性も女性も仕事と子育てを両立していける社会、生き方の多様性を認め合い、自立した個人が連帯して支えていく社会を描きましたが、そのために必要な第1のインフラは、質・量ともに充実した保育サービスであることは明らかでした。

2．保育ニーズの多様化とその支援

（1）就労支援

保育を利用する保護者のすそ野が広がるにつれ、「ニーズの多様化」という言葉がいわれるようになりました。

認可保育所においては、0歳児保育、延長保育、休日保育、夜間保育、病後児保育など、保護者の様々な就労を支える保育が求められ、特に0歳児保育、延長保育は、この10年ほどで大幅に普及しました（図表2・3）。

近年は、育児休業の普及と期間の延長により、0歳児よりも1歳児の待機児童が多い地域も増えています（図表4）。このように、これらのニーズが社会の労働の状況と表裏になっている点は、今後包括的な子育て支援施策を考える上で特に留意すべきことといえます。

このように認可保育所を中核として、様々な形の保育サービスが展開されています。その現状を、就労家庭の視点から整理すると図表5のようになります。

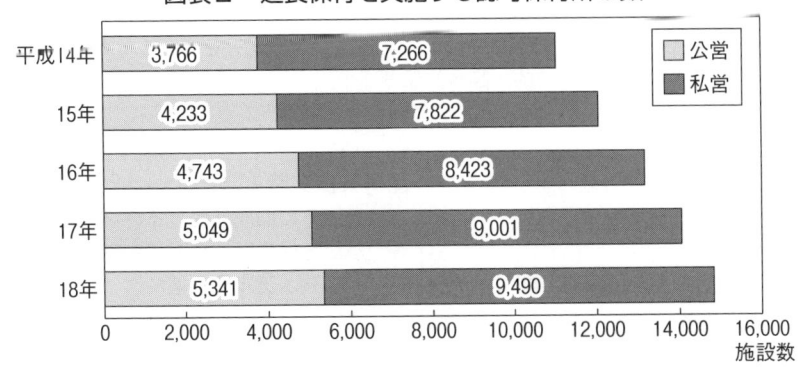

図表2　延長保育を実施する認可保育所の数

年	公営	私営
平成14年	3,766	7,266
15年	4,233	7,822
16年	4,743	8,423
17年	5,049	9,001
18年	5,341	9,490

（厚生労働省「平成18年社会福祉施設等調査結果の概要」（2007年12月））

（筆者・注）　認可保育所では、11時間を超えて開所する場合を延長保育という。2006年の実施総数は1万4,931か所（認可保育所総数2万2,720か所）、実施率65.3％であった。

図表3　その他の認可保育所の就労支援事業の状況（2007年度交付決定ベース）

休日・夜間保育	休日875か所 夜間72か所	日曜・祝日等の保育 おおむね午前11時から午後10時を基本時間とする保育
特定保育	927か所	パートタイマーなどのために、月決め等により週2～3日程度または半日だけの保育を提供する
病児・病後児保育	735か所	保育所児の病気回復期等に医療機関や保育所に併設された専用スペース等で保育する（乳幼児健康支援一時預かり事業） （注）　左数値は医療機関併設も含む

（厚生労働省「次世代育成支援に関するサービス・給付の現状(1)（現物給付）」（2008年3月））

図表4　待機児童数に占める低年齢児の割合（2007年4月1日現在）

全年齢計		17,926人（100％）
うち低年齢児（0～2歳）		12,942人（72.2％）
	うち0歳児	2,069人（11.5％）
	うち1・2歳児	10,873人（60.7％）

（厚生労働省「保育所の状況（平成19年4月1日）等について」（2007年7月））

図表5　就労家庭から見た保育サービスの状況

主な利用形態 ｛ □ レギュラー保育（フルタイムの就労を支える保育）
　　　　　　　■ 一時的・臨時的保育

〈施設保育〉

認可保育所
- ○公立
- ○民間立
- ★0歳〜就学前の「保育に欠ける児童」を対象
- ★所得に応じた保育料
- ★延長保育
- ★障がい児保育
- ★病後児保育（認可保育所併設型）
- ★一時保育・特定保育
- ★地域の子育て支援

認可外保育所
- ○自治体の助成を受ける施設
  （認証保育所、横浜保育室ほか）
- ○ベビーホテルその他
  （公的な助成を受けない施設）
- ○事業所内保育所
  （事業主が従業員のために設ける）
- ★内容や保育料は、施設により様々

幼稚園
- ○公立
- ○私立
- ★3歳〜就学前の児童を対象
- ★保育料は園による。保護者に就園奨励金を給付
- ★夕方までの預かり保育

認定こども園
- ○幼保連携型　○幼稚園型
- ○保育所型　　○自治体裁量型
- ★0歳〜就学前の児童を対象
- ★型によりシステムが異なる
- ★延長保育、地域の子育て支援

病後児保育　★上記の認可保育所併設型のほか医療機関併設型などがある

〈個別保育〉

家庭的保育（保育ママ）　★主に3歳未満児対象　★国・自治体の制度あり

ファミリー・サポート・センター　★地域住民同士の預かりをセンターがコーディネート。市の直営または委託

ベビーシッター　★ベビーシッター会社やNPO法人などによる保育

（筆者作成）

（2）地域の子育て支援

　認可保育所には、前述のような就労支援のみならず、地域の子育て支援にも取り組むことが求められてきました。

　認可保育所で育児相談を受けつける事業は1985年から始まっていますが、1990年には、保護者の病気か冠婚葬祭のときに子どもを預かる緊急一時保育がスタートしました。1993年には保育所地域子育てモデル事業が始まり、園庭開放や親子での交流の場づくりが行われ、これが地域子育て支援センター事業となりました。1997年の児童福祉法改正、1999年の保育所保育指針の改定では、それぞれ「保護者への保育に関する指導」、「地域の子育て支援における相談・助言」などが保育所の役割や機能として織り込まれました。

　また、緊急時のみでなく、育児の心理的・肉体的負担解消のためにも利用できる一時保育も整備されるようになり、認可保育所での実施数は、2007年の交付金ベースで7,213か所に達しています（実施率31.6％）。

　一方、マンションの一室や商店街の空き店舗を利用した「つどいの広場事業」や、児童館の子育て支援活動、独立して設けられた子育て支援センターなど、保育所の外での公・民の子育て支援事業も増えており、2007年には、これらを統合して地域子育て支援拠点事業「ひろば型」「センター型」「児童館型」に再編。前２者には2009年度に6,000か所にするという目標値が掲げられています（図表６）。ちなみに、認可保育所で実施されている子育て支援センター事業は、2005年の交付金ベースで3,167か所となっています。

　既に意欲的な認可保育所では、園庭開放（保育参加）、育児相談にとどまらず、様々な交流の機会の企画、給食の試食会、講習会、機関紙の発行など、独自に多様な支援活動を展開していますが、2009年４月に大臣告示として施行される改定保育所保育指針では、第６章を「保護者に対する支援」に割き、入所している子どもの保護者とともに、地域の子育て家庭の保護者も支援していくことを保育所の役割として明記しています。

第1部　子育て支援とは

図表6　地域子育て支援拠点事業

	ひろば型	センター型	児童館型（「民間児童館活動事業」の中で実施）
機能	常設のつどいの場を設け、地域の子育て支援機能の充実を図る取組みを実施	地域の子育て支援情報の収集・提供に努め、子育て全般に関する専門的な支援を行う拠点として機能するとともに、地域支援活動を実施	民営の児童館内で一定時間、子育て支援活動従事者によるつどいの場を設け、子育て支援のための地域の取組みを実施
実施主体	市町村（特別区を含む）。社会福祉法人、NPO法人、民間事業者等への委託も可		
基本事業	①子育て親子の交流の場の提供と交流の促進　②子育て等に関する相談・援助の実施　③地域の子育て関連情報の提供　④子育て及び子育て支援に関する講習等の実施		
実施形態	①〜④の事業を子育て親子が気軽に集い、うち解けた雰囲気の中で語り合い、相互に交流を図る場を設けて実施 ・出張ひろばの実施（市町村直営の場合を除く） （加算） （既にひろば事業を実施している主体が、翌年度の開設のステップとして、週1〜2回出張ひろばを開設する場合に加算） ・地域の子育て力を高める大学生等ボランティアの日常的な受入・養成の実施 ①中・高校生や大学生等ボランティアの日常的な受入 ②世代間や異年齢児童との交流の継続的な実施 ③父親サークルの育成などの取組みの実施 ④公民館、街区公園、プレーパーク等の子育て親子が集まる場に、職員が定期的に出向き、必要な支援や見守り等を行う取組みの実施	①〜④の事業の実施に加え、地域の関係機関や子育て支援活動を行う団体等と連携して、地域に出向いた地域支援活動の実施 ①公民館や公園等で職員が出向いての親子交流や子育てサークルへの援助等の地域支援活動の実施 ②地域支援活動の中で、より重点的な支援が必要であると判断される家庭への対応	①〜④の事業を児童館の学齢児が来館する前の時間を活用し、子育て中の当事者や経験者をスタッフに交えて実施 （加算） ・ひろばにおける中・高校生や大学生等ボランティアの日常的な受入・養成の実施
従事者	子育て支援に関して意欲があり、子育てに関する知識・経験を有する者（2名以上）	保育士等（2名以上）	子育て支援に関して意欲があり、子育てに関する知識・経験を有する者（1名以上）に児童館の職員が協力して実施
実施場所	公共施設空きスペース、商店街空き店舗、民家、マンション・アパートの一室等を活用	保育所、医療施設等で実施するほか、公共施設等で実施	児童館
実施日数	週3〜4日、週5日、週6〜7日	週5日以上	週3日以上
開設日	1日5時間以上	1日5時間以上	1日3時間以上

（注）地域子育て支援センター（小規模型）については、3年間の経過措置期間内（2009年度末まで）に、ひろば型かセンター型へ移行

（厚生労働省「次世代育成支援に関する先行して取り組むべき制度的課題について」（2007年12月））

資料1

平成21年度施行の「保育所保育指針」から（抜粋）

第6章　保護者に対する支援

　保育所における保護者への支援は、保育士等の業務であり、その専門性をいかした子育て支援の役割は、特に重要なものである。保育所は、第1章（総則）に示されているように、その特性をいかし、保育所に入所する子どもの保護者に対する支援及び地域の子育て家庭への支援について、職員間の連携を図りながら、次の事項に留意して、積極的に取り組むことが求められる。

1　保育所における保護者に対する支援の基本
（1）子どもの最善の利益を考慮し、子どもの福祉を重視すること。
（2）保護者とともに、子どもの成長の喜びを共有すること。
（3）保育に関する知識や技術などの保育士の専門性や、子どもの集団が常に存在する環境など、保育所の特性をいかすこと。
（4）一人一人の保護者の状況を踏まえ、子どもと保護者の安定した関係に配慮して、保護者の養育力の向上に資するよう、適切に支援すること。
（5）子育て等に関する相談や助言に当たっては、保護者の気持ちを受け止め、相互の信頼関係を基本に、保護者一人一人の自己決定を尊重すること。
（6）子どもの利益に反しない限りにおいて、保護者や子どものプライバシーの保護、知り得た事柄の秘密保持に留意すること。
（7）地域の子育て支援に関する資源を積極的に活用するとともに、子育て支援に関する地域の関係機関、団体等との連携及び協力を図ること。

2　保育所に入所している子どもの保護者に対する支援
（1）保育所に入所している子どもの保護者に対する支援は、子どもの保育との密接な関連の中で、子どもの送迎時の対応、相談や助言、連絡や通信、会合や行事など様々な機会を活用して行うこと。
（2）保護者に対し、保育所における子どもの様子や日々の保育の意図などを説明し、保護者との相互理解を図るよう努めること。
（3）保育所において、保護者の仕事と子育ての両立等を支援するため、通常の保育に加えて、保育時間の延長、休日、夜間の保育、病児・病後児に対する保育など多様な保育を実施する場合には、保護者の状況に配慮するとともに、子どもの福祉が尊重されるよう努めること。
（4）子どもに障がいや発達上の課題が見られる場合には、市町村や関係機関と連携及び協力を図りつつ、保護者に対する個別の支援を行うよう努めること。
（5）保護者に育児不安等が見られる場合には、保護者の希望に応じて個別の支援を行うよう努めること。
（6）保護者に不適切な養育等が疑われる場合には、市町村や関係機関と連携し、要保護児童対策地域協議会で検討するなど適切な対応を図ること。また、虐待が疑われる場合には、速やかに市町村又は児童相談所に通告し、適切な対応を図ること。

> **3 地域における子育て支援**
> （1）保育所は、児童福祉法第48条の３に基づき、その行う保育に支障がない限りにおいて、地域の実情や当該保育所の体制等を踏まえ、次に掲げるような地域の保護者等に対する子育て支援を積極的に行うよう努めること。
> ① 地域の子育ての拠点としての機能
> 　（ア）子育て家庭への保育所機能の開放（施設及び設備の開放、体験保育等）
> 　（イ）子育て等に関する相談や援助の実施
> 　（ウ）子育て家庭の交流の場の提供及び交流の促進
> 　（エ）地域の子育て支援に関する情報の提供
> ② 一時保育
> （2）市町村の支援を得て、地域の関係機関、団体等との積極的な連携及び協力を図るとともに、子育て支援に関わる地域の人材の積極的な活用を図るよう努めること。
> （3）地域の要保護児童への対応など、地域の子どもをめぐる諸課題に対し、要保護児童対策地域協議会など関係機関等と連携、協力して取り組むよう努めること。

（3）福祉的ニーズの増大

　認可保育所では、これまでも多くの園で障がい児保育に取り組んできましたが、さらに発達障がい等が増加する今、その理解と対応のための取組みも広がっています。また、地域の子育て困難家庭に認可保育所に入所してもらい、保育所の支援を受けられるようにする自治体も増えています。子どもの生活を長時間見ている保育所の特性を活かし、家庭の状況を把握した支援を行っていくことが期待されており、児童虐待の発見や対応も、児童相談所などと連携しながら行っていくことが求められています。このことは、前掲の「改定保育所保育指針」にも盛り込まれています。

　ところで、認可保育所制度は、保育料が応能負担（所得に応じた額を負担する）になっており、必要度の高い家庭が優先的に入所する仕組みを持つなど、子どものセーフティネット（児童福祉施設）としての役割を果たしてきました。このような児童福祉施設としての仕組みに疑問を投げ、商業ベースの保育サービスに替えていった方がサービスの供給拡大やコスト抑制が促進されるという意見もありますが、所得格差が広がり、子育てへの不安や困難

をかかえている社会の現状を見たとき、認可保育所が持っている福祉的機能はますます重要になりつつあることをおさえる必要があります。

認可保育所の保育は、託児サービスではなく、子どもの最善の利益を守る福祉であり、次世代の人格形成期の教育を行う場でもあることを再確認する必要があるでしょう。

3．保育制度の変化と現状

急激なニーズの拡大に対応するため、この10年ほどで保育制度は大きく変化しましたが、そこには「規制緩和」と「保育の多様化」という2つの流れを見ることができます。

（1）規制緩和

財政的制約のもとで認可保育所の待機児解消や延長保育等のサービス拡大に取り組むため、認可保育所に関わる規制緩和や公立保育所の民営化など、様々な施策が検討され、実行されてきました。

主だったテーマをいくつか取り出して検証してみましょう。

① **定員弾力化と定員下限の緩和**

1998年以降、既存の認可保育所でできる限りの待機児解消ができるように、面積基準に抵触しない範囲で、定員を25％まで上回って受け入れる規制緩和が行われました。2006年社会福祉施設等調査では、定員超え受入れを行っている認可保育所は、全体の約60％。これは待機児解消に相当の効果があったと思われますが、保育所によっては子どもの集団が大きくなりすぎて、保育環境が喧騒になったり、保育士の目が行き届かなくなるなど悪影響があったところもありました。人格形成期の育ちを支える観点から、施設および行政には保育の規模についての十分な配慮を求めたいところです。

2000年に「30人以上」だった定員の下限が「20人以上」に引き下げられたことで、質の高い認可外保育施設が認可されるなどして、良質な小規模保育が増えることが期待されました。しかし、2006年までの定員20人以上30人未

図表7　認可保育所の制度をめぐる動き

1995年	●エンゼルプラン（低年齢児保育、延長保育、病後児保育、学童保育などの充実）が5ヵ年計画でスタート
1997年	●横浜市で横浜保育室制度がスタート ●改正児童福祉法が成立。社会福祉基礎構造改革中間まとめ。 ●文部省、幼稚園の預かり保育の助成制度を創設
1998年	●児童福祉法改正。措置から利用へ。認可保育所の0歳児保育の一般化が謳われる。学童保育（放課後児童健全育成事業）が法制化される。 ●認可保育所の短時間保育士の定数への導入（定数の2割まで） ●認可保育所の入所定員の弾力化（育休復職者の上の子の再入園、兄弟同園入園の場合に限って、定員を25％まで上回って受け入れてもよい） ●認可保育所の調理の業務委託が可となる。 ●文部省・厚生省から「幼稚園と保育所の施設の共用化等に関する指針」という通知が出され、幼保の一体的運営への道が開かれる。 ●『厚生白書　少子社会を考える』発行。保育サービスを効率よく柔軟に提供する必要があるとして公立保育所の民営化にもふれる。
1999年	●保育所保育指針9年ぶりに改定（11月、多様な機能、子育ての相談・助言も保育園の業務に）
2000年	●新エンゼルプランが5ヵ年計画でスタート ●認可保育所への企業等の民間参入を認める規制緩和（従来、社会福祉法人等のみに認められていた認可保育所の経営を企業・NPOその他にも認める） ●認可保育所の土地・建物自己所有の規制がはずれ、賃貸施設も可となる。 ●認可保育所の「30人以上」定員の規制がはずれ、「20人以上」となる。 ●児童福祉法改正。認可保育所に苦情解決の仕組みを設ける義務
2001年	●認可保育所について、園庭は近くの公園を代わりにしてもよい、さらなる入所定員の弾力化（125％、年度後半は制限なし）を可とする、などの通知が出される。 ●児童福祉法改正を公布（一部施行）。認可外保育施設の届け出制・指導強化、市町村財産の貸付等保育所整備のための促進策、保育士資格の名称独占（法律資格化、保護者の指導も職務に。公布後2年以内に施行）等。 ●東京都に認証保育所制度がスタート（5月）
2002年	●認可保育所の短時間保育士の割合は制限なし（ただしクラスごとに常勤1名以上等の条件）、分園の民間委託を可とする通知。（5月） ●「福祉サービスの第三者評価基準（保育所）」発表
2003年	●調理室の防火構造の基準、避難路基準を緩和（1月施行） ●公立保育所の国庫負担金一般財源化（12月）
2004年	●施設整備費の一般財源化 ●「福祉サービス第三者評価ガイドライン（保育所）」（社会援護局）発表
2006年	●認定こども園制度スタート（5月法案成立、10月施行）

（筆者作成）

満の新規認可件数は107件にとどまっています。

　小規模保育は、子どもの情緒が安定しやすく、個別対応をしやすい、感染症が少ないなどの特長があり、低年齢児や慢性病をかかえた子どもにとってのメリットが大きいともいわれています。良質な事業者による小規模保育を認可することは、地域の子育て支援を強化する１つの方法といえ、今後の認可促進が期待されます。

② **短時間保育士の導入とフルタイムの非正規雇用保育士**

　延長保育や一時保育などに柔軟に対応するためには、短時間保育士（パートタイマー）は欠かせない存在です。1998年の規制緩和当時、現場にはそのような目的での短時間保育士が既に導入されていましたが、規制緩和が焦点にしたのは、定数保育士（国の基準によって子どもの数に対して配置が義務づけられている保育士）すなわちクラス担任でした。クラス担任をパートタイマーで回すことは、子どもの情緒の安定はもちろん、安全管理や保護者との連携の上でも問題があり、この規制緩和の意図は、的を射たものではありませんでした。しかし、この前後から公立保育所を中心に、フルタイム保育士の非正規雇用化が急激に進みました。自治体にとっては、公立保育所の運営費を抑制するための苦肉の策といえますが、これによって現場では様々な問題が出ています。中心業務やその責任を非正規雇用の保育士（臨時職員、派遣、嘱託など形態は様々）と分担することの難しさもさることながら、雇用条件の悪化は人材を定着させて育成することも困難にします。こういったことは、保育所の機能低下につながる恐れがあります。

　日本の雇用全体が不安定化し、少子化要因の一つにもなっていることは社会問題とされていますが、保育所の雇用と人材育成のあり方についても、もう少し慎重に長い目で、総合的な観点から考え直す必要があると思われます。

③ **公立保育所の民営化**

　人件費がコストの８割を占めるといわれる保育所運営では、公立保育所はどうしても民間保育所よりも運営コストが高くなります。また、０歳児保育

や延長保育など実施率が民間に比べて低いなど、ニーズ対応の柔軟性を欠くという指摘もされ、国の数々の諮問会議等で公立保育所の民営化が提言され、全国各地で進められてきました。

しかし、いくつかの自治体では、民営化に対する裁判が起こりました。2006年5月には横浜地裁による横浜市の民営化の違法判決、2007年11月には最高裁による大東市の民営化の違法判決がありました。いずれも、自治体が保育所の民営化を選択することは違法ではないが、保護者の合意を得る努力の不十分さや、引継ぎの方法が不適切で子どもの安全が脅かされたりした点を指摘し、その手続きが違法であるとしています。

保育所は子どもが1日の大半を過ごす場所であり、その運営者や保育士がすっかり変わってしまうという事態は、保護者や子どもにとって、不安であるばかりではなく、実際に様々なリスクを伴うものです。私が主宰する「保育園を考える親の会」の「民営化に求められる最低条件10か条」や、東京都の世田谷区が保護者と話し合って設けた「民営化ガイドライン」には、計画の公表は2年以上前に行い、事業者決定後1年以上をかけて移行準備を行うように書かれています（移行準備とは、合同保育のことではなく、事業者による職員採用と育成、現行の保育の理解、園児の理解、保護者・行政とのコミュニケーションと信頼関係構築・合意の形成、その他の準備等を指します）。

ところで、ひとくちに民間といっても、その事業者の質は様々です。株式会社と非営利の社会福祉法人等の間には事業目的の違いがありますが、社会福祉法人の間でも、保育に対する高い理念と深い探求心を持ち、地域や子ども・保護者のために献身的に事業を行っている者もあれば、正反対の事業者

図表8　公設民営化と民設民営化

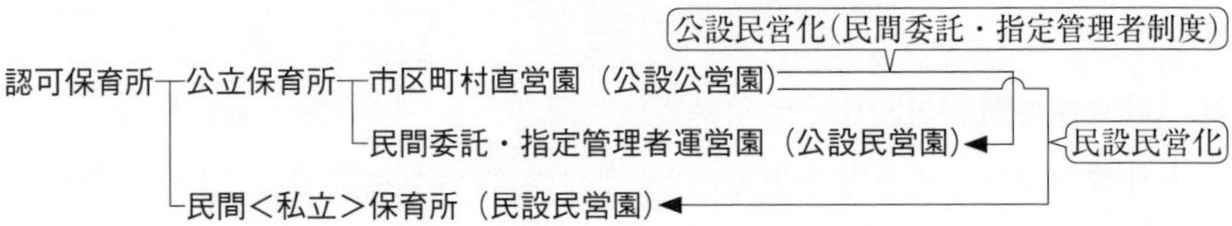

認可保育所─┬─公立保育所─┬─市区町村直営園（公設公営園）
　　　　　　│　　　　　　└─民間委託・指定管理者運営園（公設民営園）◀─┐
　　　　　　└─民間＜私立＞保育所（民設民営園）◀────────────────┤
　　　　　　　　　　　　　　　　　　　　　公設民営化(民間委託・指定管理者制度)┘
　　　　　　　　　　　　　　　　　　　　　民設民営化

（筆者作成）

もあります。つまり、民営化が真に住民にとってプラスになるかどうかは、選ばれた事業者の質によるところが大きいのです。事業者の選定方法は自治体によって様々ですが、利用者や地域住民への透明性を高めて公正な選定を行うと共に、事業者を精査した結果、適格な応募者がなく、従来の公立保育所の保育水準を下回る恐れがあるような場合は、民営化を中止または延期することも視野に入れておく必要があります。

　保育所は地域の社会資源であり、なかでも公立保育所は自治体の直営施設として、子育て支援施策を実施するための目となり耳となり手足となり、より公共性の高い事業を行いうる存在です。民営化には、第1に保護者や子どもの不安やリスクを少なくする努力が必要ですが、「何のための民営化か」「公立保育所の役割をどのように位置づけるのか」など、子育て支援施策全体の中で認可保育所をどのように機能させていくのかという、将来にわたるグランドデザインが明確に持たれていることが不可欠であるといえます。

（2）保育の多様化

　保育制度のもう1つの大きな潮流といえるのが「保育の多様化」です。特に注目されるのは、認証保育所など自治体独自の補助金を受ける認可外保育施設の増加、幼稚園の預かり保育の普及、認定こども園制度の新設、家庭的保育の法制度化です。

① 認証保育所制度など自治体独自の認可外補助制度

　以前より、自治体が一定の基準を設けて認可外保育施設に補助金を出す施策は広く行われてきました。特に認可保育所の0歳児保育や延長保育の実施が少なかった頃は、このような認可外の施設がそれを補ってきたという経緯もあります。自治体によって補助の度合いは様々で、1施設に対して年間数万円という微々たる制度もありますが、ここに「多様化」の例として取り上げるのは、横浜市や東京都が独自に設けた手厚い助成制度です。

　1997年に横浜市が横浜保育室制度を創設。3歳未満児対象、調理室の設置義務もあり、子ども4人に対して有資格者1人という配置基準を設けるな

図表9　東京都の認可保育所と認証保育所の比較

	認可保育所（都内）	認証保育所
利用の契約関係	市区町村との契約	園との直接契約
保育料	所得によって軽減、市区内は同基準を適用	施設ごとに決める
保育室の面積基準（1人当たり）	0歳児：3.3㎡ 1歳児：3.3㎡ 2歳以上児：1.98㎡＋園庭3.3㎡（園庭は、近くの公園でもよいが、園庭がある園が多い）	0―1歳児：2.5㎡ （A型は原則3.3㎡） 2歳以上児：1.98㎡＋園庭3.3㎡（園庭は、A型のみ規定。ただし、近くの公園でもよい。園庭がない園が大半）
調理室の基準	必要	必要
保育者の定数（子：保育者）	0歳　3：1＋看護師 1歳　5：1（注） 2歳　6：1 3歳　20：1 4～5歳　30：1 （注）1歳児は国基準よりも手厚い	0歳　3：1 1～2歳　6：1 3歳　20：1 4～5歳　30：1 上記（年齢別保育従事者）のほか、1名（46～90人規模では2名）の保育従事者を置くこと
保育者の資格	上記の人員は有資格者でなくてはならない	上記の年齢別保育従事者では、有資格者を6割以上とすること
開所時間	11時間が基本で延長保育あり	全園で13時間以上、さらに延長あり
運営主体の実情	市区立（公設公営、公設民営）か社会福祉法人立が多い	A型は株式会社立が多い。B型は個人立に限定

（筆者作成）

ど、認可保育所最低基準に近似した基準を持つ上に、市の助成が手厚いなどの点から、「準認可」的な保育制度として話題になりました。

2001年には、東京都が認証保育所制度を創設。就学前までの児童を対象とし、民間事業者（株式会社、非営利法人など）が運営するＡ型、従来からあった保育室制度から移行するもので、3歳未満児を対象に個人が運営するＢ型の2つの類型があり、図表9のような内容となっています。2008年2月現在、約400か所（Ａ型297か所、Ｂ型94か所）、1万人近くの子どもが在籍していると推定されています。

いずれの制度も、図表10のとおり運営費補助が従来の認可外補助制度よりも手厚く、利用者が支払う保育料を認可保育所の保育料上限額に設定すれば、認可保育所の「保育単価」相当の運営費が確保できるようになっています。

これらの認可外施設は、待機児童の受け皿として大きな役割を果たしています。しかし、保護者との直接契約で施設がそれぞれに保育料を設定するため、保護者が負担する保育料には所得による軽減がありません。ある認証保

図表10　横浜保育室と東京都認証保育所の助成額

横浜保育室の基本額（3歳未満児が対象）

| 0歳児 | 105,000円 | 1〜2歳児 | 79,000円 |

このほか、多子減免加算、保育料軽減助成、家賃助成があるほか、延長保育、障がい児保育、一時保育などの各種助成が加算される。

東京都・認証保育所の基本額（都・市町村で2分の1ずつ負担）

定員	30人まで	31〜60人	61人以上
0歳児	120,950円	102,000円	92,710円
1〜2歳児	82,500円	63,550円	54,260円
3歳児	54,040円	35,090円	25,800円
4歳児以上	50,200円	31,250円	21,960円

このほか定員に応じた加算額がある。Ａ型は駅から徒歩5分以内に設けた場合の改装費等の2分の1を3,000万円まで補助。

（筆者作成）

図表11　東京都のある区の保育料比較（月20日間として）

	A家 1歳児	B家 1歳児	C家 1歳児	B'家 （B家が子ども2人なら） 1歳児と5歳児（2人分）
世帯所得税額	3.9万円	35万円	76万円	32万円
認可保育所（公私立） （1日11時間まで同額）	15,400円	35,700円	53,700円	38,520円
ある認証保育所 （1日10時間） （1日11時間）	49,350円 70,350円 （うち延長保育料21,000円）			84,000円 126,000円 （うち延長42,000円）

[試算の説明]
・ 都内のある区の認可保育所保育料基準と、その区に実在する認証保育所の保育料の試算。
・ 3つのランクの世帯年収について、基本的な控除のみを算入した単純な税額計算をした。モデルとした年収は、Aは妻100万円、夫300万円、Bは妻400万円、夫500万円、Cは妻600万円、夫800万円。
・ 東京都は、保育料の軽減割合が最も大きい地域であり、他の政令指定都市の認可保育所保育料では、Aで5,000円～1万円、Bで1～2万円、Cで同額～1万円程度高くなる。ちなみに、B'はBと同じ年収の家庭で子どもが2人になった場合で計算している。
・ 認可も認証も、2人以上預ける場合の割引があるが、認可の割引率の方が大きい。

（筆者作成）

育所を例にとって認可保育所と比較してみると、図表11のように低・中間所得層には利用しにくい保育料になっていました。保育料が高い、園庭がないなどの理由で、近くの認可保育所に空きが出れば転園する利用者も少なくありません。

また、駅前のビルに設置された施設ではテナント料も高く、児童獲得のために保育料を安くしようとすると、保育士の待遇が悪くなる傾向もあり、人材の定着と育成には課題をかかえている状況が見受けられます。

② **幼稚園の預かり保育**

少子化と共に園児数が減少している幼稚園では、3歳児からの保育、預かり保育など、私立幼稚園を中心に保護者ニーズへの対応が進みました。

1997年、文部省（当時）は預かり保育の助成制度を創設。2000年に改訂された「幼稚園教育要領」では預かり保育が教育活動の一部として位置づけら

れ、急速に増加してきました。助成制度創設時の実施率は全体の3割程度でしたが、2005年の調査（文部科学省・預かり保育の実施状況）では、約7割（69.9％、9,559か所）に達しており、特に私立幼稚園では86.6％が預かり保育を実施していました。預かり保育の実施内容も、82.9％が週5日以上（長期休暇中を除く）実施しており、72％が夏・冬・春の長期休暇中も実施していました。この調査では保育時間の数値はありませんが、保育時間も徐々に長くなっており、夕方5〜6時頃まで実施する幼稚園が多くなっている状況が見られます。

　「幼稚園教育要領」も2009年度から改訂施行されますが、その中には預かり保育（教育課程に係る教育時間終了後等に希望する者を対象に、幼稚園が行う教育活動）を家庭と連携しながら適切に行うことや、幼稚園の子育て支援活動を積極的に行うことなどが書き込まれています。

資料2

平成21年度施行の「幼稚園教育要領」（子育て支援関連部分の抜粋）

第2　教育課程に係る教育時間終了後等に行う教育活動などの留意事項

1　地域の実態や保護者の要請により、教育課程に係る教育時間終了後等に希望する者を対象に、幼稚園が行う教育活動については、幼児の心身の負担に配慮すること。また、以下の点にも留意すること。

（1）教育課程に係る活動を考慮し、幼児期にふさわしい無理のないものとなるようにすること。その際、教育課程に基づく活動を担当する教師と緊密な連携を図るようにすること。
（2）家庭や地域での幼児の生活も考慮し、教育課程に係る教育時間終了後等に行う教育活動の計画を作成するようにすること。その際、地域の様々な資源を活用しつつ、多様な体験ができるようにすること。
（3）家庭との緊密な連携を図るようにすること。その際、情報交換の機会を設けたりするなど、保護者が、幼稚園とともに幼児を育てるという意識が高まるようにすること。
（4）地域の実態や保護者の事情とともに幼児の生活のリズムを踏まえつつ、例えば実施日数や時間などについて、弾力的な運用に配慮すること。
（5）適切な指導体制を整備した上で、幼稚園の教師の責任と指導の下に行うようにすること。

> 2　子育ての支援については、相談に応じたり、情報を提供したり、保護者との登園を受け入れたり、保護者同士の交流の機会を提供したりするなど、保護者や地域の人々に機能や施設を開放し、園内体制の整備や関係機関との連携及び協力に配慮しつつ、地域における幼児期の教育のセンターとしての役割を果たすよう努めること。

③　認定こども園

　このように幼稚園の機能が保育所に近づいている状況、保育所に待機児が発生したり、逆に過疎の地域では幼稚園と保育所の両立が難しくなってきている状況、また、就学前教育が幼稚園と保育所に分かれていることを疑問とする意見などから、両者を一体的に運用する制度が検討されるようになり、2006年10月から認定こども園制度が開始されました。

　この仕組みは、幼稚園の制度と認可保育所の制度、さらには前項で解説した自治体助成の認可外の制度を組合せ、あるいはどれか単独でも認定こども園という看板をかけられるようにしたもので、いわば「制度のモザイク」の上に成り立っています。基本的には、図表12のように、幼保連携型、幼稚園型、保育所型、地方裁量型の4つの類型があり、図表13のような国の基準がありますが、細かい点は地方自治体の裁量に委ねられています。

　認定こども園は施設と保護者の直接契約によるもので、保育料は事業者が自由に設定しますが、幼保連携型および保育所型では、保護者が就労しているなどの「保育に欠ける児童」については、認可保育所に準じた額にすることになっています。

　この制度の問題点はいろいろ指摘されていますが、例えば幼稚園型の認定こども園の3歳未満児の保育については、国の補助がなく、認可外保育になります。東京都のように独自の補助金を入れて補うところもありますが、財政の苦しい自治体では、どのように運用されていくのかが気になります。地方裁量型については、自治体によって助成の程度や指導監督などの関与の度合いも様々であるため、質にさらに大きなバラツキが生まれる可能性があります。認定こども園という看板は、国民に何を保障しているのかが見えにくいだけに、運用する自治体の理念が問われています。

第2章　保育制度から見た子育て支援

図表12　認定こども園の4つの類型

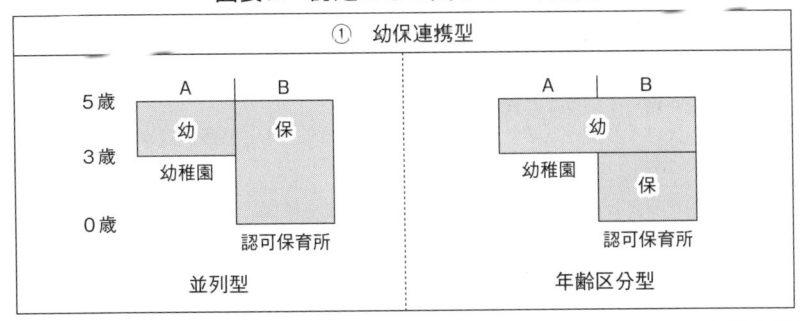

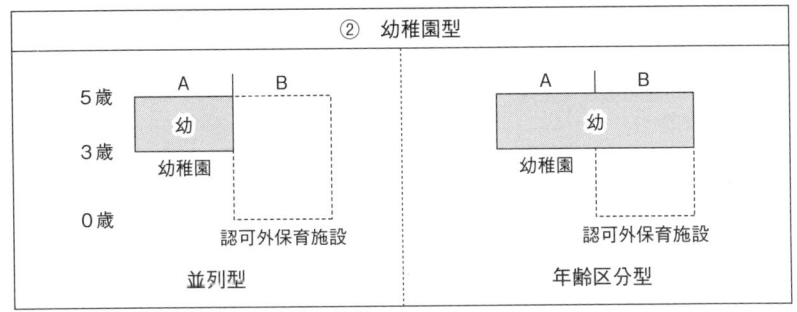

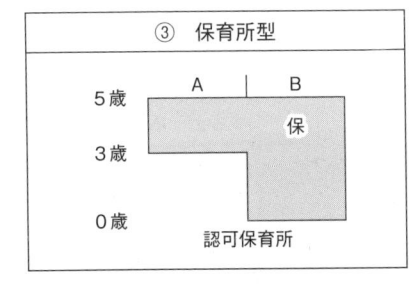

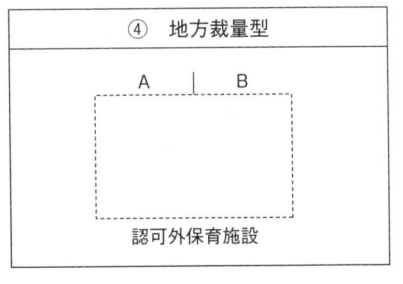

① 幼保連携型

並列型：幼稚園（A: 幼、3-5歳）＋認可保育所（B: 保、0-5歳）

年齢区分型：幼稚園（A・B: 幼、3-5歳）＋認可保育所（B: 保、0-3歳）

② 幼稚園型

並列型：幼稚園（A: 幼、3-5歳）＋認可外保育施設（B、0-5歳）

年齢区分型：幼稚園（A・B: 幼、3-5歳）＋認可外保育施設（0-3歳）

③ 保育所型

認可保育所（A・B: 保、0-5歳、3-5歳はA部分を除く）

④ 地方裁量型

認可外保育施設（A・B、0-5歳）

(注1) ①幼保連携型は、幼稚園・認可保育所の両方の基準を満たし、認可を受けたもの。②幼稚園型は幼稚園のみの、③保育所型は保育所のみの認可を受けたもの、④地方裁量型はいずれの認可も受けずに自治体の裁量で認定するもの
(注2) 保護者の就労などで保育を必要とする（保育に欠ける）子どもはB、それ以外はA
(注3) ■は「認可」部分（国の補助金がある）、⬚は「認可外」部分（国の補助金がない）、「幼」は幼稚園児としての補助金を受ける部分、「保」は保育園児としての補助金を受ける部分

(筆者作成)

図表13 認可保育所・幼稚園・認定こども園の比較

	認可保育所	幼稚園	認定こども園 （国の指針などから）
対象	親が働いているなど保育に欠ける0歳～就学前の子ども	3歳～就学前の子ども	0歳～就学前の子ども
保育時間	朝から夕方まで11時間開所が原則。延長保育あり	朝からお昼まで4時間程度。預かり保育あり	おおむね保育園と同様
保育料 （月額）	所得・年齢により市町村で決める 0～80,000円	公立・私立で差があり私立は施設で決める。 5,000～25,000円程度	保育に欠ける場合は保育園に準ずるよう配慮。他は施設で決める
教育・保育の指針	保育所保育指針（教育部分は幼稚園教育要領とほぼ同じ）	幼稚園教育要領	両方を参照
保育する人	保育士	幼稚園教諭	0～2歳児は保育士。4～5歳児は両方の資格の保有が望ましい
契約関係 入園申込	市区町村との契約 市区町村に申し込む	園との契約 園に申し込む	園との契約 園に申し込む
入園選考	希望者多数の場合は市区町村が入園の必要度で選考	園の方針で選考	保育に欠ける・欠けないで入所枠を明確化。前者では恣意的な選別を排除するよう市区町村が監督
先生の配置	0歳児3人に1人 1～2歳児6人に1人 3歳児20人に1人 4～5歳児30人に1人	1学級35人に1人	3歳未満児と長時間利用の3歳以上児は保育園基準。短時間利用の3歳以上児は幼稚園基準
調理室 食事	必要 内部調理の給食	必要なし／弁当持参や外部搬入の給食	設置が望ましい 外部搬入の給食も可
園庭	必要（近くの公園を代用してもよい）	必要	おおむね保育園と同様

(筆者作成)

④　家庭的保育の制度化

　出生率の回復が注目されているフランスでは、家庭の中で子どもを預かる家庭的保育の仕組みが発達しており、3歳未満児の約3割を国が認定した保育ママが保育しています。

　日本では、従来より自治体単独の制度として、保育ママ制度（家庭福祉員制度、昼間里親制度など自治体により名称は様々）が実施されてきましたが、2000年に国の制度が設けられ、国庫補助が出されるようになりました。しかし、保育ママのなり手が少ないなどの理由で、2006年度の全国推計値で保育ママは1,031人（地方単独分926人、国庫補助分105人）、児童数にして1,724人（地方単独分1,405人、国庫補助分319人）にとどまっています。

　2007年、国は、保育ママ制度の促進を強化する方針を打ち出しました。

　保育ママは、3歳未満児を3人まで自宅に預かります（補助の保育者がついて5人まで預かる制度もある）。本来の保育ママ制度は「家庭の中で預かる」仕組みであり、保育ママの家族のサポートも織り込み済みの制度であったと思われます。しかし、保育ママも核家族化しており、保育ママが1人で子どもを預かることには、様々なリスクも存在します。預かる子どもの保護者の就労日や時間帯がずれると、週6日、11時間や12時間の保育を1人でこなすような事態も発生する可能性があります。すなわち、保育ママ制度の安定的な運用には、次のようなデメリットを克服する必要があります。

　・密室の保育になり、個人的な素質に保育の質が左右されやすい。
　・過重な労働（長時間労働、休暇がとれない）になりやすい。
　・保育ママの病気やケガなどにより保育が途切れる恐れがある。

　この点を視野に入れて、国の制度では、認可保育所が連携すると共に、保育ママを支援する専任職員を配置することが計画されています。さらに、児童福祉法の中に保育ママ制度を位置づけて予算措置を増強していくことが、2008年度の方針として発表されています。

4. これからの子育て支援と施設保育

　ここまで、「保育サービス」と呼ばれる就労家庭への子育て支援制度の現状と課題、その中核にある認可保育所の役割としての地域の在宅子育て家庭への支援について見てきました。地域の在宅子育て家庭への支援は、認可保育園の外側でも多様に展開されていますが、その詳細は、本巻の第2部で紹介しています。

　最後に、これからの子育て支援を考える上での私なりのポイントを挙げておきたいと思います。

① 社会全体の問題と認識する

　今の社会は、子どもを育む力が弱まっているといわれます。それは、母親や家庭だけの問題ではありません。母親が孤立しているために子育てのノウハウが伝わりにくくなり、ちょっとした手助けが得られないという状況は、産業社会になる前はありえないことでした。地域や家庭の中に、仕事や子育てがあり、家族が様々な役割を果たして暮らしていたからです。子育て困難の背景には、職住の分離と核家族化、地域関係の希薄化など社会構造の変化があります。これらによって失われた機能は、社会で補っていかなければならないという基本認識が必要です。

② 関係を支援するという視点

　就労支援や一時保育などのように、親の要望が強く、目の前の必要性に迫られた支援は、早急に整える必要があります。一方で、親があまり意識していないが、必要な支援もあります。

　例えば、保育所と親の信頼関係、保育所内の親同士や地域の親同士の交流、親と地域の人たちとの出会いなどは、物理的な手助けが得られるという以上に、精神面での様々な支えが得られるものです。子育てする上での様々な思いを共感し合い、ノウハウや情報を交換し合う人間関係は、働く親にも、在宅で子育てをする親にも力になります。

　在宅子育て家庭の親同士の交流については、既に支援メニューの中に入っ

ていますが、保育所に入所している子どもの親同士もつながりを持ち、支え合う関係でありたいものです。親同士の良好な関係は、保育所運営の助けにもなります。

また、これらの関係が広がり、地域関係を少しでも温かなものとすることができれば、地域の互助や安全・安心を高めることにつながり、子育てしやすい地域に一歩近づくことになると思います。

さらに、子育て支援の活動や機関が相互に連携し合うことで、困難をかかえた親や子どもを適切な支援へつなぐこともできます。このようなソーシャルワークが、今後地域でより多く求められていくと思われます。

③ ワーク・ライフ・バランス

2007年に政府が設けた「子どもと家族を応援する日本」重点戦略検討会議は、その報告の中で、ワーク・ライフ・バランスにふれています。

長時間労働社会・仕事中心社会は、就労家庭の仕事と子育ての両立を困難にするばかりでなく、在宅子育て家庭の父親が子育てを分担したり、母親と子どもへの思いを共有したりすることも阻害しています。

働く人それぞれが仕事と私生活のバランスをとり、自分自身や家庭や地域のために時間をとることで、職場にも地域にも家庭にも個人生活にも、ゆとりや豊かさが生まれるはずです。それは、何よりもその中で育つ子どもの世界観を豊かにするはずです。

さらに、保育所への長時間保育ニーズを減らすなどの社会のコストも少なくしていく可能性があります。

このような視点を社会全体で持つことができるようになり、ワーク・ライフ・バランスが進展することが、子育て支援の観点からも望まれると思います。

④ 子どもの育ちを支援するという視点

子育て支援で主に支えられるのは親ですが、その目的は、親への支援を通して子どものすこやかな育ちを支えるということにあります。単に、親が便利で楽になればいいというのではなく、その結果が子どもにとってもよいも

のであることが必要であることはいうまでもありません。

　必要とされる長時間保育は提供されなくてはなりませんが、その結果、慌ただしくなる家庭での時間をどうやりくりするのか、子どもの生活リズムをどのように調整していくのかなどは、保育する側と親が、「子どもにとってよい方法」を一緒に考え連携しながら解決していかなくてはなりません。

　乳幼児の子育て支援においては、子どものニーズがおとなの影に隠れがちになることがあります。特に、施設保育には配慮が必要です。

　定員の増やされた保育で、保育士が繁忙なために泣いても抱っこしてもらえない子ども、喧騒な保育室の中で不安なまま黙している子ども、時間に追われる保育士から食事を次々に口に押し込まれる子ども…そんな保育になってしまったとしたら、子どもの心は豊かに育つでしょうか。

　この時期こそ、子どもはおとなから愛され、自分に自信をもち、人を信頼することを覚え、生きていく力を身につけなくてはならないのです。子育て支援の施策を考える人は、常におとなの向こう側にいる子どもの利益を最優先に考える必要があると思います。

第3章

子どもの放課後の支援

普光院　亜紀　（保育園を考える親の会代表）

はじめに

「放課後の子どもの居場所」の問題は、親の就労の有無にかかわらず、考えるべき問題が数多くあります。集団遊びやスポーツをする場所の不足、地域の安全安心の低下、遊びの個別化などが見られ、子どもが十分に体を動かしたり、子ども同士が関わりあい知恵を出しあって遊んだりする環境や機会が減少していることは、子どもが健康な体、社会性・自立心を育む上で、どういう影響をおよぼすのかが心配されています。

ここでは、前章の保育制度の問題からのつながりで、まず、就労家庭のための制度について見ていきたいと思います。

1．放課後児童クラブ（学童保育）の制度化とニーズの急増

（1）歴史が浅い子どもの放課後事業

前章で保育制度について詳細に書きましたが、保育所を卒園して小学校に入学した就労家庭の子どもたちは、小学校の授業終了後どこで過ごすのでしょうか。

ご存知のように、多くの子どもが小学校の授業終了後、放課後児童クラブ（通称、学童保育）に通うことになります。しかし、終戦直後から児童福祉法によって制度化され、市町村の事業として整備されてきた認可保育所と違い、放課後児童クラブの歴史は浅く、量的にも質的にも十分とはいいがたい現状があります。

第1部　子育て支援とは

　放課後児童クラブは、そもそも1950年代に都市部の保育所が居場所のない卒園児のために保育をしたことから始まったといわれます。国の事業としては、1966年に文部省（当時）の「留守家庭児童会補助事業」（4年後には、校庭開放事業に統合）、1976年に厚生省（当時）の「都市児童健全育成事業」（児童館が整備されるまでの過渡的事業とされた）などがありましたが（下浦忠治『学童保育』（岩波書店、2002年）より）、1990年代に入って、国の少子高齢化社会への危機感の高まりと共に、ようやく放課後児童対策が少子化対策の課題の一つとして取り組まれるようになりました。1991年に厚生省に「放課後児童対策事業」が設けられ、1995年からのエンゼルプランでは、放課後児童クラブが整備目標の一つに掲げられました。さらに、1998年の児童福祉法改正において、ようやく「放課後児童健全育成事業」が法律の中に位置づけられ、放課後児童クラブは法律に基づく制度として実施されるようになりました。

（2）放課後児童クラブの整備状況

　法制度化の後、放課後児童クラブの数は一貫して増えており、2007年5月

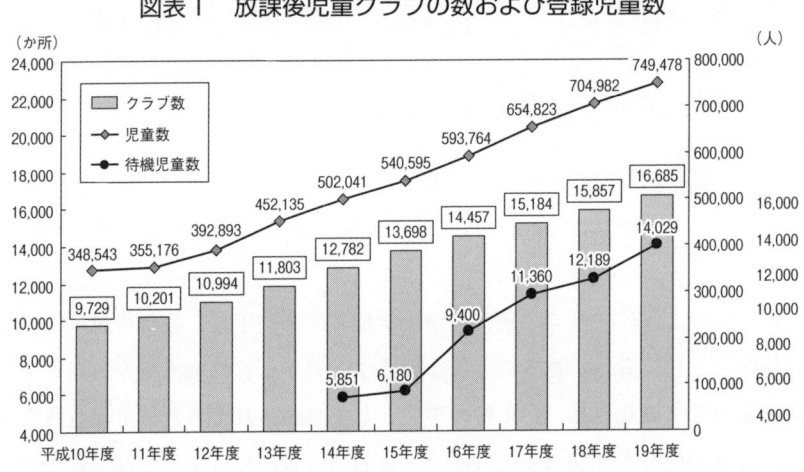

図表1　放課後児童クラブの数および登録児童数

年度	クラブ数	児童数	待機児童数
平成10年度	9,729	348,543	
11年度	10,201	355,176	
12年度	10,994	392,893	
13年度	11,803	452,135	
14年度	12,782	502,041	5,851
15年度	13,698	540,595	6,180
16年度	14,457	593,764	9,400
17年度	15,184	654,823	11,360
18年度	15,857	704,982	12,189
19年度	16,685	749,478	14,029

（厚生労働省「放課後児童健全育成事業（放課後児童クラブ）の実施状況」（2007年5月1日現在・育成環境課調））

1日現在の数値は、クラブ数にして1万6,685か所、登録児童数にして74万9,478人。法制度化された1998年当時と比べると、クラブ数はおおよそ1.7倍、登録児童数は2.2倍となっています。

この数年は、登録児童数が毎年4万～5万人ずつ増加しており、放課後児童クラブへのニーズの高まりが顕著であることがわかります。

(3) 放課後児童クラブの不足

同調査では、放課後児童クラブに申し込んだものの、定員がいっぱいで利用できなかった子どもが1万4,029人いて（施設数で2,253か所）、その数は前年度から1,840人（15%）増加したとしています。

このように放課後児童クラブの枠が不足している地域では、保育所と同様、保護者の勤務時間などによる優先順位を決めて希望者の選考を行ったり、「1年生優先」として、定員を超える分、3年生の受入れを断るなどの対応が行われています。

放課後児童クラブを希望しながら預けられなかった場合の対応は、家庭によって様々で、隣近所を頼ったり、子どもを毎日習い事に通わせたり、留守番をさせたり、といった状況が見られます。小学生の場合、周囲から「留守番も可」とみなされる点が、乳幼児と違っていますが、実際には留守番ができる能力や精神的状態が整っているかどうかは個人差が大きく、1年生では特に不安定です。地域の安全・安心が低下している中、放課後児童クラブが利用できない子どもの放課後の状況がどうなっているのか、軽視することはできません。

自治体としても、当面、クラブの定員を増やして受け入れるという対応になりがちですが、クラブの大規模化は、子どもの過ごす環境の悪化という新たな問題を生み出しており、応急処置ではない対策が求められています。

一方、都市部では、「すべての子どものための放課後の遊び場事業」という趣旨の「全児童対策事業」（通称）を自治体の単独事業として展開し、そこに就労家庭のニーズを吸収しているところもあります。これについては、

「放課後子どもプラン」(放課後こども教室と放課後児童クラブを一体的あるいは連携して運営する事業。2007年度開始)と合わせて後述します。

2．放課後児童クラブの現状

放課後児童クラブは、地域や施設によって運営方法が様々ですが、そのアウトラインを見ると、次のようになります。

(1) 対象児童

厚生労働省の「放課後児童健全育成事業の実施要綱」(2007年3月)によれば、対象児童は、保護者が就労等により昼間家庭にいない小学校1年生～3年生の子どもであり、そのほかに健全育成上指導を要する子ども(特別支援学校の小学部の児童及び小学校4年生以上の児童)も加えることができるとされています。実際の登録児童の状況は次のようになっています。

なお、障がい児の受入れも徐々に進み、約4割にあたる6,538か所のクラブで1万4,409人を受け入れています。

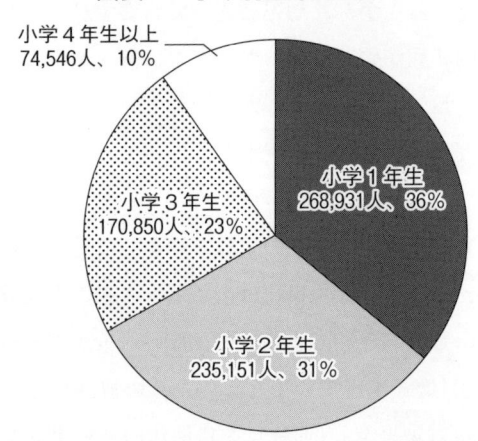

図表2　学年別登録児童数

- 小学4年生以上　74,546人、10％
- 小学3年生　170,850人、23％
- 小学2年生　235,151人、31％
- 小学1年生　268,931人、36％

(厚生労働省「放課後児童健全育成事業(放課後児童クラブ)の実施状況」(2007年5月1日現在))

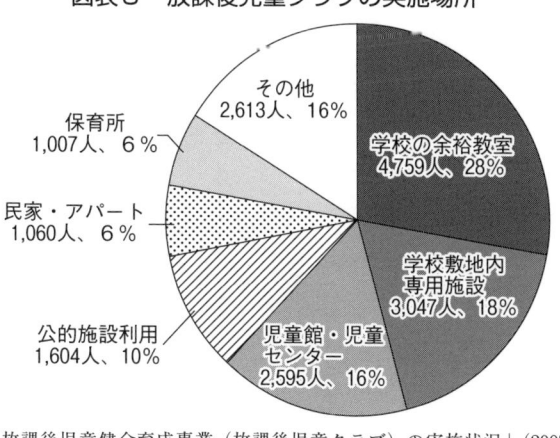

図表3　放課後児童クラブの実施場所

- その他　2,613人、16%
- 保育所　1,007人、6%
- 民家・アパート　1,060人、6%
- 公的施設利用　1,604人、10%
- 児童館・児童センター　2,595人、16%
- 学校敷地内専用施設　3,047人、18%
- 学校の余裕教室　4,759人、28%

(厚生労働省「放課後児童健全育成事業（放課後児童クラブ）の実施状況」(2007年5月1日現在))

（2）実施場所

　図表3に見るとおり、実施場所は学校の余裕教室や学校敷地内の専用施設など、学校内が半数近くを占めています。学校内のクラブには、下校時の安全が確保しやすい、校庭が使えるなどのメリットがあります。一方で、学校外の施設には、子どもが気持ちの面で学校生活からの解放を感じることができるというメリットがあります。

（3）終了時刻

　放課後児童クラブの終了時刻も、保育所同様、遅くなりつつあります。2007年の全国学童保育連絡協議会の調査によれば、平均の終了時刻は6時7分で、2003年の調査よりも17分延びていました。図表4のグラフで、「～6時」に分類されているクラブの大半は「6時終了」であり、「6時終了」のクラブは全体の48.5％を占めています。

　地域の安全性が低下する中、子どもの留守番に対する保護者の不安は大きく、保育所並みの延長を希望する声もあります。一方で、学校生活との関連

第1部　子育て支援とは

図表4　放課後児童クラブの終了時刻

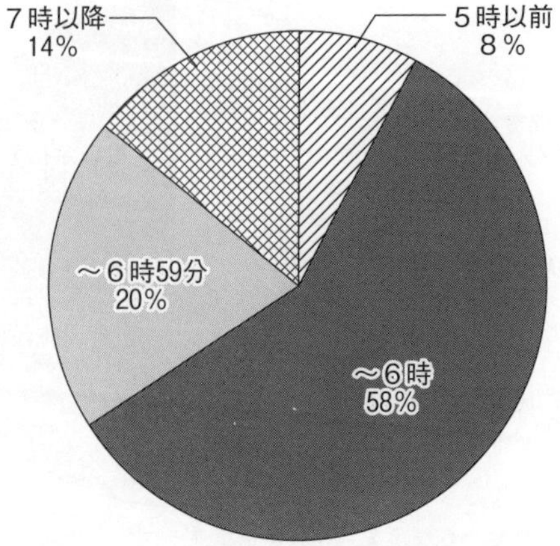

- 7時以降　14%
- 5時以前　8%
- ～6時59分　20%
- ～6時　58%

（全国学童保育連絡協議会『学童保育情報2007—2008』）

で考えたとき、就寝時間などの生活リズムや、家庭学習や翌日の準備などの習慣（低学年では保護者のサポートが必要）の面で、帰宅が遅くなることのデメリットは大きいと感じる保護者が多いのも事実です。なお、終了時刻によって保護者のお迎えを要請するクラブもあり、帰宅の遅い保護者には、子どもを早めに帰宅させて家で留守番をさせるか、終了時刻にお迎えに行くかという選択に悩む姿もみられます。

（4）施設規模

2004年に、こども未来財団が発表した「放課後児童クラブの適正規模についての調査研究」では、指導員・保護者・子どもへのアンケート調査をもとに、放課後児童クラブの望ましい規模を30人（定員で35人程度）としています。しかし実態は、ニーズの急増への対応が進むにつれ、クラブの大規模化が進行しています。

図表5に見るとおり、登録児童数が71人以上のクラブが全体の15%に達しています。放課後児童クラブは、子どもが小学校を終えて家庭の代わりに帰る場所でもあり、大規模化による喧騒な環境や、子どもの集団の質の変化は

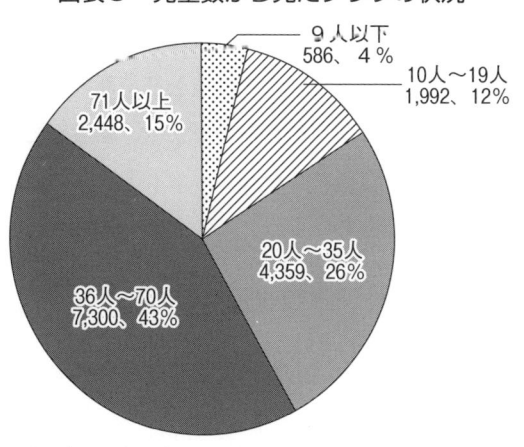

図表5　児童数から見たクラブの状況

- 9人以下　586、4％
- 10人～19人　1,992、12％
- 20人～35人　4,359、26％
- 36人～70人　7,300、43％
- 71人以上　2,448、15％

(厚生労働省「放課後児童健全育成事業（放課後児童クラブ）の実施状況」(2007年5月1日現在))

看過できないものといえます。厚生労働省は2007年度以降、3か年の経過措置ののち、71人以上のクラブへの補助金を打ち切るとし、適正規模への移行を促進する計画を発表しています。

3.「全児童対策事業」と「放課後子どもプラン」の課題

（1）「全児童対策事業」とは

「全児童対策事業」は、就労家庭の子どもを対象とする放課後児童クラブとは違い、保護者の就労の有無に関わらず、すべての小学生を対象として放課後の学校で実施される遊び場事業（自治体の単独事業）を総称する通称です。

かつての路地や原っぱのような、放課後の子どもたちが自由に集団で遊べる「遊び場」が消失し、安全な居場所が乏しくなっていることが、特に都市部では社会問題とされてきました。小学校期の子どもは学校で学ぶだけではなく、遊びの中で体を動かしたり自然にふれたり、友だちと関わりながら心身を成長させていきます。その機会や場が失われているとすれば、これはお

となたちが知恵をしぼり地域で解決を図っていかなくてはなりません。

　1992年に大阪市で「児童いきいき放課後事業」が、翌年には横浜市で「はまっこふれあいスクール」が始まり、その後も都市部の自治体が次々に「全児童対策事業」を開始しました。これらの事業は、就労家庭の子どもを対象とした放課後児童クラブと別個に行われるものもあれば、放課後児童クラブを取り込んで行われるものもありました。

（2）「全児童対策事業」と就労家庭ニーズ

　地域の子どもたち全体のために、安全で安心な遊び場を確保する「全児童対策事業」は、地域のニーズを反映したものといえます。しかし、議論になったのは、放課後児童クラブとの関係でした。この事業の開始と引き換えに、放課後児童クラブを廃止したり、吸収したりした自治体では、就労家庭の保護者から不安の声が上がりました。

　特に問題となったのは、
- 定員を設けない事業であり、大人数の子どもが利用するため、落ち着いた家庭的な環境が保障されない。また、指導員の目も十分に届かない（実際にケガが多発した事業があった）。
- 出欠管理が徹底されない（子どもが来なかったときに、保護者に連絡するなどのケアがない）。
- おやつが出ない。

などのことでした。

　保護者の不安の声を受けて、2006年6月に「保育園を考える親の会」が、「全児童対策事業」を実施する自治体に行ったアンケート調査の結果が図表6「全児童放課後対策事業アンケート集計」です（一部項目、自治体を割愛）。この調査項目には、就労家庭のニーズが集約されています。

　「全児童対策事業」に対する議論では、推進論として「すべての子どもに分け隔てなく」ということがいわれましたが、保護者が家にいない子どもには、「体調が悪くても、学校でつらいことがあっても、毎日"放課後事業"

の場に行かなくてはならない」ということが忘れられがちでした。"放課後事業"は、家の代わりに帰る場所であり、休息したり、指導員と話したり、宿題をしたり、といったことができる環境が求められます。保育園で心身ともに安心・安全を保障されてきた子どもが、6歳の4月1日を境に、自己責任で遊ぶ場所に放り出されるということでよいのかどうか、子どもの視点に立った配慮が必要であることはいうまでもありません。

　各地の「全児童対策事業」も、このような配慮を充実させつつあるように見受けられますが、大規模になりがちな点や、指導員の専門性や定着性などの点で、改善が望まれる事業もあるようです。

図表6　全児童放課後対策事業アンケート集計

	自治体名		江戸川区	品川区	世田谷区
	事業名		すくすくスクール	すまいるスクール	新BOP（BOP＋新BOP内学童クラブ）
①事業の状況	実施箇所数	実施校数	73	40	64
		全小学校数	73	40	64
		実施率	100%	100%	100%
	対象児童	範囲	在校する全学年および学区内の私立校生	学区外、私立、国立、養護学校も含むすべての小学生	在校する全学年（新BOP内学童は私立・国公立も含む1〜3年生）。区外は区間相互受け入れ地域のみ可
		障害児の受け入れ	あり	あり	あり。4年生まで
	開設日・時間	ウィークデー	放課後〜18：00	放課後〜18：00	放課後〜18：00
		土曜日	9：00〜17：00	9：00〜18：00	8：30〜18：00
		日曜日	×	×	×
		祝日	×	×	×
		長期休暇中	9：00〜18：00	9：00〜18：00	8：30〜18：00
		備考		夕方は原則17：00までで、事情があれば18：00まで利用可。土曜・休暇中の朝も、事情があれば8：30から利用可	BOPは夏季17：00、冬季16：30まで。朝の開所時間は学校によって多少異なる。申請があれば8：30〜18：00
	定員	1校当たりの定員	定員は設定せず	定員は設定せず	定員は設定せず
	職員の配置	1校当たりの指導員数	学童クラブ登録児童の概ね20人に指導員1名（パートを除く）	児童40人まで3人。以降20人増えることに1名増	基本的には新BOP内学童クラブ登録児童数に応じた配置基準に基づく
		障がい児のための加配	必要に応じてあり	おおむね児童3人に1人。状況を見て増	必要に応じてあり
		指導員の資格や経歴の基準等	児童福祉法に基づく児童福祉施設最低基準（パートを除く）	指導員は教員免許あり　指導補助員は資格なし	児童指導職員（常勤）は福祉職種、新BOP指導員（非常勤）はAとBがあり、A＝保育士、教員、社会福祉士等の有資格者または児童福祉施設での3年以上の職務経験等、B＝大学の社会、心理、教育学を修め卒業した者、児童指導養成校等の卒業者、高卒以上2年以上児童健全育成に従事した者
		実態	基準のとおり		児童指導職員は保育士、教員等の有資格者。新BOP指導員は、A226人、B52人（H18.4）
		指導員以外に配置されるスタッフ	なし	なし	登録児童数、要配慮児童数に応じて臨時職員（プレーイングパートナー）を配置（年間予算により各新BOPで雇用）
	職員育成	指導員の研修	年11回	年2回以上	年約10回（経験等に応じて1人2〜4程度受講）
		研修内容	安全対策・配慮を要する児童対応	安全管理等	基本：安全管理（初級・応用編）、救急法上級。採用時新任：児童理解、個人情報保護、障がい児理解等。専門研修：集団遊び、室内遊び等、中堅研修：課題。以上に加え、各新BOPごとに職場内研修
	指導員の雇用形態	有期雇用・無期雇用	無期雇用の常勤と有期雇用の組み合わせ	有期雇用のみ	無期雇用の常勤と有期雇用の組み合わせ
	利用数・登録数	1校当たりの平均利用児童数／1日	79人	60人	69人
		1校当たりの平均登録児童数	382人	206人	407人
		うち学童保育（放課後児童クラブ）登録数	41人	115人	52人

第3章 子どもの放課後の支援

（保育園を考える親の会 2006年6月実施）

【記号】〇=全部の実施校が該当する　△=一部の実施校が該当する　×=まったく該当しない

横浜市	横浜市	川崎市	大阪市	名古屋市
放課後キッズクラブ	はまっこふれあいスクール	わくわくプラザ	児童いきいき放課後事業	トワイライトスクール（放課後学級）
19	332	114	297	191
349	349	114	297	260
5%	95%	100%	100%	73%
在校する全学年	在校する全学年（養護学校1、盲学校1含む）	学区内在住の小学生全員（国立・私立含む）	校区内に在住する学齢児童	在校する全学年
あり	あり	あり	あり	あり。実情に応じて対応
放課後～19：00	放課後～18：00　一部～19：00	放課後～18：00	放課後～18：00	放課後～18：00
8：30～19：00	9：00～18：00　一部8：30～19：00	8：30～18：00	9：00～18：00	9：00～18：00
×	×	×	×	×
×	×	×	×	×
8：30～19：00	9：00～18：00　一部8：30～19：00	8：30～18：00	9：00～18：00	9：00～18：00
17：00まで定員は設定せず。17時以降は最大60人、最少35人、1校当たり36.3人	定員は設定せず	定員は設定せず	定員は設定せず	定員は設定せず
70人に対して4人を基本としし児童数や障がい児の参加状況等により増減	70人に対して3人を基本として児童数や障害児の参加状況等により増減	4人を基準とし、利用児童数に、障がい児童数に応じてスタッフを配置する	児童45人まで2人、46人以上は3人、以後40名ごとに1人増員	1名
状況に応じて	状況に応じて	状況に応じて	障がいの程度に応じて増員	なし
特に定めていない	回答なし	指定管理者で若干異なるが児童厚生2級、教員、保育士、母子指導員等	各活動において1名は教員経験者が従事する。その他、子育てを終えられた地域の方や、教員を目指す学生が従事する	教職経験者
青少年育成活動経験者等	教職員経験者、青少年育成活動経験者等	上記に同じ	同上	同上
地域住民の内から協力者10～15人程度	地域住民等から協力者を必要に応じてイベント時に依頼	なし	いない	地域協力員概ね30人ごとに1人
年10回くらい	年10回くらい	年5～6回	年1～数回	年6回
安全管理、児童理解、障害理解等	安全管理、児童理解、障害理解等	障がい児対応、防犯、児童を安全にする事、救急法、工作、ゲーム、遊び等	活動内容の安全確保、障がいのある児童への接し方など	防犯・けがの応急処置など
常勤と有期雇用の組み合わせ	常勤と有期雇用の組み合わせ	常勤と有期雇用（パート）の組み合わせ	有期雇用のみ	有期雇用のみ。または常勤と有期雇用の組み合わせ
66.2人	45人	48人	60人	32.2人
265人	222人	243人	239人	254人
20人		27人	36人（23か所で放課後児童健全育成事業を導入）	

第 1 部　子育て支援とは

	自治体名		江戸川区	品川区	世田谷区
	事業名		すくすくスクール	すまいるスクール	新BOP（BOP＋新BOP内学童クラブ）
②子どもの生活環境・その他	設備	トイレ 居室（注1）から5メートル以内	おおむね○	×	おおむね○
		ロッカー	○	○	○
		休息スペース（注2）	○	○	○
		宿題ができる場所（注3）	○	○	○
		キッチン（注4）	△	×	○
		図書（本棚がある）	○	○	○
		玩具	○	○	○
	学校施設の利用	校庭	○	○	○
		図書室	○	○	○
		体育館	○	○	○
		保健室	○	○	△
	出欠管理	全児童の出欠チェック	×	○	×参加時と退所時に児童がチェックする。1年生1学期は参加カード使用
		→無断欠席児の家庭への連絡	×	○	×
		学童保育登録児の出欠チェック	○		○
		→無断欠席児の家庭への連絡	○		○
	おやつ	出席児全員に提供（時間）	×	×	×
		学童保育児に提供（時間）	○（16：00ごろ）	×	○（16：00ごろ）
	家庭のケア・連携・関係づくり	連絡のノートの有無	○	○	○（学童保育登録児）
		保護者会・保護者懇談会がある（回数）	○（年2回）	○（年2回）	○保護者会年2～3回の他、年3回連絡協議会の実施
		登録家庭への配布物「～だより」などがある（回数）	○（年12回）	○（年15回）	○（年12回）
		保護者の自主組織・父母会などがある（注5）	△	×	△
	事業内容	子どもの生活の充実や発育を考慮した遊びの計画やカリキュラムがある	○	○	○
	学校との連携	行事や下校時刻の変更などの連絡がくる	○	○	○
		子どもの健康状態や気になる問題について担任や学校長と連絡を取り合っている	○	○	○
		連携して防犯体制を整えている	○	○	○
		その他		ハード面で多々	
	保護者負担		一般利用児童：なし 学童クラブ登録児：月4,000円・補食費月1,700円 任意で保険料：年500円	参加費：年1,100円	一般利用児童：なし 新BOP内学童クラブ登録児：月2,000円（間食費） ＊免除申請制度あり
	国の補助金	この事業に入っている国の補助金	地域子ども教室推進事業（補助対象は地域団体）		
	学童保育（留守家庭対象の放課後児童健全育成事業）との関係		全児童の中に学童保育が含まれている	全児童の中に学童保育が含まれている（学童は廃止）	全児童の中に学童保育が含まれている

（注1）　居室：拠点となってる部屋、いつでも子どもが居られる部屋
（注2）　休息スペース：畳、カーペット敷きのスペース
（注3）　宿題ができる場所：落ち着けるスペースがあり、机を置ける
（注4）　キッチン：流しとコンロがある
（注5）　行政が招集するものは除く

第3章 子どもの放課後の支援

横浜市	横浜市	川崎市	大阪市	名古屋市
放課後キッズクラブ	はまっこふれあいスクール	わくわくプラザ	児童いきいき放課後事業	トワイライトスクール（放課後学級）
おおむね○	おおむね○	おおむね○	把握していない	そうなっている学校は少ない
○	○	○	○	○
○	○	○	○	○
○	△	○	○	△
○	×	○	△	○
○	○	○	○	△
○	○	○	○	○
○	○	○	○	○
○	△	○	○	○
○	○	○	○	○
△	△	×	×	○
○	×出席はチェックする	○	○	○
○	×	×	×	×
○		○定期利用申込者対象		
○			×	
	△一部の学校で出ている（申し込み制）	△希望者のみ	×	×
○17時頃			×	×
○	×（参加カード）	×（出席カード）	○	×
○年2回	○年2〜3回	○年4回	△年1〜数回	×
○年12回	○年12回	○（年11回）	○年12回	○年12回
△	×	△	△	×
○	○		○	×
○	×	×	×	
○		×		×
○	○	○	○	○
				運動場、体育館や図書室などの施設利用
17：00以降も利用する場合に、利用料月5,000円・おやつ代実費（1回100円程度）	19：00まで実施しているはまっこでは、17：00以降も利用する場合に、利用料月5,000円・おやつ代実費（1回100円程度）	希望者のみおやつ代・保険料として1日100円・年間500円	なし	一般利用児童：なし 時間延長モデル事業校の特別登録者：月1,500円（おやつ代）
児童環境づくり基盤整備事業補助金、放課後児童健全育成事業		児童環境づくり基盤整備事業国庫補助金	放課後児童健全育成事業、地域子ども教室推進事業	地域子ども教室事業
別々に存在している	別々に存在している	全児童の中に放課後健全育成事業の対象児童を含む	別々に存在しているが、一部（23か所）で放課後児童健全育成事業を取り入れている	別々に存在している

（3）「放課後子どもプラン」の創設

　放課後子どもプランは、文部科学省の「放課後子ども教室」と、厚生労働省の「放課後児童健全育成事業」（放課後児童クラブ＝学童保育）を一体的あるいは連携して実施する事業として、2007年度に創設されました。

　「放課後子ども教室」は、文部科学省が2004年度から2006年度までの緊急3か年計画として実施してきた「地域子ども教室」を継承したものです。就労家庭に限らず、地域の子どもを対象に、学校の余裕教室や校庭等を利用し、地域のおとなの協力を得て、スポーツや文化活動等様々な活動を実施するという内容で、2006年度の実施箇所数は8,318か所、利用児童の延べ数は約2,117万人。国が、1か所につき70万円程度の費用を委託費として出していましたが、2007年度に「放課後子どもプラン」創設に伴い、「放課後子ども教室」となり、1か所についての運営費単価は約130万円（概算要求での参考単価）となると共に、国の負担は3分の1、残りは自治体が負担する仕組みに変わりました（設置目標は1万か所、全体の予算額は約68億円）。なお、制度開始初年度で地方自治体の予算確保が難しかったためか、2007年9月時点の予定数では、目標とは裏腹に6,267か所に減少しています。

　これに対して、放課後児童クラブの場合は、同年度、2万か所という目標に対して、国の運営費についての補助は約138億円が計上されました（単純計算で1か所当たりの運営費の国の負担分を約69万円とすると、自治体分を合わせた運営費単価は約207万円。このほか、施設整備費も含めた放課後児童健全育成事業全体の予算は約158億円）。こちらの方は冒頭に見たように目標には届かなかったものの（2007年5月現在で1万6,685か所）、それなりの数値で整備が進んでいる状況にあります。

　この計画が検討されていた当初は、地域のボランティアなどによる短時間の活動でコストが低い地域こども教室に放課後児童クラブが吸収されてしまうのではないかという危惧が、就労家庭に広がりましたが、最終的には、別個の制度の運営を一体化もしくは連携させるという方式になりました。

第3章　子どもの放課後の支援

　2008年度予算案では、放課後子ども教室は1万5,000か所、放課後児童クラブは2万か所（前年と同じ）が目標となっており、いずれも「すべての小学校区で実施」するために推進するとうたっています。この「放課後子どもプラン」と、自治体が独自に進めている「全児童対策事業」は似ていますが、「全児童対策事業」が国の「放課後子どもプラン」の制度に乗るかというと、定員設定が必要な放課後児童クラブの導入がためらわれるなど、なかなか簡単にはいかないようです。

　一方、「放課後子どもプラン」の議論が進む中で、放課後児童クラブが就労家庭の子どもの放課後の安全・安心を確保する場所であるという定義づけは、むしろ明確にされたように見えます。適正な定員規模が明示され（適正規模に誘導するために、71人以上の大規模クラブへの補助金を3年の経過措置後に廃止）、2007年10月には、子どもたちの生活の場として求められる運営のガイドライン（放課後児童クラブガイドライン）も発表されました。

資料

放課後児童クラブガイドライン　(2007年10月19日厚生労働省雇用均等・児童家庭局長通知)

1．対象児童
　対象児童は、保護者が労働等により昼間家庭にいない小学校1～3年に就学している児童であり、その他健全育成上指導を要する児童（特別支援学校の小学部の児童及び小学校4年生以上の児童）も加えることができること。

2．規模
　放課後児童クラブにおける集団の規模については、おおむね40人程度までとすることが望ましい。
　また、1放課後児童クラブの規模については、最大70人までとすること。

3．開所日・開所時間
　開所日、開所時間については、子どもの放課後の時間帯、地域の実情や保護者の就労状況を考慮して設定すること。
　また、土曜日、長期休業期間、学校休業日等については、保護者の就労実態等をふまえて8時間以上開所すること。
　なお、新1年生については、保育所との連続を考慮し、4月1日より受け入れること。

4．施設・設備
（1） 児童のための専用の部屋または間仕切り等で区切られた専用スペースを設け、生活の場としての機能が十分確保されるよう留意すること。
（2） 子どもが生活するスペースについては児童1人あたりおおむね1.65㎡以上の面積を確保することが望ましい。なお、子どもが体調の悪い時などに休息できる静養スペースを確保すること。
（3） 施設・設備については、衛生及び安全が確保されているとともに、事業に必要な設備・備品を備えること。

5．職員体制
放課後児童クラブには、放課後児童指導員を配置すること。放課後児童指導員は、児童福祉施設最低基準（昭和23年12月29日厚生省令第63号）第38条に規定する児童の遊びを指導する者の資格を有する者が望ましい。

6．放課後児童指導員の役割
（1） 放課後児童指導員は、以下について、留意のうえ、（2）に掲げる活動を行うこと。
 1．子どもの人権の尊重と子どもの個人差への配慮
 2．体罰等、子どもに身体的・精神的苦痛を与える行為の禁止
 3．保護者との対応・信頼関係の構築
 4．個人情報の慎重な取扱いとプライバシーの保護
 5．放課後児童指導員としての資質の向上
 6．事業の公共性の維持
（2） 放課後児童指導員は、次に掲げる活動を行うこと。
 1．子どもの健康管理、出席確認をはじめとした安全の確保、情緒の安定を図ること。
 2．遊びを通しての自主性、社会性、創造性を培うこと。
 3．子どもが宿題・自習等の学習活動を自主的に行える環境を整え、必要な援助を行うこと。
 4．基本的生活習慣についての援助、自立に向けた手助けを行うとともに、その力を身につけさせること。
 5．活動状況について家庭との日常的な連絡、情報交換を行うとともに、家庭や地域での遊びの環境づくりへの支援を行うこと。
 6．児童虐待の早期発見に努め、児童虐待等により福祉的介入が必要とされるケースについては、市町村等が設置する要保護児童対策地域協議会等を活用しながら、児童相談所や保健所等の関係機関と連携して対応を図ること。
 7．その他放課後における子どもの健全育成上必要な活動を行うこと。

7．保護者への支援・連携
保護者会等の活動についても積極的に支援、連携し、放課後児童クラブの運営を保護者と連携して進めるとともに、保護者自身が互いに協力して子育ての責任

を果たせるような支援を行うこと。
8．学校との連携
（1）学校との連携を積極的に図ること。なお、学校との情報交換に当たっては、個人情報の保護や秘密の保持に十分な配慮を行うこと。
（2）子どもの生活と遊びの場を広げるために、学校の校庭・体育館や余裕教室等の利用について連携を図ること。また、放課後子ども教室との連携を図ること。
9．関係機関・地域との連携
（1）保育所・幼稚園等と連携し、情報の共有と相互理解に努めること。
（2）子どもの病気や事故、もめごとなどに備えて、日常から地域の医療・保健・福祉等の関係機関と連携を図るように努めるとともに、ボランティアの募集・受入れを積極的に行い、また、地域の関係組織や児童関連施設等と連携を図ること。
10．安全対策
（1）事故やケガの防止と対応
　　あらかじめ、事故やケガの防止に向けた対策や発生時の対応に関するマニュアルを作成し、事故やケガが発生した場合、速やかに適切な処置を行うこと。
（2）衛生管理
　　あらかじめ、感染症等の発生時の対応について、放課後児童クラブとしての対応策を作成すること。
（3）防災・防犯対策
　　防災・防犯に関する計画やマニュアルを策定し、定期的に避難訓練等を実施すること。
（4）来所・帰宅時の安全確保
　　あらかじめ、来所・帰宅時の安全確保のためのチェックリスト等を作成し、地域の関係機関・団体等と連携した見守り活動の実施等について取り組むこと。
11．特に配慮を必要とする児童への対応
（1）障がいのある児童や虐待への対応等特に配慮を要する児童について、利用の希望がある場合は可能な限り受入れに努めること。受入れに当たっては、施設・設備について配慮すること。
（2）障がいのある児童を受け入れるための職員研修等に努めること。
12．事業内容等の向上について
（1）放課後児童指導員の資質の向上のため積極的に研修を実施し、または受講させること。
（2）放課後児童クラブは、事業内容について定期的に自己点検する機会を持ち、自ら事業内容向上に向けた取り組みに努めること。

13. 利用者への情報提供等
（1）市町村及び放課後児童クラブは、放課後児童クラブの利用の募集に当たって、適切な時期に様々な機会を利用して広く周知を図ること。
（2）放課後児童クラブの運営の状況について、保護者や地域等に積極的に情報提供を行い、保護者等との信頼関係を構築すること。
14. 要望・苦情への対応
（1）要望や苦情を受け付ける窓口を子どもや保護者に周知するとともに、要望や苦情への対応の手順や体制を整備し、迅速な対応を図ること。
（2）苦情対応については、苦情解決責任者、苦情受付担当者、第三者委員の設置や解決に向けた手順の整理等、迅速かつ適切に解決が図られるしくみを構築すること。

4．小学校から思春期にかけての子どもの居場所

（1）地域・子ども・家庭のニーズ

　ここまで、就労家庭の視点から、放課後事業の状況を見てきましたが、冒頭にも述べたように、小学校期の子どもの放課後の居場所は、地域のすべての子どもについて、配慮される必要があります。地域の状況と子どものニーズ（子どもの育ちに必要なこと）を総括的にまとめると次のようになると考えられます。

・　就労家庭については、主として低学年について保護者が家庭にいないことを前提に、家庭に代わる場（物理的な環境と人的な関係）が必要とされている。
・　就労家庭に限らず、子どもが集まって遊ぶ、体を使って遊ぶなど、かつては地域で自然に行われていた子どもの活動が行える安全な場所が必要とされている。
・　子どもの遊びが個別化し、集団活動が少なくなっている中で、子どもの主体性を尊重しつつも、おとなが遊びの環境をつくったり働きかけたりするなどの援助をすることも必要になりつつある。子ども同士の関わりが薄くなっていることが、子どもの社会性やコミュニケーション能力の育ちに

影響しているのではないかと、危惧されている。
・　地域の関係が希薄になった結果、子どもに関わるおとなが少なくなっている。親や教師、塾や習い事の先生などの限られたおとなだけではなく、地域の様々なおとなと交流することは、子どもにとって必要な体験と考えられる。
・　乳幼児期は手厚くなりつつある子育て支援も、小学校期に対しては手薄。保護者の子育て困難、子どもの発達の悩み、不登校、子ども同士の人間関係の問題など、困難や悩みをかかえる親子へのサポートが求められている。

(2) これからの放課後事業に求められること

　このような小学校期の子どもの現状や地域の状況を考えたとき、今後の放課後事業（放課後児童クラブ、放課後子ども教室、全児童対策事業、児童館ほか）には、次のようなことが求められると考えます。

① **子どもの主体的な遊びを保障すること**

　学力低下不安により、「放課後子ども教室」には「補習」などがメニューに入ってきていますが、放課後事業を「おとなが仕切る時間」で埋めてしまうようなことのないよう、配慮が必要だと考えます。子どもが「自ら考え行動する力をつける」「思いやりやコミュニケーション能力を培う」といった教育的観点から考えれば、子どもが主体的に、自由に遊ぶという機会を積極的に設けることこそ、大切なのではないかと思われます。

　ある「学童保育」では、新1年生が入ってくると、2・3年生が主体となり、1年生が楽しめるドッジボールをするためのハンデをとり入れた「1年生ルール」を、みんなで考えてつくるという話がありました。今、子どもたちに欠けているのは、このような活動であるように思われます。子どものための放課後事業は、子どもの主体性を尊重し、集団遊びの機会を確保する場であってほしいと思います。

② **地域人材の活用、保護者の参画を通した地域関係づくり**

本来、地域全体が子どもの居場所でなくてはならないのであり、そのためには、地域のおとな同士、おとなと子どもの関わりの機会を増やし、地域関係づくりを進めていくことが必要です。これは、地域の人材の協力のもとに実施する「放課後子ども教室」の本来のねらいと重なるものです。

　地域のおとなたちが、余暇を利用して子どもたちと遊んだり、仕事や趣味で身につけた技術や芸を教えたり、といった活動は貴重な異世代交流となります。

　一方、放課後事業ごとに、子どものための場づくりを共に行っていくという考え方に立ち、保護者参画の仕組みをつくることも、地域再生の端緒となると考えられます。

③　指導員の質の確保

　上記のような地域人材の活用は大切ですが、同時に、専門知識や経験をもち継続的に子どもを見ることができる指導員を配置することも必要です。子どもの発育や心理を理解し、遊びの質を高める技術をもち、ときには子どもや親のカウンセラー、ソーシャルワーカーともなれる人材が配置されれば、地域の子育て支援資源として、非常に有効なものとすることができるはずです。指導員の専門性を明らかにし、育成・定着させていくことが必要です。

④　学校との連携、学校設備の有効活用

　放課後事業の学校との連携、学校設備の有効活用が求められます。学校との連携とは、行事や下校時刻などの日常的連絡体制を整える、利用児童の健康状態や気になる問題について必要に応じて担任や学校長と連絡を取り合えるようにする、連携して防犯体制を整えるなど。学校設備の有効活用とは、拠点となる居室のほかに、校庭、図書室、体育館、保健室などの学校施設が利用できるようにするなどです。

⑤　生活の場としての施設・設備の整備

　子どもが長時間過ごす場となる場合には、最低でも、次のような「生活の場」としての機能を備えなくてはなりません。

・　居室に隣接もしくは近接したトイレを設置する

- ロッカーなど私物を置ける場所を確保する
- 休息がとれるスペースを確保する
- キッチン（水道・ガス）を設置する
- 図書・玩具を設置する
- 安全対策を徹底し、事故・ケガのときの対応などが迅速に確実にとれる体制をつくる（特に複数の事業が同じ場所で行われる場合の連携・責任分担に注意）

⑥ 就労家庭への配慮

　保護者が留守であるために放課後事業を利用する子どもに対しては、上記のような環境の整備に加え、出欠管理と欠席時の保護者への連絡、宿題ができるスペース、おやつの提供、連絡ノートなどの養護的機能を整える必要があります。

　また、指導員には、子どもの心を受容し、生活面、心身の変化、人間関係などの個別の状況に目を配り、家庭と連携して子どもの生活を助けていくことが求められます。

⑦ 障がい児・配慮を要する子どもへの対応

　障がいをもつ子ども、配慮を要する子どもにも安心できる放課後の環境を保障することが必要です。今後の放課後事業では、障がい児への対応の充実が求められます。

⑧ 学校以外の居場所も

　学校を拠点とした放課後事業の拡充により、児童館を削減する自治体もありますが、放課後の選択肢が少なくなることは、「合わない子ども」の居場所がなくなったり、子どもの地域生活を単調なものにする恐れがあります。「全児童対策事業」では高学年の利用が少ないという現象も見られています。

　東京都は、児童館が整備されている市区が多いのですが、児童館は、これまでも「放課後児童クラブ」を卒業した子どもの居場所になってきました。また、ある地域では、児童館閉館後から塾に行くまでの時間をつぶすために

ゲームセンターに出入りする小学生が多いことに気がつき、児童館を夕方6時まで開館するようにしたという話もありました。

　地域の子どもたちが、どのように過ごしているのか、どんな環境があれば安全に、また質の高い時間を過ごせるのか、子どものニーズを捉える必要があります。

（3）人と人のつながり

　「居場所」というのは、物理的な場所だけを指すのではありません。「ある場所に行けば得られる人と人との関係」そのものが、人にとっての「居場所」なのではないでしょうか。私たちは、気心の知れた相手と話したり笑い合ったり、心配されたり、叱られたり…といった関係の中で、安心感を得て、「居場所がある」と感じます。子どもの放課後にも、いつもの仲間がいるあの場所、いつもの先生がいるあの部屋、という安心感が必要だと思います。

　放課後事業だけではなく、地域の色々な機関や施設、サービスで働くおとなが、もっと子どもとの関わりを意識すれば、地域は子どもにとってもっと安心できる場所になるかもしれません。

　そして、放課後事業は特におとなと子どもの関わり、子ども同士の関わり、さらにはその保護者同士の関係という視点からも、その質を高めていく必要があるでしょう。

第2部
民間からのムーブメント

第1章

子育て支援の類型と民間活動

山縣　文治（大阪市立大学大学院　生活科学研究科教授）

1．子育て支援の展開

　「子育てに関する情報がほしい」「一緒に子育てをする仲間がほしい」という声が聞かれ始めたのは、今から20年ほど前のことです。「子育ては母親なら誰でもできるものである」「働いていない母親に対しては、特に社会的なサービスは必要ない」という意識が一般的であった時代であり、「子育て支援」などという言葉はありませんでした。

　この頃、お母さんたちの一部が子育てサークルをつくり、仲間で子育てをする活動を始めました。当時結成され、今でも活動を続けている団体に、「貝塚子育てネットワーク」（大阪府貝塚市）や「子育て応援かざぐるま」（札幌市）があります。このような民間活動からスタートした子育て支援活動ですが、制度がこれを受け入れるまでの時間は非常に早いものでした。その萌芽が、「保育所機能強化推進費（現、保育所地域活動事業）」（1987年）であり、「保育所地域子育てモデル事業（現、地域子育て支援拠点事業「センター型」）」（1993年）です。

　当時の地域の状況は、就学前の子どものうち、保育所にも幼稚園にも所属していない子ども（そのほとんどが、家庭で母親が世話をしている状況にあると推察される）が5割強、3歳未満児に限ると、これが9割を超えていました。この層からの子育て不安や、昼間の居場所のなさ、母親のストレスなどの声がささやかれ出したこと、さらに、図表1に示すように、その潜在層が大量であったことが、社会的支援としての子育て支援が制度化された背景に存在したものと考えられます。

第2部　民間からのムーブメント

図表1　就学前の子どもの居場所

（就学前全体：0〜5歳児）　（％）

	保育所	幼稚園	それ以外	計
1960年	7.0	7.6	85.4	100.0
1970年	10.7	15.9	73.4	100.0
1980年	19.0	22.9	58.2	100.0
1990年	21.6	25.1	53.3	100.0
2000年	26.8	25.0	48.3	100.0
2007年	29.9	24.7	45.5	100.0

（3歳未満児：0〜2歳）　（％）

	保育所	幼稚園	それ以外	計
1960年	0.6	0.0	99.4	100.0
1970年	1.6	0.0	98.4	100.0
1980年	5.9	0.0	94.1	100.0
1990年	7.8	0.0	92.2	100.0
2000年	13.1	0.0	86.9	100.0
2007年	20.2	0.0	79.8	100.0

（厚生労働省「社会福祉施設等調査」、文部科学省「学校基本調査」、総務省「国勢調査」等を基礎に算出）

図表2　子育て支援活動の類型（例）

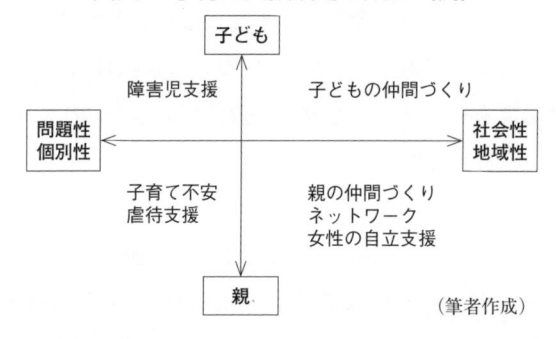

```
                    子ども
                      ↑
        障害児支援  |  子どもの仲間づくり
                      |
  ┌─────┐        |         ┌─────┐
  │問題性│────────┼─────────│社会性│
  │個別性│        |         │地域性│
  └─────┘        |         └─────┘
                      |
        子育て不安    |  親の仲間づくり
        虐待支援      |  ネットワーク
                      |  女性の自立支援
                      ↓
                    ┌───┐
                    │ 親 │
                    └───┘
```

（筆者作成）

2．子育て支援の類型

　今日、民間活動として取り組まれている子育て支援活動は非常に多岐にわたっています。子育て支援活動とそうでないものの境界を決めることは困難ですし、また意味もありません。類型化も子育て支援の対象、子育て支援の目的、子育て支援の方法、支援組織の特性など、様々なものが考えられますが、いずれも一長一短があります。例えば、対象と目的を組み合わせると、図表2のような方法も考えられます。明確な分類軸があるわけではないのですが、本章では、活動目的を少し意識し、1．拠点を核とした多様な活動、2．仲間（ピア）としての支援、3．地域との共生をめざした活動、4．子育て支援のネットワークづくり、5．市民視点の予防活動、6．女性の自立支援を意識した活動の6つの類型をもとに、事例を紹介していきます。

第2章

拠点を核とした多様な活動

山縣　文治（大阪市立大学大学院　生活科学研究科教授）

　社会福祉法人等を除くと、いわゆる一般の民間子育て支援団体が安定した活動拠点を持つということには困難を伴います。子育て支援の活動も、公園を利用したり、公民館や児童館などの公共施設を活動日のみ利用したりするなどの状況が続きました。民間団体が専用の活動拠点を持つことができるようになったのは、今世紀に入って、「空き店舗活用支援事業」（経済産業省）や「つどいの広場事業」（厚生労働省）などへの助成が始まったことが大きいと考えられます。

　安定した専用の活動拠点を持つ意味は、大きく3つあると考えられます。

　第1は、専用であることによって、活動を計画的に進めることができるということです。公共施設を一時的に利用している場合、他の事業（団体）との関係で、活動日や設備の使用法など、自分たちの思い通りに事業を進めることができないということがよくあります。公園等の場合は、安全性、天候（雨、暑さ、寒さ）、設備などの面で不便なことが多くあります。

　第2は、利用者も計画的に利用できるということです。活動拠点が明確であれば、利用者も自分たちのスケジュールに合わせて、活動内容を見ながら利用できることになります。

　第3は、一般住民に活動が見えやすくなるということです。これは、社会的な信頼性を高めることになり、住民や他団体との連携がしやすくなるということでもあります。

　ここでは、活動拠点の確保に独自性を発揮していたり、拠点を活用して多様な活動を展開している「わははネット」（高松市）、「子育て応援かざぐるま」（札幌市）、「まめっこ」（名古屋市）を紹介します。

第2部　民間からのムーブメント

1．わははネット

子育てをキーワードに様々な人が集まるひろばに

（中橋恵美子／NPO法人わははネット理事長）

（1）基本的事項

① 活動理念・目標

わははネットは、「香川の子育てをもっと楽しく！」をモットーに、子育て当事者の目線で子育て環境の改善をめざしています。

② 組織体制

理事6名、監事1名、常勤スタッフ9名、スタッフ（非常勤／ボランティア含む）約20名

組織は大きくは、以下の4つのグループからなります。

a．子育てひろば部（坂出・高松のつどいのひろば・ウィズひろば・ジャスコひろばの4拠点）

b．編集部（情報誌の発行他、印刷物を手がける）

c．IT部（パソコンサイトの管理、携帯サイト運営他システム構築など）

d．事業部（単年度委託事業や企業との連携事業、子育てタクシー事務局業務等）

③ 地域環境

香川県全エリアを対象に活動しています。香川県は全国で最も面積が狭く、短時間で集まることができるため、ネットワークを形成するには大変好条件だと思われます。人口規模も約100万人、県庁所在地の高松市が約42万人です。

香川県とNPOの関係は互いに対等であり、連携も取りやすい環境です。

④ 場所、連絡先

住所／〒760-0042　香川県高松市大工町1―4

Tel ／087(822)5589
Fax ／087(887)7190
HP ／ http://www.npo-wahaha.net
E-mail ／ info@npo-wahaha.net

（2） 事業開始のきっかけ

　わははネットは、地域密着型の子育て情報発信のために集まった育児サークルです。1998年、育児サークル「輪母（わはは）ネット」として、乳幼児を連れた母親10名で設立しました。

　設立当初は地域に密着した育児情報を入手することが難しかったため、「子育て当事者の手で地域密着型の子育てに特化した情報発信をしよう！」と子育て情報誌の発行をめざし集まったのがきっかけです。

（3） 事業内容・事業実績

①　地域密着型子育て情報誌『おやこ DE わはは』の企画編集発行

　1999年の創刊号から、第６号までは、年１回～４回発行していました（120頁程度、書店等にて１冊650円にて販売）。現在は年４回季刊で毎号２万5,000部を発行し、無料で配付しています。

　子育て当事者が、同地域に暮らす子育て当事者に向けて同じ目線で発信する情報誌です。出版経費は広告収入でまかない、配付等は、子育てひろば、

地域密着型子育て情報誌「おやこ DE わはは」

支援センター、幼稚園、保育園、病産院、子ども向けショップなど親子連れが利用する場所に集中して配付しています。

② **携帯メールを活用した育児情報発信サービス**

2002年には、情報誌だけでなく「より手軽に」「よりタイミングを捉えて」「より地域性を絞って」情報発信することができないか、との思いから、携帯電話を活用した子育て情報の配信サービス「わははメール」をスタートしました。

地元のIT企業からの協力を得て、子どもの年齢（月齢）、住んでいる地域（市町単位）をセグメントし、本当に必要な地域の子育て情報をオンリーワンで届けるサービスを開始しました。毎週金曜日に登録者に発信され、1週間分で100件以上の子育てに関するイベントや学習会などの情報、サークル情報などを届けています。登録者は香川県内で3,000名を超えます。

③ **わはは・ひろば―― 一方的な情報発信から双方向の広場づくりへ**

地域の子育て情報不足から来る育児不安を解消しよう、と開始したサークル活動でしたが、情報誌や携帯メールで情報を伝えることの限界も感じ始めました。

例えば、秋になると、「来春幼稚園に入園するのだけど、あそこの幼稚園のPTA活動は、噂では大変と聞いたけれど本当か」「〇〇保育園の方針はパンフレットにこう書いてあるけど本当かどうか、通っている人に聞いてみたいがどうしたらいいか」あるいは「妊娠したのだがどこの産婦人科がオススメなのか教えてほしい」などなど、「良い情報もだが、悪い情報も教えてほしい」という問合せが日々増えてきました。しかし、そういった情報は広く皆の目に触れる情報発信媒体ではなく、本来地域の中で井戸端会議的にやり取りされるべき、良い意味での"不確かな口コミュニケーション"の中で互いに情報交換した方がよいであろうと私たちは考えました。

④ **手づくりのひろば**

「子育てをキーワードに井戸端をつくりたい」

「一方的な情報発信ではなく、子育て中の親同士が互いに情報を伝えあえ

る場所がほしい」そんな思いから、商店街の一角の空き店舗を借りて「わはは・ひろば」を2002年にオープンしました。

　補助金もなく、子育て当事者たちが集まって空き店舗を借り、子育て広場を運営していくのは容易ではありませ

わはは・ひろばの様子

んでしたが、育児情報誌の発行で培っていた企業や地域住民との連携が役に立ちました。

　「子育て中の私たちは親の居場所、子どもの居場所として、こういう広場をつくりたいのです」というアピールの企画書をつくり、地域の人々や商店主を集めての説明会を開催しました。少しずつ協力を得ることができ、地域や商店街の人たちの様々なモノや労力の提供により、子育て広場をつくることができました。

（4）　行政との関係

　坂出市の駅前（商店街の入り口）に「わはは・ひろば坂出」をオープンして1年後、毎日の溢れるような利用者状況、また反響の大きさから、行政から「つどいの広場事業」として正式に事業受託することとなりました。

　携帯電話を使った子育て情報配信サービスは文部科学省のモデル事業にもなり、県や市からは単年度の子育てに関する冊子企画の受注や、ネットワーク事業などの委託事業も実施しています。

（5）　関連機関・組織との関係

① 　企業との関係

　私たちの活動は、情報誌づくりから始まり毎号100万円を超える印刷費を工面するため、企業協賛を募り、自分たちの活動のPRを続けてきました。子育て広場を運営するようになり、より当事者のニーズを日々見聞きす

る機会も増え、また子育てに関する社会の問題点にも気づくようになりました。子育て中の人たちのニーズや要望を、企業の人たちに伝えることで、よりよい社会サービスや商品が誕生するのではないかと考えています。

　企業も子育て支援について興味がないわけではなく、それぞれ考えを持っている会社や店舗も多いです。そのコンセプトや姿勢を上手に子育て中の人たちに伝えるパイプとなることが私たちにならできるのではないか、と考えるようになりました。

② **地域との関係**

　わはは・ひろばには多くのお店や企業の方々がとても自然に、一地域人として関わってくれています。

　例えば木曜午後は休診中の歯科医院の先生が、子どもの歯科検診にボランティアで来てくれます。子どもの歯だけでなくお母さんの歯がボロボロなことに気づき、子育て中の人は医院に来ることが難しいことを実感して、その後、院内にキッズスペースをつくって親子で来やすい歯科医院へと変わっていったこともあります。

　また、商店街の中にある英会話教室にいる外国人の先生も、外国の手遊びや歌遊びをボランティアで教えに来てくれたり、保険会社の人がまったく社名を出さずに家計相談に乗ってくれたりもしています。

ひろばでの英会話

③ **当事者の声から生まれた商品**

　ひろばに遊びに来ているお母さんが「出産時、タクシーに乗ったら冷たい態度でショックだった」という愚痴をこぼしていたのをきっかけに、「子どもを連れた移動に苦労する、働きながら子育てをしていく上で安心安全に子どもを移送してくれると助かる」というニーズを聞き、地元のタクシー会社に相談して「子育てタクシー」を走らせることに成功しました。この動きは各地に広まり、今では「全国子育てタクシー協会」を立ち上げ、全国12道府

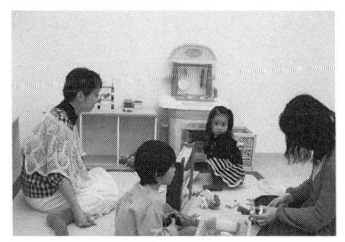

ジャスコひろば　　　　　　　タクシードライバー実習ひろば

県51社のタクシー会社が親子に優しいタクシーとして活動しています。
　また、2005年には、「子育て家庭が本当に暮らしやすいマンションづくりとは？」というコンセプトで子育て広場の利用者にも協力してもらい丁寧にニーズを拾い上げ、地元のマンション企業と協働で新しいマンションブランドを立ち上げました。子どもの集まるフリースペースが常設されているマンションは子育て中の人たちに大人気商品となりました。またモデルルームでは毎週火曜日に、子育ての広場をオープン。私たちは企業からの委託でこの広場を運営しています。
　2008年は地元のジャスコさんからの委託を受け、ジャスコ店舗の中にわはは・ひろばと同じコンセプトの子育て広場を週2回開催することになりました。

（6）活動の特徴

　私たちの活動の特徴は、企業に対しても、行政に対しても、また子育てしている人たちに対しても非常にフラットな関係でいられることではないかと思います。そのために、組織としては事務局機能を強化し、また資金も企業協賛、行政委託のどちらかに片寄ることなく、程よい距離感でつき合っています。

（7）今後の課題

　現在、行政からの委託の広場を2か所、企業からの委託の広場を2か所運営しています。企業だから、行政だから、という違いを強調するのではな

く、親子が居心地よく過ごし、力をつけていくことができる広場になるように努めています。

　それが利用者のためでもあり、また地域のためでもあり、企業のためにもつながるという子育てをキーワードにした「win-win」な関係づくりなのだと思ってます。それを双方に上手に伝え、つないでいける力をよりつけていきたいです。

COMMENT

　NPO法人の立上げや推進の核になる人たちの中には、様々なタイプがありますが、わははネット代表の中橋さんは、明るいキャラクターとアイデアを実現するための資源の動員力において、出色の人だと思います。本書では、拠点を持つことの意義の章で紹介していますが、他の章にもほとんど当てはまるほど、多角的な事業内容となっています。

　情報発信からスタートしたわははネットの活動は、4年後には商店街の空き店舗に拠点を持つことになり、その後ひろば事業としての拠点のみならず、企業の支援を受けた独自の常設および定期開設拠点へと拡大しています。

　行政の補助金だけでなく、多様な直接・間接の資金確保に向けての努力がこのような成果を生んだものと考えられます。　　　（山縣　文治）

2．子育て応援かざぐるま

子どもといっしょに　おとなもいっしょに
（山田 智子／NPO法人子育て応援かざぐるま代表理事）

（1）基本的事項

① 活動理念・目標

次世代を担う子どもたちのすこやかな成長を育むすべての人々が必要とする情報やサービスの提供、子育て支援のネットワーク推進に関わる事業を行い、すべての子どもが安心して心豊かに育つことが保障される地域社会の実現に寄与することを目的として活動しています。

② 組織体制

理事5名（うち代表理事1名・副代表理事1名）、監事1名、保育スタッフ20名（全員が保育士・幼稚園教諭、助産師の有資格者）

③ 地域環境

札幌市は人口約188万人、年間出生数約1万4,000人、合計特殊出生率0.98。転勤族が多く、地域とつながれずに子育てを始める人が多い。

④ 場所、連絡先

住所／〒001-0911 北海道札幌市北区新琴似11条10丁目5-20
Tel ／011(764)4259、090(3117)2294
Fax ／011(764)4262
HP ／ http://kazaguruma.i-cis.com/　（子育て応援かざぐるま）
　　　http://ngma-ma.boo.jp/　（つどいの広場「んぐまーま」）

（2）事業開始のきっかけ

1986年6月　女性の社会進出を支える目的で、「託児ワーカーズかざぐるま」を設立。グループ保育中心に活動。

1990年代後半　訪問保育の現場で、子育て中の親の不安感、負担感、閉塞感、孤立感、子育ての知恵が伝承されていない現実を実感。葛藤と学びなおしの時期。

2002年4月　すべての親子が子育ち・子育てしやすい社会づくりをめざし、子育ての知恵の伝承を担うことに目的を変更し、「子育て支援ワーカーズかざぐるま」に改称。

2005年3月　保育者として質の高い保育や子育て支援をめざして「NPO法人子育て応援かざぐるま」を設立。

（3）事業内容と事業実績

①　訪問事業：訪問保育・グループ保育・産前産後サポート

各家庭にスタッフが出向く訪問保育では、単に子どもを預かるだけではなく、多種多様な子育て家庭に対するサポート的な内容の保育や支援の依頼が中心です。産前産後サポートは、利用者のニーズから始めた事業で、食事づくり、掃除、洗濯の基本的な家事と沐浴、上の子どもの世話、情報提供等を行います。

②　パパママちびっこ講座事業

四季折々の遊びや自然とのふれあいを子どもたちに体験してもらうためには、まずは親自身が子どもと同じ目線で自然や遊びを主体的に楽しむ機会が必要と考え、年間10回の講座を開催しています。

③　札幌大谷大学短期大学部子育て支援センター つどいの広場「んぐまーま」の運営協力

2005年9月、札幌大谷大学短期大学部が子育て支援センターを立ち上げる際に、センターの事業の一環として、つどいの広場「んぐまーま」を開設することとなり、代表を含む6名が卒業生ということもあって、かざぐるまがひろばの運営を受託し、保育科の先生方と協力しながら週1回開催しています。（「んぐまーま」は国の地域子育て支援拠点事業ではなく、大学独自の取組みです。（名前は、谷川俊太郎氏の絵本『んぐまーま』（クレヨンハウス、

2003年）が由来。赤ちゃんの喃語（なんご）がもとになっています。））

「んぐまーま」は、子どもが一緒に育ち合う友だちを、また親が子育て仲間を見つけるためのつどいの広場であると同時に、保育科学生のひろば実習（2年「家族援助論」）やボランティアの場として、学生が「家庭における日常生活としての子育て」にふれながら、現代の子育ての現状、子育て支援の趣旨、ひろばの理念、親子への関わり方を具体的に学ぶ場となっています。代表が家族援助論の授業を担当し、スタッフは、誰でも気軽に参加できるように温かく親しみやすい雰囲気づくりや、親と子、親子と親子、親子と学生をつなぐ役割と共に、学生への子育て支援者のモデルとしての役割や実習指導も求められています。学生がひろばに入ることで、親は自分の子育てや子どもを通して、未来の保育者や子育て支援者の養成にとても協力的です。

「んぐまーま」は基本的にノンプログラムであり、おとなも子どもも1人ひとりが主体的に過ごすことを大切にしています。また、あえて利用マニュアルをつくらずに、皆がお互いに気持ちよく過ごせるように配慮し合うことをめざしています。ひろばでは、周りのおとなが子どもの気持ちや行動をおおらかに受け止め、子どもたちが物の取り合い等の小さなトラブルを通してお互いに育ち合うことを皆で見守ろうという雰囲気が定着してきていると感じます。周りのおとなが子どもへの理解を深めることは子どもが育ちやすい環境へとつながり、それは子育てのしやすさにもつながると再認識しています。「んぐまーま」のこころは"みんなで大きくなろう"。子どもや親だけでなく、学生もスタッフも教職員も大学も地域も、皆で一緒に育ち合おう！と

赤ちゃんコーナー　　　他のママにおり紙折って！　　　椅子を利用して汽車ごっこ

いうこころがひろばの理念として息づいています。

■札幌大谷大学短期大学部 保育科 大西道子教授（子育て支援センター長）より

　最初は何故大学で？という疑問も出る中での出発でした。センターの機能には、親子の集いだけでなく、相談事業、学生の実習、教員の学びや研究などを掲げていますが、今やひろば「んぐまーま」の実践をど真ん中に据えて、"地域を巻き込んだ学生や教員の学び・研究の場"として機能し始めている感があります。大学とかざぐるま両者の"１人ひとりを人として大事にする"という価値観が子ども理解や発達観の共有になり、「んぐまーま」のこころ"みんなで大きくなろう"の実践になっております。課題はありますが、とてもよい連携のモデルと自負できそうです。

札幌大谷大学短期大学部子育て支援センター　「ふゆまつり」にて

④　その他
・講師派遣、出前講座事業　・ＨＰでの情報交流事業、子育て通信の発行

（４）行政との関係

　活動の紹介やイベントの後援をお願いしたり、市から学習会の案内や通信が送られてきたりしますが、札幌市との協働の取組みは残念ながらありません。ただし、区の保健センターの保健師さんから、地域で継続的な支援を必要とする家庭にかざぐるまを紹介したいと連絡があり、一緒にその家庭に出向いてその後の訪問保育につながることは多々あります。

（５）関連機関・組織との関係

　「んぐまーま」の運営は、保育科の先生方とかざぐるまのスタッフで運営会議を持ち、１つひとつ協議しながら協働で進めています。まさしく「保育

士養成校の専門性」と「子育てNPOの実践」の融合といえるでしょう。

（6）活動の特徴

各家庭に訪問して行う親子への直接的な支援や、地域の中で孤立しがちな親子が共に育ち合う仲間に出会うための支援を続けながら、社会全体で子どもの育ちや子育て家庭を温かく見守り育むための環境づくり、次世代を担う子どもたちがその育ちの中で次の親になることを学び、安心して命をつなげていけるような社会づくりをめざして活動していきたいと思います。

（7）今後の課題

設立21周年、いまだに団体の事務所がないことが課題です。活動を安定、継続させ、次の世代につなげていくためには、ひろばと同じようにいつでも常勤スタッフがいて、他のスタッフがいつでも気軽に立ち寄れる事務所が必要と痛感しています。

COMMENT

　かざぐるまは、20年を超える歴史をもつ団体です。子育て支援の民間活動としては、極めて長い活動実績があります。民間活動を長く続けていく上で重要なのは、運営の中心となっているスタッフの組織力（まとまり）ですが、同様に重要なのが活動拠点です。安定した活動拠点は、住民の方から見ると、活動が見えやすいということになります。
　かざぐるまは、スタッフの多くが短大の同窓生であったことを活かし、母校の事業と団体の事業をうまく重ね合わすことができました。国の拠点事業「ひろば型」を展開しているわけではありませんが、安定した活動拠点を持つことで、それと同等の成果をあげているようです。

（山縣　文治）

3. まめっこ

子育て支援でおとなが変わる、地域が変わる

(丸山政子／NPO法人子育て支援のNPOまめっこ理事長)

(1) 基本的事項

① 活動理念・目標

　まめっこの合言葉は「親も子も主人公」──。現代日本では性別役割意識が根強く残り、少子化や核家族化、地域の崩壊という背景があります。子育て情報が氾濫している中、育児不安や孤立感、閉塞感などによるストレスから子どもを虐待してしまうケースも生じます。「まめっこ」という名前は、まめの生命力にちなんで、生きる力を育てようという意味でつけました。地域社会で子育てサポート体制をつくり、働き方と子育てのバランスがとれた環境を整えていくことで、男性も女性も子育てが楽しめ安心して子どもを育てられる地域社会の実現をめざして活動しています。

② 組織体制

　理事10名、監事1名、運営スタッフ23名

③ 地域環境

　名古屋市北区柳原は昭和40年代半ばまでは活気のある商店街でした。今は公務員住宅が建ち並び、転勤族が多い街です。商店街組合としては県下1号ですが、最近は周辺に大型店ができたり、地下鉄の開通に伴って徐々に人通りが減り、空き店舗が目立つようになりました。

④ 場所、連絡先

住所／〒462-0845 愛知県名古屋市北区柳原4-2-3
Tel & Fax／052(915)5550
HP／http://www.h5.dion.ne.jp/~mamekko/

（2）事業開始のきっかけ

　私は結婚を機に退職し、夫の転勤で孤独な子育てをする中で、子育てサークル活動を経て、まめっこのスタッフになりました。スタッフをしていた時にママたちから「毎日"まめっこ"があったらいいのに。子どもとの関係に煮詰まった時に駆け込めるところがほしい」という声を聞きました。さらに、1998年にフランス、2001年にはカナダの子育て支援の状況を視察して、ベビーカーで行ける距離に子育て支援の場が必要だと思い、商店街に拠点を持つことにしました。

（3）事業内容と事業実績

① ０、１、２、３歳と大人の広場「遊モア」

ａ．**広場**…妊婦さんや乳幼児とその親が集いほっとする場、「出会い・つながり・遊ぶ・学ぶ」場です。昨年１年間で3,972人の利用がありました。

ｂ．**ボラスタの会**…主に遊モア利用者だったママたちがスタッフとなってボランティア活動をしています。フリーマーケットなど自主企画を月１回行っています。

ｃ．**一時保育**…親のリフレッシュなどのために一時預かりをしています。

ｄ．**Ｆ・Ｆの会**…商店街のおかみさんの会で、手づくりおやつや、もちつきを遊モアを利用するママたちに教えてくれます。ボラスタママたちと一緒に「人にやさしい街マップ」も作成しました。

ｅ．**くれよん**…シングルの親の学習交流会。月１回行われています。

広場の様子　　　　　ボラスタの会は会議中　　　　　モアキッズの様子

f．モアキッズ…2歳児を中心に預り保育を月2回行っています。
② **まめっこ親子教室（稲沢会場）**
　色々な種類のおもちゃ・アレルギー対応のおやつ・親子や集団での遊び・ママたちのディスカッションタイムなどで構成されている有料の教室です。
③ **広報**
　HPを作成管理し、機関誌等（柳原まめっこ新聞・遊モアカレンダー「ぴーず」）を発行しています。
④ **講座**
・IT講座（ママたちの再就職講座をNECの協力で行っています）
・支援者養成講座（ボランティア等の養成講座を実施しています）
⑤ **保健所や児童館のサロンや子育て講座**
⑥ **外部からの依頼事業**
　講演会開催・講師派遣・サークル支援などに対応しています。

（4）行政との関係

　まめっこの子育て支援の経験を活かし、地域の親子をつなぐ役割を果たせるような場で活動をしています。例えば、保健所の親子教室の講師、児童館での子育て講座などを受託しています。また、子育て支援ボランティア養成講座は北区社会福祉協議会から、シングルの親の交流会は北区街づくり推進課より委託されています。

（5）関連機関・組織との関係

　2003年に、経済産業省空き店舗活用支援事業の補助金を得て「遊モア」を開設し、商店街振興組合とはお祭りやフリーマーケットなどで関わっています。2005年に、愛知県子育て推進モデル事業「子育て中のママがつくった人にやさしい街マップ」に取り組み（2007年12月、内閣府からバリアフリー化推進功労者の内閣府特命大臣表彰奨励賞を受賞）、2007年は、独立法人社会福祉医療機構（長寿・子育て・障がい者基金）助成事業「子育て応援団をつくろう」へと展開しました。

（6）活動の特徴

　乳幼児とおとなの広場「遊モア」の拠点を商店街に構えたことで、様々な立場の方々、公私の団体と関わり合うことができます。例えば、地域の区政協力委員、主任児童委員、保健所、保育園、区行政関連各課、区社会福祉協議会、消防署、警察、学生さんからおかみさんの会、商店街振興組合などです。現在は、遊モア利用者でつくったボラスタの会がその中心的な存在になっています。そして「人にやさしい街」をアピールでき、子育て支援に対する理解が深まると同時に、商店街に活気が取り戻せるような気運をつくりました。

（7）今後の課題

　現在、まめっこの運営は名古屋つどいの広場助成事業と遊モア利用費や少しの寄付金で成り立っています。さらに商店街や大家さんの善意で運営をしていますが、安定的に運営するための資金や人材の確保が急務です。地域の子育て支援の継続とまめっこの活動を若い世代につなげていくためにも、せめて専従職員2名は雇いたいと考えています。

COMMENT

> 　子育て支援活動の目標の一つは、親子と地域とのつながりをつくることにあります。親子が地域とつながるためには、活動そのものと地域が有機的に結びついていなければなりません。そのつながりによって、地域の活性化をもたらすことができるならば、地域にとっても活動にとっても有効ということになります。
> 　まめっこは、「遊モア」を商店街の中に設置したことで、単に子育て支援の活動というだけではなく、地域福祉活動としての可能性も高めていると思われます。
> 　　　　　　　　　　　　　　　　　　　　　　　（山縣　文治）

第3章

仲間（ピア）としての支援

山縣　文治（大阪市立大学大学院　生活科学研究科教授）

　子育て支援に対する社会的認識が低かった時代に、まずその活動を開始したのが、支援の必要性あるいは仲間の必要性を感じていた子育て中の人たち、あるいはその経験者でした。子育ての不安や楽しさに共感し、それを共有できる仲間（英語でピア【peer】といいます）による支援の開始です。おそらく、仲間性が強ければ強いほど、支援という意識は低く、対等な助け合いの関係、あるいは癒しの関係であったものと考えられます。

　このような仲間性や対等性が支援関係においても効果があるという考え方があります。仲間の良さは、上下関係でなく、あくまでも対等な関係であること、助言や指導を行うにしても、特殊な専門性という視点からのものではなく、親としての経験（これも専門性と考えることができます）に基づくものであること、また、指導助言を受ける関係が、いつでも交替できるということも特徴です。

　このような関係を最も明確にしているのが、社会的に理解度が低い問題、時には差別や偏見の目で見られるような問題を抱えている状況にある人たちです。例えば、多胎児を育てている家庭、病気や障がいを持つ子どもを育てている家庭（これには、親、子ども自身、子どものきょうだいなどの視点があります）、外国人の親や帰国子女など日本の文化になじみにくい家庭などがあります。

　ここでは、一般的な問題に取り組んでいるグループ「げんき発信隊」（広島市）、世間がなかなか理解してくれない問題として、多胎児の親の活動である「マミーベアーズ」（神戸市）、病気の子どものきょうだいの会「しぶたね」（大阪市）を紹介します。

4．げんき発信隊

認め合い、元気になれる場所づくり

（金子留里／子育て支援サークル　げんき発信隊代表）

（1）基本的事項

① 活動理念

　げんき発信隊は「子育ては、みんなでするからおもしろい」を合言葉に、自分たちの子育ての経験を活かしながら、今、子育てに奮闘している人たちに元気の素を届けたいと活動しています。「子どもがいるから何にもできない」なんていわないで、親の私たちにも色々な可能性がたくさんあることを知ってもらいたいのです。子どもがいるからこそできること、子どもと一緒に楽しめること、そして、これからの自分の夢や希望、1人では気づかないことをみんなで一緒に見つけて、考えて、行動を起こすきっかけづくりをしたいと思います。

② 組織体制

　代表1名、会計1名、スタッフ6名（地域のサポートスタッフ3名含む）

③ 地域環境

　広島市中区にある広島市中央公民館エリアを拠点としています。この地域は官公庁の施設が多いのですが、昔ながらの住宅地で持ち家と公営住宅も多数あり、混在地域となっています。全体的に高齢化率が高く子どもが少ない地域ですが、近年新築マンションが増え、転勤族の若い夫婦と子どもたちが増えてきました。

④ 場所、連絡先

住所／〒730-0005　広島県広島市中区西白島町22-58-605（金子方）
Tel & Fax ／082(228)8318
HP ／ http://www.h2.dion.ne.jp/~days0123/

（2）事業開始のきっかけ

　1998年、広島市中央公民館で開かれた家庭教育講座での「一緒に、乳幼児親子のための居場所をつくりませんか？」という呼びかけに応えて、子育て真っ最中の母親たちが自分たちにできることをしてみようと集まったのがきっかけです。その頃、広島市には160余りの子育てサークルがありましたが、サークル活動になじめない人たちは行き場がほとんどなく、不安を抱えながら孤独な子育てをしているようでした。そういった子育ての辛さを感じている人たちが、「周りの人と一緒に子育てを楽しめ、誰でも参加できる場所が欲しい。自分たちもそこに参加して子育てをもっと楽しくしたい」と、子育てオープンスペースづくりをすることにしたのです。

（3）事業内容・事業実績

①　子育てオープンスペース活動

　子育てオープンスペースは、定期的に同じ時間に同じ場所で開設され、乳幼児の親子が時間内なら申し込みなしで、誰でも自由に出入りできる場所です。遊び場や情報掲示など交流のためのツールは整えますが、色々な参加者集めのイベント開催を目的とするのではなく、人と人とのつながりが楽しめ、安心して参加できるような雰囲気づくりを心がけています。

＊子育てオープンスペース0123のぼりまち　　（参加親子40～50組／月）
　・日時／毎月第1・3金曜日　10:00～13:30

遊びスペースの様子　　　　　　　情報・交流スペースの様子

・場所／広島市中央公民館（3階大集会室、ロビー、バルコニー）
・内容／遊びスペース、情報・交流（10円喫茶、リサイクル品交換）スペース

② **子育て情報発信活動**

　毎月のオープンスペースの予定の他、子育てエッセイ、イベント情報、子育てミニ知識などを掲載した「だいじょうぶ通信」、市報などから子連れのお出かけ情報を集約した「げんきナビかれんだ～」を毎月1回発行しています。特に通信は子育て中の人に向け、「よく頑張ってるね」と子育て仲間としてエールを送り、子育てから広がっていく様々な可能性を伝えたいと活動立上げ時から発行しています。その他、2004年からホームページ「げんき発信隊ＨＰ」も開設し、広範囲での情報発信や情報交換も可能になりました。

③ **子育てネットワーク活動**

　2002年に子育て支援に関心を持つ有志で結成した「子育て応援ネットワーク 子育ておたがいさま～〆」に、立上げから参加しています。これまでの主な活動は、子育て支援者のためのイベントやセミナーの企画・開催、母親・父親の意識調査報告などです。このネットワークに参加することで、自分たちの拠点エリア以外での連携活動や仲間が増え、活動の幅が広がりました。

ネットワークのキャラクター　　　ワークショップ交流会の様子

④ その他

　公民館、社会福祉協議会等から、子育て中の人に向けての子育て講座、子育て支援者養成・研修講座の企画や講師の依頼が年々増えてきました。

（4）行政のとの関係

　最初の活動を公民館との共催事業として始めた経緯もあって、拠点公民館とは強いつながりがあります。活動場所として継続的に公民館を利用し、広報もお願いすることが多いです。その一方で公民館の地域事業等に積極的に参加して、公民館や地域社会と乳幼児親子をつなぐ役割も果たしています。

　その他、行政の子育て支援担当課、保健センター、子育て支援センター、他地域の公民館などへの積極的な情報提供を心がけ、子育て中の親たちの生の声や様子を届けることに力を入れてきました。

（5）関連機関・組織との関係

　地域のサポートスタッフの中には、主任児童委員や民生委員の方もいますが、役回りとしてというよりも世話好きな個人として関わってもらっています。そのため、関連機関と組織的なつながりはありませんが、何か連携できることがあれば協力をお願いする関係はできています。また、子育てネットワークの関係で行政等と協働事業をすることが多くあり、グループ単体での関係づくりをあまり重要視していません。

（6）活動の特徴

　もともとの活動のきっかけが、自分たちの子育ての悩みや課題を自分たちなりに解決したいという思いからだったので、活動でめざすものは、子育て仲間として支え合いたい、助けたり助けられたりの関係づくりを大事にしたいというものです。専門職の人からの助言をもらうことに重きを置くのではなく、近所のちょっと先輩ママたちが、後輩のママたちに寄り添いながら気軽に支えていける、そういう場づくり、つながりづくりをする事業を地道に

続けたいと思っています。

(7) 今後の課題

①活動回数を増やす、②活動運営費の確保、③届きにくい人のための積極的な情報発信、④メンバーの育成・確保、⑤行政・組織との適度な関係づくりの5つがあります。行政や組織から縛られない自主的な活動なので自由度が高く気軽な半面、できることも限られています。活動を求める人たちの声に応えて、今後自分たちの「やりたいこと」と「できること」をどうすり合わせていくかが課題です。

COMMENT

　仲間のよさは関係の対等性と相互理解にあります。対等性は、瞬間瞬間のことを指している場合もありますが、一定期間の中で実現される場合もありますし、世代を超えて実現する場合もあります。

　「専門的支援は母親にかえって負担をかける」といういい方をする人たちがいます。専門家は、無意識のうちに指導的立場になったり、専門領域の非常に細かい知識にこだわったりしがちです。このような姿勢が、親の自信を奪うことになったり、依存的な意識を植え付けたりする場合があります。

　げんき発信隊は、「だいじょうぶ通信」「子育ておたがいさま〜ズ」など、非常にわかりやすいネーミングで活動をしています。ここに共感性や受容的姿勢が明確に出ており、利用者に安心感を与えているものと思います。

（山縣　文治）

第2部　民間からのムーブメント

5．マミーベアーズ

お母さん、ひとりでがんばりすぎないで
　　　　　　（藤本佳子／多胎児子育て支援グループ　マミーベアーズ代表）

（1）基本的事項

① 活動理念・目標

多胎児を持つお母さんに楽しい子育てをして欲しい。

自分たちの子育てを通じて大変だった頃を思い出し、これから多胎児を育てる方々に仲間と共に楽しい子育てをしてほしい。

② 組織体制

ボランティアグループ（代表1名、スタッフ18名・すべて多胎児の親で構成）

③ 活動範囲

神戸市西区を中心に、神戸市および近隣の市町

④ 場所、連絡先

住所／〒651-2274　兵庫県神戸市西区竹の台6-5
Tel ／078(991)5698

（2）事業開始のきっかけ

前代表が双子を連れて健診に行ったところ長蛇の列ができていたそうです。母親1人で行っておられたのですが、健診会場では、誰も救いの手を差しのべてくれる人がなく、1度目は1人の子をおんぶして健診を受け、もう1度長蛇の列に並び直して2人目の健診を受けたそうです。「誰かに付き添ってもらえたら、1度で済んだのに」。この思いから、1997年双子仲間が集まって会が発足しました。

当初は、どこに支援を必要としている人がいるのかわからず、とりあえず

第3章　仲間（ピア）としての支援

集会を開始したような状況でした。

（3）事業内容と事業実績

① 多胎児家庭への支援

a．多胎児家庭交流会──毎月1回西神地区の児童館にての集会

毎回10～15組の参加があります。何もイベントはなく、ただみんなで自己紹介をして、最近子育てで困っていることを話し合います。スタッフも参加者も一緒になってそれぞれの相談に乗ります。参加者にとってはそれが経験済みのことであれば振り返りができて子育ての自信につながり、これからのことであれば、子育ての見通しができたと喜ばれています。

同じ立場の同じ経験をした仲間同士が、お互いに支え合って子育てへの不安を解消していきます。

児童館集会の様子

託児ボランティアさんと一緒に…
お母さんはゆっくりおしゃべりタイム

b．ママだけのおしゃべりサロン

少し大きくなった多胎児を持つママだけのおしゃべりの場です。主に思春期や学校生活について話します。

c．電話・FAX・メールでの相談

集会に参加できない人や、急な相談には、電話・FAX・メールなどで対応します。

d．多胎児関連図書の貸し出し

なかなか本屋さんでは見つけにくい本を集めています。できれば妊娠中に読んでもらえるように勧めています。

e．多胎児用品リサイクル仲介
f．年2回のリサイクルバザーに協力
g．集会案内・多胎児関連情報送付　年2回
　会費はいただいていませんが、毎回500家庭以上に送付しています。
h．神戸市こんにちは赤ちゃん事業
　多胎児家庭への案内をお願いしています。

② 自治体主催の多胎児の会、自主グループへの支援活動
　ひょうご多胎ネットを発足　2005年12月　会員数60名　（代表／藤本佳子）
③ ひょうご多胎ネットとは
　2004年、28グループ参加による兵庫県内多胎児関連グループ交流会を開催しました。この会をきっかけに、より有効な多胎児支援をめざし多胎児に関わる関係者をつなぐネットワーク組織として発足したのが、ひょうご多胎ネットです。行政関係者、医療従事者、子育て支援関係者、多胎研究者、サークルリーダーらが同じテーブルについて、よりよい多胎育児について話し合い考えあう場づくりをめざしています。

a．自治体多胎児の会開催協力
　2007年度には、神戸市他3市に協力しました。先輩ママとしてスタッフが参加することで、ピアならではのサポートができます。

ひょうご多胎ネット研修会　　　　ピアサポート報告会

b．各地での多胎関連自主グループの立ち上げ、活動継続の支援

　サークルを必要とする地域からの連絡によりグループの立上げを支援しています。行政と地域の橋渡しを中心に私たちが行ってきたノウハウを伝え、サークル立上げや活動継続を支えます。

c．関連団体との連携

　ひょうごセルフヘルプ支援センター、ボランティアグループ交流会等に登録し、交流、情報交換などをしています。これにより、会員へより良い情報提供をすることができます。

d．多胎育児サポートネットワークとの連携による、全国的な多胎育児支援活動

　WAM（独立行政法人福祉医療機構）助成事業として行われた、「多胎育児支援地域多胎ネットワーク構築事業」（3年計画）に参加しました。これは東京に事務所を置く任意団体「多胎育児サポートネットワーク」を中心として、「石川多胎ネット」「岐阜多胎ネット」と連携して事業協力を行っているものです。

　この事業の成果として、2006年度には、「多胎育児家庭サポートニーズ調査」を行い、ピアサポーター養成のためのテキストを作成しています。さらに、2007年度には、行政や医療機関と連携した実際のピアサポート活動（モデル事業）を開始したり、他府県での「地域多胎ネット」の構築支援活動を始めています。

（4）行政との関係

　「ひょうご多胎ネット」の発足により、兵庫県、神戸市との良い関係ができています。神戸市とはピアサポート活動において連携しています。例えば、保健福祉局子育て支援部に協力を依頼し、子育て支援部が市内各区子育て支援窓口にリーフレット配布事業の周知を行い、保健師が対象者に配布・説明します。そして、訪問した家庭で産後鬱や子どもの発達遅滞などの疑いのあるケースなどについては保健師に支援依頼をしたり、ケーススタディに

参加してもらうなどの協力が得られました。

（5）活動の特徴

マミーベアーズは主に、先輩ママであるスタッフと子育て中のお母さんの関わりを中心としています。ピア（共感する仲間）であればこそ話しあえることも多く、多胎というつながりだけですぐにうち解けあうのは、お互い安心感を得られやすいからなのではないでしょうか。また、「ひょうご多胎ネット」でのサークル運営においても、各リーダーが集まってお互いの悩みを相談しあえるのは、ピアであればこそと思っています。

COMMENT

> 同じような問題を抱えている人が集まり、お互いの存在を認め合い、サポートし合う活動をセルフヘルプ活動といいます。本人たちには非常に深刻であっても、周りの人はそのような経験がないために、その深刻さに気がつかないのはよくあることです。時には、差別的な視線で見られることさえあります。
>
> 多胎児を育てることは大変だろうなというのは多くの人が感じると思いますが、では具体的にどう大変なのかという質問をすると、なかなか答えられないはずです。マミーベアーズは、乳幼児健診時のしんどさを共有することから活動を始め、育っていった仲間です。小さな共感関係が、全国的に展開していく様子をみると、同じような経験をし、仲間を求めていた人たちが本当に多くおられたことを実感させられます。
>
> （山縣　文治）

第3章　仲間（ピア）としての支援

6．しぶたね

病気の子どものきょうだいをサポートしています

（清田悠代／しぶたね（Sibling Support たねまきプロジェクト）代表）

（1）基本的事項

① **活動理念・目標**

　子どもが大きな病気になった時、周りのおとなの目は病気の子どもに集中します。それは仕方のないことですが、その陰で頑張る病児の兄弟姉妹（きょうだい）が、つらい気持ちを抱えてしまうことがあります。病児を心配しながら、きょうだいの病気が自分のせいだと思いこみ、ひとりきりで悩んでいる子、親の目が病児に向く寂しさを我慢している子、病児の分も頑張らなければと無理矢理「よいこ」になろうとする子…そんな子どもたちが、悲しいこと、嬉しいこと、心配なことを、安心して話せる人と場所を増やしていきたい。そう願ってしぶたねはうまれました。「しぶたね」という名前には「シブリング（sibling＝きょうだい）」のサポートの「たね」をまいていこうという意味があります。

② **組織体制**

　運営スタッフ5名、登録ボランティア約40名

③ **地域環境**

　現在は、イベントと病院内の活動のどちらも大阪市内で行っています。イベントには三重県や奈良県、兵庫県、京都府など遠くからの参加者も多く、きょうだいのための活動がまだまだ少ないことを感じます。

④ **連絡先**

HP／http://www004.upp.so-net.ne.jp/hisamo/sibtane.html

（2）事業開始のきっかけ

　代表の清田には心臓病の弟がいました。病院に行くと、中学生以下の子どもは感染予防のため小児病棟内に入ることができず、病児のきょうだいは面会に行く母親を廊下で何時間も待っていました。まだ２、３歳のちいさな子が「ママ、ママ」と病棟のガラス扉にはりついて泣き続けているのを見て、こんな小さな子どもたちがこれ以上胸を痛めなくて良いように、何かできることはないのかと思ったのがきっかけでした。きょうだい支援について調べるうちに「シブショップ」という名前のきょうだい向けのワークショップがアメリカで広く行われていることを知り、それを日本で行うことを最初の目標にしました。趣旨に賛同した仲間がひとりずつ集まり、2004年、１回目の「きょうだいの日」を開催。その後病院にはたらきかけ、2006年、念願であった廊下で過ごしている子どもと遊ぶ活動を開始しました。

（3）事業内容・事業実績

①　「きょうだいの日」

　2004年３月から年２回のペースで日曜の午後に開催中。病気の子どものきょうだい（小学生）10名ほどと、ボランティアの「しぶリーダー」10名程で、簡単なおやつをつくって一緒に食べたり、走り回るゲーム、大声を出すゲームなどで楽しんでいます。きょうだいが主役になって思い切り楽しみ遊びきれる場所、仲間（同じ立場の子どもやリーダー）と出会える場所をめざしています。

a. 秋

　病気の子どものきょうだいのためのワークショップ「シブショップ」を開催しています。2007年度までは、保護者と一般参加者向けのきょうだい支援についての講座も開いてきました。

b. 春

　きょうだいが親御さんを独り占めして、ゆったりと親子が向き合って遊べ

シブレンジャー参上！（きょうだいの日）　　　リーダーにいたずら中

るワークショップを行っています。いつものゲームに加え、親子で協力したり、スキンシップをはかることのできるゲームをしています。

c. 番外編

2006年、保健所からの依頼を受け「きょうだいの日」の出前をしました。

まだ小学生のきょうだいたちが、これから成長していく中で悩みを抱えたり、孤独を感じたり、つらい思いをした時、仲間と一緒に思いきり楽しみお腹をかかえて笑った日曜日があったことが小さな心の支えになることを信じて、活動を続けています。

② **病院内の活動**

2006年2月から月2～3回のペースで活動中。面会に付いて来ているきょうだいを専用の部屋でお預かりして、おもちゃやゲームなどで遊びながら過ごします。実施時間は18時～20時。面会終了時刻が20時なので、最もおとなの目が少なく、子どもが寂しくなる遅い時間帯に合わせて入っています。ボランティアは毎回3～6名。子どもの数は日によってばらつきがありますが0～5名です。誰かに大切にされた経験は、自分を大切にすることにつながります。毎日寂しくても退屈でも頑張って待っているきょうだいに、楽しいことをたくさん用意し、とびっきり可愛がりたいと思っています。

（4）行政との関係

第1回から現在まで「きょうだいの日」の会場をお借りしているのは大阪市立中央青年センターで、開催にあたりアドバイスもしていただき、大変助

かりました。初めて参加される保護者にとっても、会場が大阪市の施設であることは安心感につながったと思います。

現在活動に入っている病院も大阪市の施設で、工作に使う色画用紙や文房具などを提供していただいています。また、保護者の方向けの講座や出前「きょうだいの日」では各市の保健所のみなさまにお世話になりました。

（5）関連機関・組織との連携

シブショップを行うにあたり、東京の「きょうだい支援を広める会」、米国の「Sibling Support Project」に登録し、メーリングリストで国内・国外のきょうだい支援を行うグループと交流しています。また、親御さんのニーズに応え、きょうだいの日には病児の一時保育を同時に行っています。保育ボランティアは姉妹団体の「あそぼっくる（入院している子どもに遊びを届けるボランティアグループ）」に依頼しています。

（6）活動の特徴

しぶたねの活動の大きな特徴はきょうだいへの支援を行っていること、民間のボランティアグループであることです。事務所も、所属する組織もない小さなボランティアグループを、本当に様々な方が支えてくださいました。感謝の気持ちでいっぱいです。

病児のきょうだいへの支援はまだまだ少なく、登録されているシブショップは日本で4か所ほどです（この内、「病児のきょうだい向け」は1か所）。

ちびレンジャーも参上！　　　　親子バージョンのきょうだいの日

シブショップのファシリテーター養成講座を受けた時、シブショップの創始者であるドナルドマイヤーさんが小さなきょうだい1人ひとりに「あなたはひとりじゃないんだよ」と声をかけていました。幼かった自分に「ひとりじゃない」といってもらったように感じ、涙があふれました。同じ経験をしている仲間がいること、きょうだいの気持ちに寄り添いたいと思っているおとなの仲間もたくさんいること、それをきょうだいが感じられる機会が増えるよう、きょうだいがどこにいても、誰といても、ひとりじゃないと思える日がくるよう、小さなたねですが、1つずつまき続けていこうと思います。

COMMENT

　障がいのある子ども、難病の子ども、介護等を要する子ども自身や世話をする家族の苦しみや悩みについては、世間の理解はかなりあると思います。
　しかしながら、その子どもにきょうだいがいた場合、そのきょうだいにも、大きな荷物が覆い被さっているということについてはほとんど理解がされていないと思います。「いい子でないといけない」「お母さんは大変だから、甘えてはいけない」。きょうだいは、このような思いを胸に秘め、小さい頃からおとなのような分別を強いられ、生きていることもあるのです。しぶたねの活動は、この点に注目した活動です。当事者にしか気がつかない問題を社会化していくことの必要性を感じさせられます。

（山縣　文治）

第4章

地域との共生をめざした活動

山縣　文治（大阪市立大学大学院　生活科学研究科教授）

　子育て支援の活動の第一義的目的および対象が、親子の育ちの支援にあることは間違いありません。親子の育ちに対して社会的な支援が必要であること、支援は公的なもののみならず、住民同士の支え合いや、当事者の組織化が有効であることが実践現場から報告されています。

　一方、「子育て支援を通じた地域社会の再生」という言葉を使う人たちもいます。ここには2つの意味が込められているようです。第1は、親子の生活は地域と無関係に営むことができないものであり、いずれ地域社会との関係を自分で取り結びながら生きていかなければならないものであるため、親子と地域社会との関係を構築するということです。第2は、「子育てに優しい社会は、みんなに優しい社会である」などの標語に見られるような、子育て支援活動を通じて社会のあり方そのものを見直し、新しい公共関係、社会関係をつくっていこうとするものです。

　子育てサークルなどでは、このような志向が必ずしも多く見られるわけではありませんが、子育て支援を主たる目標とする支援型の組織、とりわけ社会性を意識した支援組織では、このような傾向が見られることが少なくありません。

　ここでは、保育園を飛び出して、おばあちゃんが現に居住している民家を拠点にして活動している「ばあちゃんち（山東子育て応援団）」（熊本県鹿本郡）、町内会の人たちに支えられて事業展開をしている「ハートフレンド」（大阪市）、過疎地で行政の支援を受けながらNPO法人を立ち上げ活動している「ひなのおうち（河北子育てアドバイザーセンター）」（山形県西村山郡）の3団体を紹介します。

7. 山東子育て応援団

地域との共生をめざした活動
——地域交流サロン「ばあちゃんち」の活動を通して

（村上千幸／社会福祉法人喜育園　山東保育園園長）

（1）基本的事項

①　活動理念・目標

「子育ては親の生き方、暮らし方」——。日々の暮らしの中で、子育ての営みだけが独立してあるわけではありません。子育てを命と文化の伝承として捉えるならば、子育ては親自身の生き方、暮らし方そのものなのです。現代の子育て中の親は、常に不安を抱えながら子育てをしているといわれます。子育て支援によって1つの不安を解消することができても、子どもの成長と共に、また新たな不安が生じてくるのです。いうならば子育ての不安は、暮らしの中で消えることのないものです。

そこで、地域ぐるみで子育てを応援するために「山東子育て応援団」を組織し、様々な活動に取り組んでいます。特に、親自身の生き方や暮らし方を大切にすることによって、親としての自信を回復させることを目的として、地域交流サロン「ばあちゃんち」の活動をしています。「地域の大きな家」の中では、「地域の台所」で食べ方を、「地域の茶の間」で暮らし方を、「地域の縁がわ」で生き方を学ぶことができるよう、地域の人々の協力のもとに活動しています。

②　組織体制

山東子育て応援団は、事業推進のためのバーチャルな組織です。子どもを育てる環境と子どもが育つ環境がより良くなるように、地域ぐるみで取り組むという考え方のため、事業内容に応じてメンバーが変わります。事務局は、地域子育て支援センターが担当しています。

地域交流サロン「ばあちゃんち」は、町内２か所の地域子育て支援センターが共同運営しており、毎日２名のスタッフが関わっています。

③ **地域環境**

活動している植木町は、熊本市北部に隣接しています。農村地域に住宅が広がり、混住化が進んでいる町です。人口は約3万1,000人。３つの中学校校区と８つの小学校校区に分かれており、そのうちの１つの山東小学校校区は戸数約1,500戸、人口約5,000人です。

④ **場所・連絡先**

住所／〒861-0123 熊本県鹿本郡植木町有泉829

Tel ／096(272)0673

Fax ／096(273)3322

HP ／ http://www.santo.ed.jp

ばあちゃんちの縁側で

（２）事業開始のきっかけ

2001年、熊本県は子育て支援策として、子育て応援団事業を開始しました。これに合わせて、地域ぐるみで支える子育て支援の必要性を感じていた関係者で、山東子育て応援団を組織しました。

４年間の活動の後、蓄積された地域ぐるみの子育て支援ノウハウを活かすために、さらに町の中心部に支援拠点地域交流サロン「ばあちゃんち」を開設することになりました。

（３）事業内容・事業実績

① **食育推進事業**

子育て不安の多くは暮らし方に起因しており、特に食生活に関連していると考えています。そこで、大豆や小

みんなでバームクーヘンづくり

麦、その他の野菜などの栽培収穫をして、味噌・豆腐・納豆・パン・団子などの調理加工を行う体験をしながら、家庭の食卓を育てるという家族支援事業をしています。

② **チャレンジ・ファミリープロジェクト事業**

生活リズムと子どもの発達の関連性は大きいと考えます。テレビやゲームなどのメディアとの接触をコントロールするために、家族ごとに家族会議を行ってノーテレビにチャレンジするという、全町一斉運動をしています。

③ **冒険遊び場事業**

子どもたちが異年齢集団で思いっきり遊ぶ外遊びの体験ができるように、泥んこウィーク、忍者道場、ツリークライミングなど年4～5回冒険遊び場を開設しています。

チャレンジ・ファミリープロジェクト 　　泥んこウィーク

④ **地域交流サロン「ばあちゃんち」の開設**

一人暮らしのおばあちゃんが実際に住んでおられる、築100年の古民家・納屋・畑を借りて交流サロンを開設しています。地域の大きな家として、季節の行事や農作物の成長に沿った活動を月曜から土・日曜まで、祭日を除き、毎日朝9時30分から3時まで実施しています。特に月・水曜日は高齢者の方との交流があります。水曜日には「やさい銀行」と名づけた菜園活動が野菜畑で繰り広げられます。木曜日は

高齢者いきいきサロンと一緒の活動

味噌づくり、こんにゃくづくり、漬物づくりなど食を中心とした活動です。金曜日は手芸など家事に関する活動をしています。第3土曜日に開催される「くまちゃん市」では、近隣の農家の生産物や子育て中のお母さん手づくりのケーキ・クッキー・ハーブ・おもちゃなどが並びます。

⑤ **子育て瓦版「あてぶれ」の発行**

「あてぶれ」とは、地区の行事などの情報をふれてまわる人のことをいい、「当て（当番）ふれ（ふれまわる）」の意味です。

子育てをするにあたって、歩いて行ける、顔が見える、声が届くといった身近な地域情報が必要だと思います。そこで、山東小学校校区内に限定した情報を年4回提供しています。情報を提供すればするほど、逆に情報が集まってきます。地域の子育て関連情報の拠点をめざしています。

（4）行政との関係

熊本県、植木町（健康福祉課・子育て支援課・産業振興課・学校教育課）、九州農政局などと連携して、地域福祉基金や「学びあい支えあい事業」など地域活動のための財政支援も受けながら事業を実施しています。

（5）関連機関・組織との関係

山東子育て応援団は、山東校区の公民館、区長会、民生児童委員、食生活改善グループ、地域子育て支援センター、山東保育園保護者会、山東子育て支援委員会「かちゃりばんこ」（熊本弁で、助け合いの意味）など、子どもだけではなく、高齢者、環境、食農活動など様々な地域の生活課題を改善し、向上させていくために、「連携」よりもさらに踏み込んだ「チームワーク」による事業推進という意識のもとに活動しています。

（6）活動の特徴

活動の特徴は代替的、直接的な子育て支援だけではなく、親の生き方、暮らし方を自覚することで、親としての自信を持つことができるようになるこ

とです。そのために地域ぐるみで、親として育つ、家庭の食卓が育つ、地域の文化を伝承するための活動をしています。

（7）今後の課題

かまどでご飯を炊く親子

活動に参加される人たちが主体的に関わり合い、活動していけるように参加者の当事者性をさらに向上させていくことが課題です。

子どもたちの未来を考えながら地域の持つ課題を明らかにし、持続可能な自立する地域環境を実現するために、地域ぐるみで取り組める体制を充実させていきたいと考えています。

COMMENT

　地域子育て支援拠点事業「センター型」（通称、地域子育て支援センター）への制度的な期待は、拠点に来てもらい保育活動をするというよりも、地域に出かけていきニーズを発掘し資源につなぐこと、お父さんやお母さんの仲間づくりをすること、さらには親機能の支援の強化を図ることなどにあります。

　山東子育て応援団の事業展開は、専用の拠点を新設するのではなく、実際におばあちゃんが住んでおられる家を拠点とすることで、地域に溶け込んだ活動となっています。「ばあちゃんち」は、住民にとっても活動の拠点となっていますし、地域文化の継承の拠点ともなっているようです。事業者のアイデア力とマネジメント力、行政の地域性を活かした事業支援、事業を支える地域住民の力、これらの出会いが活動をより豊かにしています。

（山縣　文治）

8. ハートフレンド

「地域総がかりの子育てを」―すべての人に優しい居場所づくりをめざして

（徳谷章子／NPO法人ハートフレンド代表理事）

（1） 基本的事項

① 私たちの想い

「子どもたちが、いきいきと生きる力を育んでほしい」、「泣いてもまた笑える力をつけてほしい」。これは、すべての親の願いです。同じ地域に住み続けることを願う私たちが、手をつなぎあって子育てをしやすい町、子どもたち自身が住み続けたいと願う町、そして、手をつなぎあうことで幸せを感じる町、そんな町をつくりたいという想いで活動を始めました。

② 組織体制

NPO法人

理事、監事1名（連合会長）、運営スタッフ

③ 地域の環境

私たちの地域は、大阪市の東南、東住吉区桑津という町です。人口は、約1万3,000人です。お地蔵さんや古い家屋と新しい住宅が混在しています。

④ 場所・連絡先

住所／〒546-0041 大阪府大阪市東住吉区桑津5-11-19

Tel & Fax ／06(6719)6055

HP ／ http://www.netz.co.jp/heart-fd/index

（2） 活動のきっかけ

2002年4月から、地域子ども会で学校の土曜日の休みを利用して、「遊びの定時定点活動」を始めました。この活動が、子ども同士や、子どもとおとなのつながりをつくってくれたのです。子ども会の行事では、見えなかった

子どもたちの「顔」が見えてきました。日常の中で、もっと子どもと親、地域のおとなが触れ合う機会が必要だと強く感じましたが、「場所」がありませんでした。そんな時、小学校の前に、消防署の建て替えのために仮設の消防署が建ちました。「この仮設を壊さないで、地域の親に貸して欲しい。

ハートフレンド、正面から

子どもたちの遊びの基地にしたい」という地域の親の願いに、連合会長が賛同してくださり、行政との交渉が始まりました。2003年6月、仮設の消防署は、連合会長に区長貸しとなり、「桑津子どもの家」として開所しました。夢への第一歩です。「すべての子どもたちの居場所づくりをしよう。そして、乳幼児から高齢者までが集えるコミュニティの場になるようにしよう」。子ども会活動をしていた母親が中心になり、新しい組織「ハートフレンド」を結成しました。相談役は連合会長です。

(3) 事業内容・事業実績

① 子どものてらこや

計算・音読・漢字を中心に、基礎学力向上を目的としています。毎週月曜日から金曜日まで、週5回開設しています。

② おとなのてらこや

認知症防止や楽しいふれあいの場づくりを目的としています。シニア世代のスタッフの確保の場にもなっています。

子どものてらこやの風景

③ あそびのてらこや

「文化部」での創作や遊び、また「こども茶道教室」を実施しています。

おとなのてらこやの風景　　　　乳幼児親子のクリスマス会

④ 乳幼児広場「ハート広場」の運営

　乳幼児親子に、ほっとする場の提供を目的として、2006年から大阪市のつどいの広場事業として受託しました。

⑤ ジュニア・リーダークラブ

　乳幼児広場での保育体験、職業体験や野外キャンプなどの体験活動を実施しています。また、駄菓子屋の運営もしています。

⑥ その他

　一時保育・夜間預かり、ベビーマッサージ講座や子育てボランティア養成講座、図書貸出などの活動をしています。

　「てらこや」「文化部」「あそびのてらこや」「ジュニア・リーダークラブ」は、2004年から2006年まで、文部科学省の地域子ども教室推進事業の「地域子ども教室」として運営をしてきました。この運営のために「桑津地区子どもの居場所づくり実行委員会」を結成しました。そして、活動の担い手をハートフレンドとしたのです。この実行委員会の発足が、ハートフレンドの活動を地域の中で広げていきました。

〈主な実行委員のメンバー〉

> 連合会長、社会福祉協議会会長、校長・教頭
> ＰＴＡ、民生委員・児童委員会、生涯学習代表
> 子ども会、地域ネットワーク委員、青少年・体育指導員

（4）任意団体から法人化へ

　活動を推進していくには、「活動場所」「人材」「財源」の３つが最も必要です。そして、私たちは、2005年、この３つを確保するために、法人化を検討しました。特に「人材の確保」、すなわち次の世代にバトンを渡すためには、組織づくりが必要だと考えたのです。関係者と話し合いを重ね、悩みつつも、NPO法人になることを全員一致で決定したのです。2006年４月３日、NPO法人ハートフレンドが発足しました。監事は、連合会長が引き受けてくださいました。町会長や女性部長、民生委員会、また区役所、区社会福祉協議会、区コミュニティ協会の方々にも喜んでいただきました。

（5）行政との関係

　地域の既存の活動団体との関係をとても大切にしてきました。地域総がかりの子育て支援活動の実現には、「人と人とのつながり」、「顔の見える地域づくり」が最も必要です。地域活動団体が集まり、「桑津フォーラム」を開催して、相互理解に努めています。地域の方々とは、日常の中の会話を大切にしています。優しい声のかけ合いは、お互いを支え合う入り口になっています。

　他団体や行政とは、お互いの良さを活かす連携が大切です。そのために次のような連携事業を実施しています。

第３回東住吉区金魚すくい選手権大会	共催：区コミュニティ協会
東住吉区バルーンアート指導者講習会	共催：区こども会育成連合会　後援：区社会福祉協議会
東住吉区子育てファミリー運動会	共催：東住吉区子ども子育てプラザ
東住吉区集団実技指導者講習会	共催：区こども会育成連合会　後援：区社会福祉協議会
東住吉区ジュニア・リーダー研修会	共催：区こども会育成連合会

（6）関連機関・組織との関係

　子ども会組織としては、「大阪市子ども会育成連合協議会」、「全国子ども

会連合会」とのつながりを通じて、つどいの広場としては、「大阪つどいの広場ネットワーク」の活動や「子育てひろば全国連絡協議会」を通じて、活動に携わる方々、行政の方や研究者の方々から、多くの情報や取組みを教えていただいています。

（7）活動の特徴

ハートフレンドは、子どもたちの小さな遊び場づくりから始まりました。子どもたちを地域の真ん中に据えた活動は、自然に多くの世代を巻き込み、子どもの居場所づくりから地域福祉に貢献できるような活動へと発展しています。地域の親や地域力で運営するハートフレンドのような場所が増えていくために、行政からの協力を期待しています。また、ハートフレンドを、いつか地域の力で建て替えて、次世代を担う子どもたちに継承していくことが私たちの夢です。

COMMENT

　新しい組織でありまだまだ住民の認知度の低いNPO法人と、伝統的な住民組織である町内会との関係は必ずしもうまくいかない場合が多いようです。NPO法人の中には、町内会の持つ伝統的な文化に対して否定的な感情がある場合も少なくありません。

　ハートフレンドのNPO法人としての特性は、他の子育て支援グループとほとんど差はないのですが、町内会を含む地元団体との関係が極めて緊密です。活動の記録を見ていると、相互に仲間であるという意識が明確です。活動拠点の確保においても、このような信頼関係が有効に活かされています。

　また、親子への支援活動のみならず、学童期の子どもの主体性を尊重した活動、中高年の学び活動へと展開している点も見逃せません。

（山縣　文治）

9. 河北子育てアドバイザーセンター「ひなのおうち」

地域との共生をめざした活動
（奥山勝夫／NPO法人河北子育てアドバイザーセンター副理事長兼事務局長）

（1）基本的事項

① 活動理念・目標

子どもは地域の宝です。少子化が進む中で増え続ける痛ましい事件や事故・虐待、苦しんでいる子とその親たち。今こそみんなで力を合わせてまちなかに子どもたちの元気な遊び声を呼び戻そうと、①地域との連携、②保育施設・学校との連携、③行政との連携を基本理念に子育て支援に取り組んでいます。

② 組織体制

会員23名が交代で活動しており、常勤者はいません。妊娠から出産・保育・教育・姑との同居など、日常生活の子育てに関わる様々な相談にただちにアドバイスができるように、主婦のほか、保健師・医師・看護師・保育士・管理栄養士・教師・介護福祉士の資格を持っている会員が対応しています。

③ 地域環境

河北町は、最上川に育まれた人口2万人の農業の町です。べに花で栄えた舟運文化の香りが残り、「雛とべに花の里」として知られています。3世代以上の同居世帯が多く、「なかばあちゃん」（この地域では、孫のいる50代から60代の女性を"なかばあちゃん"といいます）が地域の原動力になって活躍しています。

④ **場所、連絡先など**
住所／〒999-3511 山形県西村山郡河北町谷地乙72
Tel & Fax ／0237(73)5255

（2）事業開始のきっかけ

　私は2004年春に退職しました。地域に入ると、子どもの少なさと高齢化の凄まじさに驚きました。連日報じられる子どもの痛々しい事件・事故。少子高齢化の歪みが足元に来ていました。2003年に就任した町長は、子育て支援の充実と中心街の活性化に力を注いでおり、空き店舗を活用した「つどいの広場」を運営するNPO法人を求めていました。同じ思いの人たちに呼びかけ、中央商店街のわびしさに背中を押されながら、2004年10月に河北町第1号のNPO法人「河北子育てアドバイザーセンター」を13名で立ち上げました。

（3）事業内容・事業実績

① **事業内容**

a．**ひろばの運営、一時預かり事業**
　・つどいの広場　　・親子でほっとひといき広場　　・多目的子ども空間
　・ファミリーサポートセンターの各施設の運営　　・子どもの一時預かり

b．**まちづくり推進事業**
　・新しい祭りの創設（ひなまつりプレイベント/3月）
　・伝統祭りとの協賛（初市/1月、ひなまつり/4月、どんがまつり/9月）

c．**地域支援事業**
　・なかばあちゃん支援　　・議会傍聴者の子どもの無料預かり

d．**相談・講座事業**
　・子育て家族の健康相談　　・健康講座と薬膳料理

第4章　地域との共生をめざした活動

河北子育てアドバイザーセンター本拠地前にて

なかばあちゃんのリフレッシュデー

② **事業実績**

　河北町の子育て支援拠点は日本屈指です。街の中心街の1等地に大きな駐車場を備え、隣り合わせた3つの遊び場を連携させながら運営しています。

a．ひろばの運営、一時預かり事業

　つどいの広場は、空き店舗を改造した畳敷きの遊び場で、0歳から3歳までの子どもとその保護者が対象です。毎日午前と午後におやつの時間があり、子どもと保護者が机を囲んでおしゃべりしますので、初めてでもすぐに仲良くなれます。

　つどいの広場の隣が親子でほっとひといき広場です。子どもの一時預かりと健康づくり・なかばあちゃん支援の拠点です。急な用事の時や保育所・幼稚園の延長保育終了後・休業日などの「すき間」の一時預かりを、0歳から小学生までを対象に、午前8時から午後8時まで日曜日を除いて毎日行っています。また、会員の医師が血圧・内臓脂肪等を測定しながら定期的に健康相談を行っているほか、薬膳料理や森林浴・温泉浴・食育等の健康講座も開設しています。

　つどいの広場の「なかばあちゃん」たちの子ども世代との交流、お茶を飲みながら、孫を育てる楽しみや子どものいる幸せを語り合う「リフレッシュデー」は好評です。また昔語り・囲碁・俳句など趣味のグループの拠点づくりに開放しています。3歳以上の元気な子は、大型遊具や畳敷きの子どもルームを備えた多目的空間で存分に遊べます。

第2部　民間からのムーブメント

医師から指導を受ける若いママさんたち

「ひなまつりプレイベント」のこどもみこし

　ひなのおうちの活動日以外の子ども預かりには、ファミリーサポートセンターの援助会員を紹介します。ファミサポは地域交流センターの中にあり、120名を超える会員が登録しています。ひなのおうちが運営し、ひなのおうちの会員もファミサポの援助会員に登録しているので利用者には便利です。
　「子育て応援券」は、地域全体が連携して子育てを支援する新しいシステムで、自分自身のほか顧客・親族・友人の子育て応援にも利用できます。社会で子育て・地域で子育ての「ことば」を「かたち」にしました。

b．まちづくり推進事業

　中央商店街協同組合と連携して経済産業省の公募事業に応募し、まちや各種団体の参加を得て新しいまつりを創設しました。「こどもみこしとおひなさま行列」、「ふれあい広場・だがしや楽校」、「河北町少年少女合唱団・マンドリンギターアンサンブル」、「河北町女性消防隊操法実演」、「地球にやさしい環境展」などのイベントでにぎわいました。

c．地域支援事業

　町議会開催時に傍聴者の子どもの一時預かりを無料で行い、子育て世代の社会参画を推進しています。

d．相談・講座事業

　子育て応援団を対象とした「実務研修カリキュラム」を山形短期大学と協同で開発し実務研修を実施しています。また、地元県立高校と連携し、高校生が子どもと母親に直接触れ合う事業を実施しています。

このほかにも、テレビ番組の取材に協力し、NHK総合放送「日本の底力 いよっ日本一」(2007年11月25日放映)、さくらんぼテレビ「SAYスーパーニュース・話題の扉・特番」(2008年1月4日放映)が放映されました。また、第1回よみうり子育て応援団大賞に応募し、審査員特別賞をいただきました。

(4) 行政との連携

① **町の委託事業**（以下を子育て支援センターと一体的に運営）
・つどいの広場　　・多目的子ども空間　　・ファミリーサポートセンター
② **町議会福祉文教常任委員との懇談会と、町の関係課長との懇談会**
③ **県事業への協力**

(5) 関係機関・組織との連携

町内の託児・保育施設、幼稚園、放課後児童クラブ、子育て支援センターの経営者と実務者による「河北町子育て支援施設交流会」の開催や、まちと母子推進委員の協力を得て、町内在住の3歳未満の子どもを持つ全家庭にアンケート調査を実施したほか、主要イベントは、中央商店街協同組合・河北町商工会・同中心街活性化協議会・同区長会・同社会福祉協議会・同婦人会・同消費生活研究会・JAさがえ西村山の参加協力を得て開催しています。

(6) 活動の特徴

ひなのおうちでは4つの施設を運営しており、各々が隣り合っているため、悩みや相談はどの施設でも対応しています。ファミサポも運営しており、子どもの預かりも利用者に便利です。トータル支援・すき間支援・なかばあちゃん支援を3本柱に、行政や関係団体との連携を密にして活動しています。

(7) 今後の課題

　誰でも子育て支援に参加できる「子育て応援券」の趣旨・内容を町民の皆さんに理解していただくことに全力で取り組みます。また、中央商店街が明るくなり人の往来は増えていますが、各商店の売上げに結びつくまでには至っていません。連携の枠組みづくりが今後の課題です。

COMMENT

　子育て支援活動というと、都市型の活動のように感じられる人も多いようですが、「気軽に話しあえるお母さんの仲間」、「ともに育ち合う子ども同士」の不足などが、支援の必要性の背景にあるとすると、子どもが著しく減少している過疎地の方がむしろ深刻かもしれません。加えて、多くの場合、情報も資源も不足しがちになります。
　このような過疎地では、子育て支援活動は、世代を超えた地域づくりそのものにもなる可能性があります。「ひなのおうち」は、まさに、その典型的な例の一つといえるでしょう。　　　　　　（山縣　文治）

第5章

子育て支援のネットワークづくり

山縣　文治（大阪市立大学大学院　生活科学研究科教授）

　地域において、様々な団体が活動すると、団体同士の組織化がよく行われます。子育て支援の分野でもそれは同様です。

　子育て支援のネットワークには大きく3つの母体があります。第1は、子育てサークル自身のネットワーク化です。これは、子育てサークル活動の開始時期に大きく遅れることなく始まっています。他のグループがどこで、どのような活動をしているのか、地域という面で見たときにどのような分布となっているのか、行政や公的な子ども支援との関係はどのようになっているのかなど、情報交換、活動の活性化、活動調整、行政との交渉などの目的をもって組織化が進んだようです。

　第2に、それから少し遅れてネットワーク化が図られるのが、支援を旨とする団体です。支援組織を中心とするこの団体では、相互の活動を理解するだけでなく、大がかりなプログラムを定期的に行ったり、サービス調整や研修などを通じた質の向上などを図ることが多いようです。

　第3は、行政が積極的に関わり、時にはネットワーク自体に事業を求めるものです。児童福祉法改正で、市町村に子育て支援事業の実施、子ども家庭福祉相談の窓口機能強化、要保護児童対策地域協議会の設置などが求められて以降、このようなネットワークも増えています。

　ここでは、第1類型と第2類型の要素を持つものとして「こももネット」（大阪市）、第2類型と第3類型の要素を持つものとして「こどもなんでもネットワーク下関」（山口県下関市）、第2類型として結成され、行政との関係も構築しつつあるものとして「岡山子育てネットワーク研究会」（岡山県備前市）を紹介します。

第2部　民間からのムーブメント

10. こももネット

おおきなWAになって子育て

(中谷邦子／NPO法人こももネット代表理事)

(1) 基本的事項

① 活動理念・目標

こももネット（阿倍野区の木、桃にちなんで命名）は、子どもたちを家族と共に地域社会で育てていく力を取り戻すためのネットワークづくりをめざしています。子育てしやすい地域の再構築を願い、住民はもちろん、公的機関や専門職の人々と双方向につながり、協働していくことが目標です。家族形態が多様化する社会の中で、子どものいる人も、いない人も「子育てに関わってよかった」と思える地域づくりをめざし、子どもたちにも「仲間」や「地域のおとな」との関わりを築いていける地域社会の中での豊かな育ちの場を提供していきたいと思っています。

② 組織体制

a．こももネット

　NPO法人理事3名、監事1名、正会員（運営スタッフ）10名

b．阿倍野区子育て支援連絡会（後述）参加グループ・団体

　市民グループ・団体、公的機関、専門職団体

③ 地域環境

大阪市阿倍野区は人口約10万人、面積約6㎢の南北に細長い住宅街です。高齢化率が高く、三世代で住む例も多く見られましたが、近年高層マンションの建築推進に伴い転入者が急増し、子どもの数も増加しています。特に北部では子育て家庭の増加により、保育所の入所ニーズが高くなっています。

④ 住所、連絡先

住所／〒545-0021　大阪府大阪市阿倍野区阪南町1-30-19

Tel & Fax ／06(6628)7411
E-mail ／ komomo@net.email.ne.jp

（2）事業開始のきっかけ

　1990年代、各地で子育てサークル活動が進んでいたころ、阿倍野区では子育てサークルの数は少なかったのですが、地域で子どもに関する活動をしている団体をつないでネットワーク化することで各々の活動の活性化を図れるのではないかと考え、地域の関係者に声をかけ、任意団体として「あべの子育て支援地域ネットワーク（こももネット）」を立ち上げました。

　「ネットワーク」については模索の連続で、地域の専門家には学習会の講師を務めていただき、おはなしグループなどの市民グループにはイベントに協力していただきました。さらに区社会福祉協議会や図書館と「子育て支援」や「よみきかせ」のボランティア養成講座を協働で開催し、また主任児童委員連絡会と連携して全地区で「親子のつどい」（親子サロン）の実施に至ったことを契機に、「阿倍野区子育て支援連絡会」を結成することになりました。

（3）地域をつなぐ子育てネットワーク～阿倍野区子育て支援連絡会～

　「阿倍野区子育て支援連絡会」は情報交換を目的としており、会そのものが事業を行うことはありません。毎月1回の定例会で「このゆびとまれ」方式で提案された事業が実行委員会制をとって、企画立案され実施されます。市民も行政も専門家も1つのテーブルで情報を分かち合い、参加可能な事業に協働して取り組みます。

（4）事業内容・事業実績

① **子育て支援連絡会実行委員会事業**
a．**子育て支援ボランティア養成講座**
　毎年、地域での活動を前提に募集している「子

ボランティア養成講座

第2部　民間からのムーブメント

お話の部屋にて 　　　　　　　　　エンディング―みんなで歌おう

育て支援ボランティア養成講座」では、実習で地域の活動に参加してもらいます。また、子育ていろいろ相談センターのファミリー・サポート事業とも連携しており、補講を受けてファミリー・サポート・センター事業の提供会員になることができるなど、自分に合った形で子育て支援活動ができます。

b．あべの親子フェスタ

　乳幼児のいる子育て家族を対象として、たくさんのグループ・団体が工作や遊びのブースを担当し、親子で楽しいひとときを過ごしてもらう年間最大の催しです。小学生以上はすべてボランティアで参加するので当日は総勢250名を超えるボランティアで運営しています。

c．阿倍野区「食育」プロジェクト

　子育て中は特に「食」への関心が高く、支援者も当事者も問題意識を共有することによって、食文化や食環境を見直し、「食べる楽しみを育てよう」を目的として発足しました。

ボランティアが勢ぞろい

d．阿倍野区いのちのプロジェクト

　次代を担う子どもも、周りのおとなも、もっと命について考えてほしいと願い立ち上げました。「心の子育てネット にしよどがわ」の実践をお手本に阿倍野区の実情にそって、学校と連携した授業も実現しつつあります。

② 子育て支援室との協働事業

a．子育て講演会

　年1回全住民を対象に子育てに関心を持ってもらう企画

第5章　子育て支援のネットワークづくり

　ｂ．子育て支援者講座

　　支援者の研修を目的としています。

　ｃ．子育て交流会

　　子育て中の保護者の仲間づくりを応援

③　**子育て中のママたちとの協働**

　ａ．Mama's マーケット

　　子育てグッズのフリーマーケット

　ｂ．子育て情報紙「ままちっち」

　　現役ママ達の企画・編集・発行を応援

　ｃ．みなくる実行委員会

　　みなくるハウスでのイベントの企画、実施

④　**連絡会以外の地域との連携**

Mama's マーケット

みなくる盆踊り

行事名	内容	協働している団体等
みなくる盆踊り	盆踊り	学校、地域
子育て縁日	小学生、保育園児、乳幼児がふれあえる場	小学校生涯学習ルーム
「わいわいトーク」	子どもたちとの意見交換会	アクションプラン

（5）行政との関係

　阿倍野区では子育て支援がマニフェストに挙げられていて、連絡会以外にも、「関係者会議」が開催され、区役所、社会福祉協議会（子ども子育てプ

生涯学習子育て縁日

お仕事体験講座

127

ラザも参加)、コミュニティ協会、こももネットが参加しています。

　市民も行政も同じテーブルにつくことによって、各々の長所を活かしあいながら連携できる形ができあがりつつあります。行政との連携によって社会的信頼性は高まり、活動内容も地域全体への周知が迅速になりました。

(6) 活動の特徴

　市民参加により、縦割り行政といわれる区役所の各課をつなぐことでもっとネットワークの動きを活発化しようと考えています。また、大阪市内各区の活動の連携により子育て支援の充実を図りたいと、大阪市全体のネットワークをつくりつつあります。

COMMENT

　子育て支援活動は、民間活動から始まり、かなり初期の段階で制度がそれを吸収していくという展開をしてきました。その結果、今日では、子育て支援のネットワークというと、子育てサークルなどの子育て当事者というよりも、子育て支援者の側のネットワークを指すことが多くなっています。

　こももネットは、子育て当事者や民間支援組織の仲間づくりからスタートし、そのことを大切にしながら、公的部門との関係を少しずつ強めています。また、区レベルの組織、子育て支援連絡会の形成および活動にも貢献するなど、公私協働の核としての機能を果たしています。公が組織化したネットワークは、形骸化しやすい傾向がありますが、市民主導の組織とすることで、この形骸化を克服する姿勢が見られます。

(山縣　文治)

11. こどもなんでもネットワーク下関

子育てにやさしい世間の再生をめざして

（中川浩一／こどもなんでもネットワーク下関事務局）

（1）基本的事項

① 活動理念・目標

ひとりの子どもが大人へと成長するまでにどれだけの人が関わったか、その関わる人が多ければ多いほど、子どもにとって幸せな社会です。その1番後ろで大きく手を広げて「こども」や「家庭」を支えていけるネットワークになれたらと思います。

② 組織体制

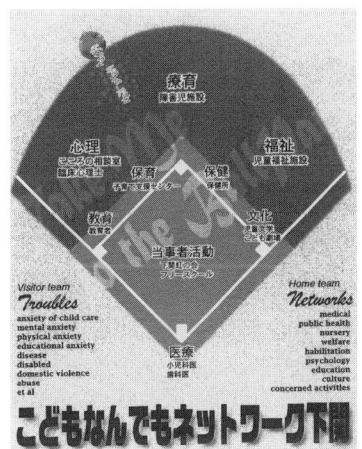

イメージポスター

代　　表：NPO法人NEST代表　石川　章
事務局：勝山保育園　中川浩一
現在会員数：65名、30団体
会員構成：小児科医・精神科医・大学教員（臨床心理学、保育学、児童文学）・幼小中高教諭・養護教諭・フリースクール運営者・子育て支援センター担当者・保育士・看護師・保健師・臨床心理士・栄養士・児童養護施設職員・指導員・児童相談所職員・子育て支援サークル代表・CAP下関・少年補導員・親業インストラクター等

③ 地域環境

下関市は本州の最西端に位置する人口30万人の中核都市です。本州と九州を結ぶ交通の要衝の地であり、古くから港湾・漁業基地として栄えてきまし

た。子育て環境から見ると、地域のつながりは都会ほどなくなってはおらず、専門家の顔もわりと掌握しやすい規模のまちです。しかも専門家同士、職種や縄張り意識を越えてつながろうとするエネルギーをもった人が多いという特徴があります。

④ 場所、連絡先

住所／〒751-0874　山口県下関市秋根新町12番12号（事務局）
Tel ／083（256）6888
Fax ／083（256）8158
HP／http://www1.ocn.ne.jp/~katuyama/k-net.html

（2）事業開始のきっかけ

1997年、神戸で連続児童殺傷事件が起きました。虐待、不登校、非行の増加、校内暴力の低年齢化そして「キレる子ども」という言葉が紙面を賑わせ、子どもが関わる、あるいは犠牲となる事件が次々と報道されました。そのような中、その年の11月、「子どもたちのあらゆる問題に対して、子どもに関わる専門家による情報交換と意見交換の場が必要ではないか」という下関市小児科医会の有志のよびかけに賛同した専門家によって『こどもなんでもネットワーク下関』を立ち上げました。

（3）事業内容・事業実績

① 月に1回の定例勉強会

定例勉強会は月に1回（第2火曜）市内の公民館で開催しています。毎回の参加者は20～30名程度で、家庭的な雰囲気の中、参加者が交替で自分の仕事の取組みや現場での様子を報告し合い、その後意見交換するという形式ですすめています。最近は会員以外の方にも声をかけ、話題提供をお願いしています（2008年1月現在まで53回開催）。

月1回の定例勉強会

第5章　子育て支援のネットワークづくり

②こどもフォーラムの開催（年1回）

　こどもフォーラムは、専門家と学生ボランティアが、企画はもちろん準備から当日の運営まで全て自分たちの手づくりで行うイベントです（過去10回開催）。子育てをサポートする側の勉強会というスタンスではなく、むしろ親子が楽しめて、しかも勉強になったと思われる企画になるよう心がけています。

a．みんなの会（講演会、シンポジウム、コンサートなど）
b．べつべつの会（分科会）
c．こどものフリーマーケット

みんなの会（第6回）　　　　スズキコージWS（第10回）

（4）行政との関係

　当ネットワークと行政との直接的な関わりはありませんが、会員の中には公立保育園の保育士や公立学校の教諭、保健師等も参加しているために、行政との連携はとりやすく、行政からも定例勉強会の情報提供者になってもらっています。また、こどもフォーラムでのボランティアスタッフ募集や広報には大きな力になってくれます。

　また、下関市が新設の児童館を建てる際に、どのような建物にするか専門家としての意見を求められたので、協議をしてパブリックコメントとして提出したこともあります。

（5）関連機関・組織との関係

　会員が所属する団体や組織が主導で行う講演会やイベントについては、後援はもとより、時には全面的な協力を行うこともあります。ダニエル＆ハンナ・グリーンバーグ下関講演会や「角野栄子と24人の絵本画家たち」展では主体的に取り組みました。

　下関ではネットワーク同士のつながりも強く、他のネットワークが主催する講演会やイベントにおいても情報提供はもちろん、時として協働で取り組むこともあります。

　また、下関市社会福祉協議会が「子どもと子育て家庭にやさしいまちづくり連絡協議会」を立ち上げた時も、当ネットワークから3人が運営委員として一翼を担いました。

（6）活動の特徴

　当ネットワークは、日常の個々の活動では知り合えない様々な職種の人とふれあう機会を得られることが最大の特徴です。問題を抱えている人や相談に来た人を他の専門的なケアへつながなければならないときなど、単なる窓口の紹介にとどまらず、名前と顔を踏まえつつ紹介できるので安心感を与えることができ、支える専門家にとっても自信をもって個々の相談やサポートをすることができます。支えられる親子にとっては時間という縦軸と地域という横軸で支えてもらうことができます。さらにほかの職種の専門家の取組みや問題点、苦労話を聞くことにより今まで見えてこなかった子育て視点を発見したり、心理的エネルギーを得ることもできます。子育て家庭が地域で支えられるのと同じように、子育てを支える専門家も地域でのつながりに支えられること（支えの連鎖）は大切なことだと思います。

（7）今後の課題

　当ネットワークは、子どもに関わる異職種の専門家同士の情報交換、意見

第5章　子育て支援のネットワークづくり

交換の場としてスタートしました。毎月の勉強会では個々の取組みを紹介する情報発信に対する質問や意見交換は活発に行われていますが、事例レベルでの意見交換や議論ができるとさらに有意義なものになると思います。そのためにも、参加者同士がお互いに何でも思ったことがいえる雰囲気づくりが今後の課題です。

また、運営の経費は会費（年会費1,000円）と有志による協賛金で回していますが、助成事業を利用するなど工夫して会費の中で賄えるように努めていきたいと思います。

COMMENT

子育て支援活動に面として取り組み、重層的なシステムを構築するには、地域に存在する各種の社会資源との連携、ネットワークが必要です。

「①目的を明確にしないネットワークは参加意欲がわかない、②ターゲットを明確にしないネットワークは活動が散漫になる、③具体的な効果が出てこないネットワークは長続きしない、④お互いの個性を認めないネットワークは分裂する、⑤特定の機関に過重な負担がかかるネットワークは破綻する」。私はネットワークが機能しなくなる要因をこのように分析していますが、中川さんは「ネットワークは単に集まるだけではだめで、その中で個々の役割を示すことが必要である」と主張しておられます。

（山縣　文治）

12. 岡山子育てネットワーク研究会

広げよう、深めよう！岡山の子育てネットワーク
　　　　～出会いとつながりをすべての親子へ～
（赤迫康代／岡山子育てネットワーク研究会代表世話人）

（1）基本的事項

① 活動理念・目標

　子どもとおとなたちが、心豊かに育ち合うために必要となる環境づくりを目的とし、子育て中の親、子ども・子育てに関心のある団体、行政関係者、企業、専門職、研究者など、産学官民の多様な人材がつながり、情報・意見交換し、高めあい、支えあえる「子育てネットワーク」の構築事業に取り組んでいます。

　各々が活動を行う中で生まれた課題を解決するために互いに知恵を出し、子どもが心豊かに育つ地域づくりが展開できるネットワークのあり方を研究しながら、地域全体の子育て力向上に寄与することを目標としています。

② 組織体制

　子育てネットワーク研究会登録会員36名（2008年4月末現在）
　世話人7名（メンバー所属：NPO団体、研究者、行政職員、企業）

③ 地域環境

　岡山県全域を活動範囲としています。

④ 場所、連絡先

住所／〒705-0003 岡山県備前市大内1054-5
Tel & Fax／0869(66)9366

（2）事業開始のきっかけ

　当研究会の事務局的な役割を担う「NPO法人 子どもたちの環境を考え

る ひこうせん」は「今の子どもたちは様々な人の中で育つ経験が不足している」と感じた子育て中の母親15人が中心となって、2001年8月に発足された団体です。主に備前市内で、おとなと子どもの交流を目的とした広場の開催を中心に活動していくうちに、子育てで感じる課題が拡大し、その後、親の育ち支援、支援者の育成などにも取り組みはじめました。活動が深まる一方で、様々な壁にぶつかることも多くなってきました。そんな中、2003年に福岡県で開催された「子育てネットワーク研究交流集会」に参加した時、「これだ！」という感覚が身体中を走り、地元岡山県で「子育てネットワークの構築事業」に取り組みたいと思うようになりました。2004年から「ひこうせん」の働きかけにより、毎年実行委員会を結成し「子育てネットワーク研究交流集会」を開いて、年々岡山県内のネットワークに広がりができてきました。

　2007年1月からは「研究会」として毎月1回の話し合いの場をもちながら、翌年3月までの準備期間を経て、2008年4月より新たに「岡山子育てネットワーク研究会」が1つの組織としてスタートしました。この県内の子育て関係者をつなぐ活動をさらに充実させていきたいと考えています。

（3）事業内容・事業実績

① **主たる事業内容**
・岡山県内の子育てに関わる個人または団体がつながり、定期的に語り合いの場をもちながら、研究会員同士のネットワークを深める。（月1回）
・岡山子育てネットワークMLに登録し、情報交換を行う。
・研究会における討議の蓄積を基に、「子育てネットワーク研究交流集会」の企画立案を行う。

② **子育てネットワーク研究交流集会の目標と理想像**
・岡山県の子育てネットワークのシンボル的存在となる
・県内の子育てに関心のある人が広く参加でき、活動のヒントが交換できる機会を提供する

・岡山県の子育て環境が向上していくことを実感できるものとする

③　活動経過

　2004年より毎年1回、2日間の宿泊研修として「子育てネットワーク研究交流集会」を開催し、岡山県内の子ども・子育てに関心のある方々や子育て中の親、行政、企業、研究者、専門家、学生、乳幼児から学童期の子どもなど、延べ人数約450～500人が一堂に集まり、相互の情報共有を促進し、新たな発想や活動方法を生み出すきっかけとなっています。また、研究集会の開催の企画・準備を行うメンバーも年々増加し、参画型のネットワークとしての成長も感じています。

④　活動実績

・子育てネットワーク in 岡山2004（2004年12月：独立行政法人 国立女性教育会館事業「子育てネットワーク研究交流協議会」）
・子育てネットワーク in 岡山2005（2005年12月：岡山県パートナーシップ推進事業）
・子育てネットワーク in 岡山2006（2006年9月：こども未来財団「みんなで子育て研修会」）
・子育てネットワーク in 岡山2007（2007年9月：独立行政法人 福祉医療機構）

（4）行政との関係

　ネットワークづくりには、官民協働が欠かせません。そこで、毎月行われ

「子育てネットワーク in 岡山2007」

ワークショップ
分科会「私の町の子育てひろば」　　夕食風景 　　　　　　　　夜の交流会

る「研究会」には県保健福祉部、県生涯学習課、市町村職員等の方々にも参加していただきます。研究会での話し合いの蓄積を基に計画される「岡山子育てネットワーク研究交流集会」(年１回)の開催にあたっては、企画のスタート時点から共に考えています。NPOと行政などがお互いの得意分野を活かし、また補いあいながらつくり上げるネットワーク研究会および交流集会を通してお互いの信頼関係を深め、その後も様々なパートナーシップを生み出しています。

〈これまでに行った研究会のテーマ（一部）〉
・地域単位の乳幼児ネットワークを考える
・福岡子育てネットワークの事例から学ぶ
・子育てネットワーク研究集会2007から学んだこと
・つながりをすべての親子へ
・子育てネットワークと協働「岡山県生涯学習課の事業から」
・子育てネットワークと協働「岡山県子育て支援課の事業から」
・０歳から就園前までの課題検討

(5) 関連機関・組織との関係

　岡山子育てネットワークの中核となる「世話人」の構成メンバー７名は、NPO、行政、企業関係者、研究者と多様性があり、社会のニーズを多角的に捉えることができます。

　岡山子育てネットワークの活動がきっかけとなり2006年、岡山県内の「つどいの広場」他関係者がつながる中で、「岡山つどいの広場ネットワーク」が誕生しました。児童館、地域子育て支援センター、つどいの広場など親子が集う広場の運営に関わる人々が手をつなぎ、子育て子育ち支援のあり方や、拠点事業の役割を確認し、その充実を図るため、研修会・ネットワーク交流会などの開催を行っています。

（6）活動の特徴

研究会の特徴は、以下の5つにまとめることができます。

① **市民と行政の協働であること**

市民と行政というより、人間対人間ということを大切に、顔が見える関係で、直接会って話をする、苦楽を共にする、ということをめざしています。

② **参加参画型であること**

研究会のメンバーは、自らの意思で主体的に参加されている人ばかりです。もちろん子連れもOKで、年々そのメンバーは多様になっています。毎月の研究会も現在進行形でネットワークの広がりを実感できます。

③ **研究交流集会が宿泊型であること**

泊まって親子で生活を共にし、人の中で過ごすことで、親も育ち、子どもも育つ。一緒に食事をしたり、一緒にお風呂に入ったり、心おきなくつながりをつくっていく隙間の時間も大切に考えています。

④ **子どもが育つ子どもプログラムを準備すること**

70名以上の学生さんがボランティアスタッフとして子どもたちに関わってくれています。内容も、年々充実しています。異年齢集団での宿泊体験も、貴重な体験となっています。

⑤ **随所に出会いと学びのしかけがあること**

・毎月の研究会：自己紹介や各々の思いを出し合うことに時間を使います。

学生同士の交流会（子育てネットワーク2007）　　子どもプログラム（子育てネットワーク2007）

・年1回の研究交流集会：開催資料のメンバー紹介は今後のネットワークツールです。分科会はワークショップ形式が中心、ロビーでの情報提供やおしゃべりサロンでのサロンマスターの存在、交流会など、プログラムの隙間にも随所にネットワーキングのためのしかけを用意します。

（7）今後の課題

ネットワークの構築が進むにつれて、細かい事務作業が増えていきます。役割分担を行いながら進めていますが、今後は、マネジメントを行う専門の人材が必要になってくるのではないかと感じています。人件費や毎年開催する研究交流集会の資金の安定など、経済的な面においての問題がこれからの課題となっています。

COMMENT

　岡山子育てネットワーク研究会発足の契機となったと考えられる「NPO法人　子どもたちの環境を考える　ひこうせん」は、備前市を越え、岡山県全域の子育て支援者・団体と、日常的に情報交換や実践交流などを進めておられる団体でした。

　このような活動が基礎にあって、岡山子育てネットワーク研究会は発足しました。まさに、成長発展するネットワークの典型的な例といえるでしょう。

　「産学官民の協働」の理念が、会員構成にも現れています。また、活動内容にも明らかなように、非常に実践的・具体的な取組みを行っておられ、参加者がその場で得られるものが大きいと考えられます。

（山縣　文治）

第6章

市民視点の予防活動

山縣　文治（大阪市立大学大学院　生活科学研究科教授）

　予防活動だけをしている団体はほとんどありませんが、問題の世代間連鎖を断ち切るなど、予防を目的の一つに組み込んでいる団体は少なくありません。予防効果は、短期的には見えにくいものですが、長期的には社会を安定させる重要な活動です。問題の発生要因が複雑化し、問題が深刻化している現代社会においては、短期的な効果を求めがちですが、このような社会であるからこそ、逆に長期的な視点が必要です。

　予防的活動の対象は、より即時的な問題としては現に子育てをしている親になります。このような活動としては問題の発生予防だけでなく、問題が発生した際により迅速に対応し、深刻化を予防する早期発見、早期対応などの仕組みづくりがあります。携帯電話の普及もあり、電話やメールを活用した取組みも見られます。

　もっと初期段階からの対応としては、妊婦を対象にした活動も見られます。さらには学校等と協力して、教室に赤ちゃんや妊婦さんが出かけ、命そのものを慈しむ授業を展開することで、人間の大切さを実感させる教育に取り組む活動も全国各地で見られます。少子化の中で、身近に赤ちゃんの育ちを見る機会が少なくなっている現状においては、このような活動は、自分自身の命を大切にするものとしても期待されています。

　ここでは、助産師と協働し予防的活動に取り組んでいる「子育て支援グループamigo」（東京都世田谷区）、区内で組織したネットワークを活用し、小学校で妊婦さんとの交流を進めている「心の子育てネット にしよどがわ」（大阪市）、おやこ劇場から出発し多様な活動を展開している「福間津屋崎子ども劇場」（福岡県福津市）を紹介します。

第6章　市民視点の予防活動

13. 子育て支援グループ amigo

市民視点の予防活動～子育て支援グループ amigo の実践から～

（松田妙子／子育て支援グループ amigo 発起人）

（1）基本的事項

① 活動理念・目標

　産前産後の支援は、医療・福祉・母子保健・教育の死角となっています。文化として受け継がれてきた知恵が途切れてしまったため、新たに「文化の構築」をし直す必要があります。当事者が自ら地域に関わりながら学び、次世代へバトンタッチしていく amigo の手法を提案します。

　amigo のテーマは「育児相互支援」。支援してくださいという要求型ではなく、お互いに小さなことから助けあえる仲間づくりへ、という発想です。小さな意見を集約し、地域や行政に対する働きかけをすることで　子育て中の人が地域社会と関わりを持てるきっかけづくりをしています。

② 組織体制

　代表、事務局長、運営スタッフ10名、顧問：助産師・保育士

③ 地域環境

　東京都世田谷区を拠点としています。世田谷区は人口84万人、年間の出生数が6,000人を超える大きな自治体です。妊娠出産を機に転入する家庭が多く、子育て家庭が孤立しがちです。市民活動が活発で、まちづくりに市民が参画しやすい土壌があります。

④ 場所、連絡先

住所／〒156-0043 東京都世田谷区松原5-18-12 大きな木保育園2階
Tel & Fax ／03(3328)9832
HP ／ http://www.na-ka-ma.com/amigo/index-j.html
E-mail ／ amigo@na-ka-ma.com

（2）事業開始のきっかけ

子育て支援グループamigoは、2001年、生まれてくる子どもとその親が、地域の温かい人間関係の中で支えられ、すこやかに成長できることを願い設立されました。

母親が産前産後をすこやかに過ごし、子どもとの絆をしっかり育むことが、その後の育児をスムーズにします。そのために、活動を産前産後に特化し、情報提供や仲間づくりを行ってきました。地域との接点を持つことで、「地域が子どもを育てる」または「子どもによって地域が育つ」という意識づけを続けています。

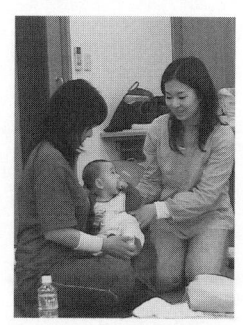

スタッフが関わる様子
（右・現代表の石山）

（3）事業内容と事業実績

① 情報・交流の拠点としての「ふらっとサロン」の開設

産後の子育てにはサンマ（3つの間：時間・空間・仲間）が必要と考えます。ふらっと立ち寄れて、誰かとたわいない会話ができるフラットな「居場所」です。インターネットによる情報提供も積極的に行ってきました。保育園の2階に開設したことで、異年齢の子どもに接することができ、子育ての連続性をイメージするのに役立ちます。また、発達に応じた体の使い方や、子どもの生活リズムの大切さなども伝えてもらえます。保育園の保護者が「先輩パパ・ママ」として関わることもあります。

② 地域と子育てのネットワークづくり

様々な活動の中から、新たなグループが育ちました。既存のサークルとも情報交換を積極的に行っていくうちに、ネットワークが形成され、現在では別の団体

「ふらっとサロン」の様子

(NPO法人せたがや子育てネット：筆者が代表理事）として立ち上がり、中間支援の役割を果たしています（図表１ amigo関連図参照）。

③ マザリング・ベル（産中・産褥期の育児支援活動）

活動の大きな柱の一つとして、食事づくりを中心とした訪問活動を行っています。特徴としては、妊娠後期に家庭訪問を行い、産後の支援内容の打ち合わせだけでなく、赤ちゃんのいる暮らし全体をコーディネートすることです。

出産という大偉業を終えた女性は体力を消耗

産後のバランスボールクラス

しているため、早期の回復をめざします。そのために日中赤ちゃんとすごす部屋の動線を考え、間取りを変えたり、兄姉の保育の手配など、地域資源につないでいます。パートナーや家族にもこの時期の大切さと支え方を理解してもらいます。退院後は、「自宅に帰ってくる」のではなく「地域に帰ってくる」といったイメージを持ってもらうこともコーディネーターの重要な役割です。

amigoで直接訪問に関われる件数はけっして多くありません。

そこで、ノウハウの蓄積を活かし、自治体の産後支援ヘルパーやこんにちは赤ちゃん事業等の研修等、従事者の質の向上にも関わり、ジャンルとしての確立もめざしています。

「仮説」をたて、実践していったプロセスそのものが、地域の子育てについての「予防」活動となり、力となっていったと感じます。当事者同士で何か変化に気づいたり、サービスや制度をよく知り、次の親たちに対して、資源につなぐハブの役割をしているのです。

（４）行政との関係

amigoの拠点がある北沢地域の「要保護児童支援地域協議会」のメンバーになっています。また、気になる親子がいる場合や、相談があった場合には保健センターの保健師につなぎます。世田谷区主催の講座（月２回、区

第2部　民間からのムーブメント

図表1　amigo 関連図

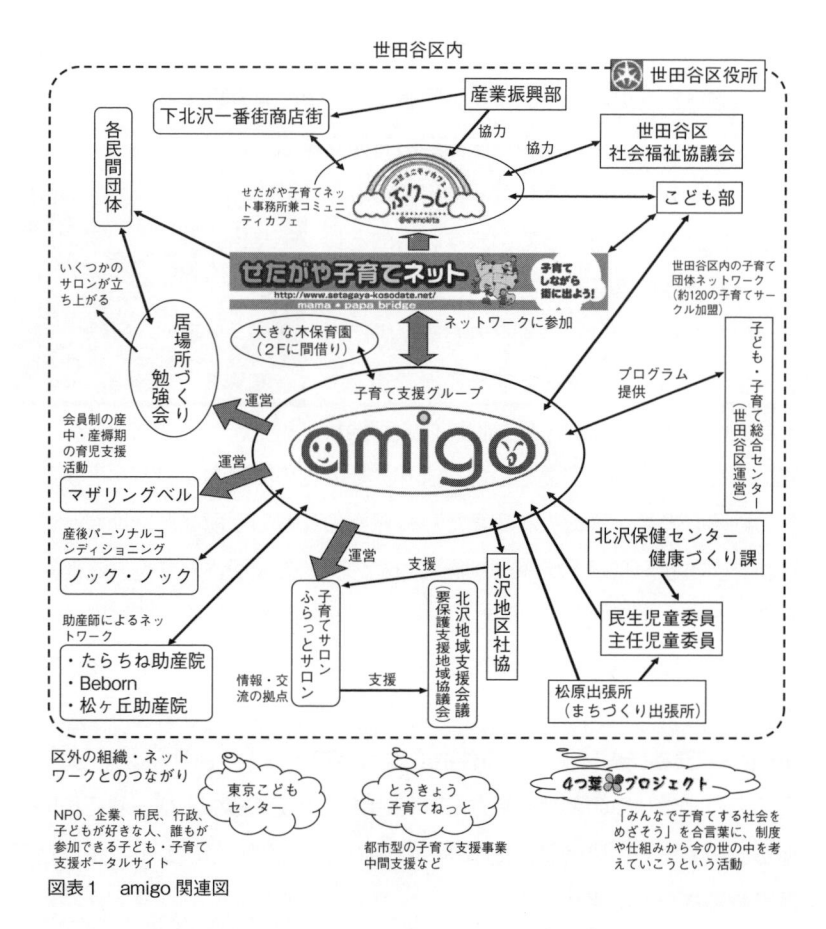

の子ども・子育て総合センターにて開催）にて、産後の子どものいる暮らしやセルフケアについて講師をつとめています。隣接区である杉並区でも、子育て応援券事業者に登録し、子育て支援サービスの提供を担っています。

（5）関連機関・組織との関係

支援が必要な家庭を、近郊の助産院や産院から引き継ぎ、地域でバックアップしています。他団体のサービスにつなぐこともあります。また、世田谷区内の活動ネットワーク「NPO法人せたがや子育てネット」に参加し、地域の子育て環境への提案などを行います。全国の産後の支援団体とも積極

的に交流し情報交換を行っています。

（6）活動の特徴

産後3ヵ月の親子でも、妊婦にとってはリアルなモデルです。「子どものいる暮らし」を面でとらえ、親自らデザインすることを支えます。子育てのスタート期に心満たされていることが大事です。

（7）今後の課題

今後の課題は、この「成果」をどう評価し、目に見える形とするか。数ではなく質の新たなものさしづくりが求められています。

地域で暮らす親子が、その「暮らし」そのものの質を高めていこうとするとき、縦割りで切り取られていた「子育て支援」のサービスや制度から脱出し、自分たちのまちづくりがはじまると考えます。そこに支援する側、される側の垣根を超えた「相互支援」の魅力と地域の底力があるのではないでしょうか。

COMMENT

amigoの活動も非常に広範ですが、本書では、このグループの初期からの活動であり、着実に実績を上げているものとして、妊娠中および出産直後の支援に着目してみました。戸籍上は出産して以降が子どもを持つということになりますが、親の側から見た場合、「お腹に子どもが宿る」という言葉にも明らかなように、胎児は子どもなのです。したがって、子どもを持つ喜びも不安も、この時期から始まると考えていいでしょう。この時期から、仲間がいることを実感できると、問題の発生や深刻化の予防につながることでしょう。　　　　　（山縣　文治）

14. 心の子育てネット にしよどがわ

地域の子育てネットワークが主催する、
親が主体的に取り組む「いのちの授業」
（原　博美／心の子育てネット にしよどがわ代表）

（1）基本的事項

① 活動理念・目標

「心の子育てネット にしよどがわ」（以下「にしよどネット」）は、現代子育ての問題である「孤立・不安・競争」の子育てから「共同・安心・信頼」の子育てに向かうため、地域の中で子育てサークルやネットワークの取組みを実践しています。子育て文化の継承と共に「人と人がつながること」、「人と人が支えあうこと」を活動のベースに置き、地域の子育て環境を充実させるために子育て支援のネットワーク化をめざして活動しています。

活動は12のプロジェクトで成り立ち、その一つに「いのちの授業」があります。「いのちの授業」は、いのちの尊さ、人と人とがつながることの大切さを児童に伝えることと、次世代の親育成を目標に活動しています。

② 組織体制

西淀川区内の10の子育てサークルと4つの乳幼児ひろば、3協力団体の約300組の親子を「にしよどネット」がネットワークしています。「にしよどネット」は6名のネットワーカーで組織しています。

「いのちの授業」は学校単位でチームをつくり、そのメンバー全体で「いのちの授業」プロジェクトとして活動しています。

③ 地域環境

西淀川区は大阪市の北西部に位置し、人口約9万6,000人の区です。工場地帯が多い環境ながら、近年マンションや住宅の開発で若い世帯の流入が多く、子どもの出生数は年間1,000人以上を維持しています。

④ 場所、連絡先など

活動場所／〒555-0013 大阪市西淀川区千舟2-7-7　西淀川区在宅サービスセンターふくふく
連絡先／〒555-0001 大阪市西淀川区佃4-1-19-606
Tel & Fax ／06(6474)6422（原）
HP ／ http://www.eonet.ne.jp/~nishiyodo-net/
E-mail ／ nishiyodo-net@hotmail.co.jp

（2）授業開始のきっかけ

「いのちの授業」は2002年、自分自身の子どもが小学校2年生の時に始まりました。私は結婚前に看護師として、思春期の子どもたちからの性の相談のボランティア活動に参加した経験があります。結婚後、出産の感動や、親となり子育てをする喜びと苦労、人に支えられて子育ても安心してできることなどを実感し、以前のボランティアの経験から、親となった体験や思いを子どもたちに伝えることが、人との関係が希薄といわれる現代の子どもたちの問題解決の一助になるのではないかと考えました。そして、「にしよどネット」の活動には常に妊婦さんや赤ちゃん親子が参加していることに着目し、小学校に「にしよどネット」の活動を紹介して、授業で妊婦さんや赤ちゃん親子との交流ができないかと学校の担任や養護教諭に相談し、学校の理解を得て実現しました。

（3）事業内容・事業実績

大阪市立佃南小学校2年、5年、6年を対象に、6年間活動継続中。大阪市立出来島小学校2年、4年を対象に3年間活動継続中。各校チームごとに授業単位で企画会議を開催し、学校とも企画会議を行います。低学年では"いのちの授業"と学校での自分史づくりの授業をつなぐ流れになっています。高学年では学校側の事前授業後、妊婦さんとの交流授業を開催し、その後赤ちゃん親子との交流授業をしています。大学准教授の研究・支援も受け

ています。

〈授業内容〉

	妊婦さんとの交流授業 （各学年に合わせて開催）	赤ちゃん親子との交流授業 （高学年で開催）
事前授業	①妊婦体験（高学年で妊婦体験ジャケット着用） ②妊婦さんへの質問を考える ③家族から妊娠期のエピソードを聞き、質問を考える など	①赤ちゃん人形で抱っこ練習 ②沐浴、おむつ替えなど練習 ③家族に自分の赤ちゃんのころのエピソードを聞き、質問を考える など
いのちの授業	①妊娠・胎児について説明（オリジナルタペストリー使用） ②クイズ：月齢ごとの胎児の特徴、妊娠期間など ③妊婦さんのお話を聞く ④質問コーナー ⑤妊婦さんとの交流（お腹を触らせてもらう） ⑥授業後感想を書く など	①自分たちの赤ちゃん時代を写真で振り返る。 ②赤ちゃんの1年間の成長を説明 ③赤ちゃんの母親から出産や子育てのエピソードを聞く ④質問コーナー ⑤赤ちゃん親子との交流 ⑥授業後感想を書く など

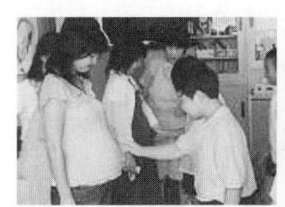

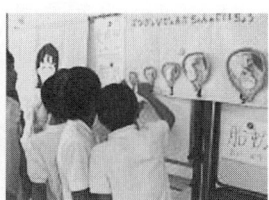

妊婦さんとの交流　　授業教材に興味をもって　　赤ちゃん親子との交流

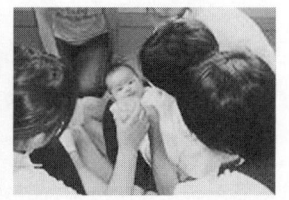

（4）行政との関係

　西淀川区では、2007年7月に子どもたちのすこやかな育ちを願って、子どもと子育て家庭を支援することを目的とし、西淀川区子育て支援連絡会が発足しました。区内で子育て支援を行う行政機関と、子育てサロン・サークルなど民間の子育て支援団体の情報交換、交流を活動としています。「にしよどネット」も参加し、「いのちの授業」の活動などを随時報告しています。
「いのちの授業」は大阪市立子育ていろいろ相談センター季刊誌や、市・区

第6章　市民視点の予防活動

PTA新聞、大阪市立総合学習センターが発行する本「どや」にも掲載され、行政から市民へ活動紹介がなされるなど、協働が進みつつあります。

（5）関連機関・組織との関係

大阪市域をエリアとして、子育て支援を行うグループ・団体により発足した「OSAKA子育てネット・たこやき」（以下「たこやき」）では、「いのちの授業」を大阪市域の子育てネットワークにより広げる活動を開始しています。

（6）活動の特徴

「にしよどネット」の人と人とのネットワークを活用し、信頼関係のもとで妊婦さんや赤ちゃん親子を募集できることや、授業が児童、学校、参加する親、子育てネットワークの相互に効果をもたらしている点が大きな特徴です。

私たちの「いのちの授業」は子育てネットの親という立場で開催するので、専門性の高い講義ではなく、人と人との交流に重点を置いています。妊婦さんや赤ちゃんの親が子どもたちの質問に率直に答え、体験を話し、出産を待つ気持ち

小学2年生の感想文

や苦労、赤ちゃんの子育ての楽しさや心配事、子どもの成長を見守る親のまなざしや、周りの協力の大切さなどを伝え、妊婦さんのお腹を触らせてもらったり、赤ちゃんを抱っこしたりあやしたりする体験を大切にしています。教材もスタッフがアイディアを出し合い手づくりしています。

とりわけ、授業に参加した妊婦さん、赤ちゃんの親自身からの、「自分が子どもたちの役に立てたことがうれしい」、「小学生や学校に親しみを感じ

た」、「みんなが子どもの成長や出産を喜んでくれることでうれしい気持ちになった」、「子どもたちに元気をもらった」という声が多く、スタッフも自分の子育てを振り返るよい機会になるといっています。

(7) 今後の課題

今後は、次代の親育ての観点からも中・高校での開催もめざし、大阪市域の学校への拡がりを応援していきたいと考えています。そのためには「いのちの授業」をより良くつくっていかなければいけません。活動を支える仲間づくりや、資金源確保もめざし、教育委員会や大阪市等にこの活動を知ってもらい、応援してもらえるよう「たこやき」や研究者ともネットワークして、努力していきたいと思います。

COMMENT

心の子育てネット にしよどがわの特徴は、その名称に示されるように、ネットワーク活動にあり、複数の子育てサークルのネットワークであると同時に、組織としてのネットワーク自体も活動を行っています。

もう一つのこのグループの特徴は、「いのちの授業」と称する活動を、地域の小学校に出向き、妊婦さんたちと直接触れ合いながら行っている点にあります。

子どもの減少により、身近に子どもの育ちを見る機会が減ったことが、子育て能力の低下や人間関係の持ち方の不適切さにつながっているという指摘があります。「いのちの授業」は、生命の育ちに触れることで、自らを大切にしたり、他者を大切にすることにつながる可能性のあるものであり、子育て・子育ち問題の予防効果も期待されます。

(山縣　文治)

15. 福間津屋崎子ども劇場

メディアと主体的に向きあう力をすべての子どもたちに
(佐伯美保／NPO法人福間津屋崎子ども劇場代表理事)

(1) 基本的事項

① 活動理念・目標

～いきいきとした子ども時代を過ごせる地域づくりをめざして～

福間津屋崎子ども劇場は1967年に発足、2000年にNPO法人化しました。子どもの権利を大切にした子育ち・親育ちの総合支援事業を通じて、福岡県福津市および周辺地域のすべての子どもたちが安心して自分らしく、いきいきとした子ども時代を過ごし、市民として豊かに育つ地域づくりに寄与することを目的に活動しています。

「子どもたちに豊かな生の体験を」をキーワードに、子ども舞台芸術事業部、子ども活動事業部、子育て支援事業部の中に、3つの委員会と9つの専門部会を設け、生の舞台芸術観賞や異年齢での遊び、自然体験、表現活動、子育てサロンや育児サークル、子育て講座など、乳幼児期から児童期・青年期・親期までの総合的な支援事業を進め、ドラマスクール事業(注)を市から受託しています。また、メディアと主体的に向き合う力を子どもたちに育むことをめざす「子どもとメディア部会」を2005年に発足させました。

② 組織体制

会員数：4歳～おとなまで約600人

③ 地域環境

福津市は福岡県の北西部に位置し、2005年に福間町と津屋崎町が合併して生まれた人口約5万6,000人の市です。玄海国定公園を擁する自然豊かな市ですが、近年福岡市と北九州市のベッドタウンとして宅地開発が進み、1世

(注) 演劇的表現手法を取り入れた教育プログラム

帯当たりの人数は、2.62人（2008年4月）と、核家族化と少子化、高齢化（23.3％）が進んでいます。

④ **場所、連絡先**

住所／〒811-3217 福岡県福津市中央4丁目4-10-13
Tel & Fax ／0940(43)0715
HP ／ http://www8.ocn.ne.jp/~ftkodomo

（2）事業開始のきっかけ

　福間津屋崎子ども劇場は、2004年から、乳幼児健診時に乳幼児期のメディア接触コントロールの大切さを伝える啓発活動を始めました。きっかけは、テレビ、ビデオ、携帯電話、パソコンなど子どもをとりまくメディア環境が急速に変化する中、乳幼児期からのメディアとの長時間接触がおよぼす心身の発達への影響が指摘されるようになったことにあります。NPO法人「子どもとメディア」（福岡市）が、3年間の実態調査と実践的研究結果に基づいて2003年に「子どもとメディアに関する5つの提言」を発表しました。さらに、2004年には（社）日本小児科医会が「子どもとメディアの問題に関する提言」を、（社）日本小児科学会が「乳幼児のテレビ・ビデオ長時間視聴は危険」という提言を相次いで発表しました。

（3）事業内容・事業実績

① **メディアとの適切な関係づくりを促す啓発活動**

　地域でもテレビやゲームに長時間接触する幼児が増えていたこともあり、NPO法人福間津屋崎子ども劇場では、乳幼児を持つすべての保護者に、長時間接触の弊害と対策を伝える必要があると考えました。子どもたちを"メディア漬け"から守り、すこやかに育てる予防活動として、受診率が9割を超える乳

メディアのお話

第6章　市民視点の予防活動

啓発チラシ　　　　　　　　子育て情報誌ぷくぷく

　幼児健診時に啓発活動をしたいと、2003年より旧福間と津屋崎両町の担当課に働きかけました。同様に必要性を感じていた両町の担当課係長（保健師）から、「同じ立場の母親たちから伝えてもらった方がいいのでは」と理解と協力を得、2004年から、まず津屋崎町の4ヵ月児健診時に、次に福間町の4ヵ月児（2006年からはBCG接種時）と1歳6ヵ月児、3歳児健診時に「メディアのお話」のコーナーを設けてもらい、NPOの子育て支援活動として啓発活動を始めました。

　合併後は、福津市のいきいき健康課と従来の事業の継続に関して話す機会を持ちました。「子どもとメディア部会」を発足させ、スタッフ数名がチームを組み、乳幼児健診時の待ち時間を利用して、福津市青少年育成市民の会発行の啓発チラシを手渡しながら、長時間視聴の弊害と、「2歳までのテレビ・ビデオ視聴は控えましょう」という日本小児科医会の提言を保護者1人ひとりに伝える活動を行ってきました。同時に家庭でのメディア接触の様子を聞き、悩みに共感しながら、メディアとの上手な付き合い方についても具体的に話します。

153

② 子育て情報誌ぷくぷく

2003年に発足した「福津市子育てネットワークぷくぷく」とも連携し、子育て情報誌ぷくぷく（年4回3,000部発行、無料）でも毎年「子どもとメディア」に関する特集を組んで情報を発信しました。市のいきいき健康課が啓発チラシの裏面に特集記事を印刷してくれるようになり、乳幼児期にはメディア接触を控える事が大切だという認識が広がってきました。

しかし、小学生のきょうだいがいる家庭では実践しにくいという悩みも聞くようになり、4歳児以上を対象とした、全市的な取組みの必要性を痛感するようになりました。

③ ノーテレビ・ノーゲームチャレンジ2007

そこで、2007年には市の郷育推進課に働きかけて、福津市青少年育成市民の会との共催で「ノーテレビ・ノーゲームチャレンジ2007」に取り組みました。市内の幼児から中学生までを対象に、6月と夏休み、10月の述べ96日間実施、「週1日子どもが起きてから寝るまで映像メディアの電源を切る」「食事の時は電源を切る」など、家族で話し合ったメニューにチャレンジする取組みです。延べ600人の子どもたちが参加。保護者の反響は大きく、「家族のふれあいや会話が増え、早寝・早起き・朝ご飯の生活リズムになった」「外遊びが増え、学習意欲や集中力が増した」など多大な成果が上がりました。

（4）啓発活動の成果

同時に行った福津市の幼児（844名）・小学生（2,587名）の映像メディア接触実態調査では、幼児は1日2時間以下が76.7％となっています（図表1の「幼児全体」）。「第3回幼児の生活アンケート報告書：ベネッセ2005年」で4歳児～6歳児の平均が3時間37分であるのと比較すると、福津市ではメディアとの接触がかなり抑えられています。小学校低学年でも2時間以下が76.0％です。一方高学年では2時間以下が36.5％、4時間以上が34.4％と全国調査（第1回子ども生活実態基本調査報告書：ベネッセ2005年）より長時間接触になっています。啓発活動が間に合わなかった小学校高学年に比べ、

2004年以降に生まれた子どもとそのきょうだいが含まれる幼児から小学校低学年には、明確に継続的な啓発活動の成果が現れているといえます。

（5）行政との関係

「NPO法人福間津屋崎子ども劇場」の子育て支援活動として市の担当課に働きかけ、2004年より始まった乳幼児期の予防活動ですが、いきいき健康課と何度も話し合いを重ねる中で、今ではNPOと行政による協働の取組みとして定着してきました。また幼児期・学童期の予防活動としては郷育推進課と連携し、2007年からノーテレビ・ノーゲームチャレンジの取組みを始めました。市長を会長とする福津市青少年育成市民の会との共催という形で、2008年以降も継続予定です。

（6）関連機関・組織との連携

子どもたちを"メディア漬け"から守り、すこやかに育てる予防活動を進めるにあたり、他市町村での取組みの成果、最新の実態調査や研究成果の情報を得るため、「NPO法人子どもとメディア」と連携しています。また「福津市子育てネットワークぷくぷく」と連携し、『子育て情報誌ぷくぷ

図表1　福津市内の幼児・小学生の映像メディア接触実態調査

問．お子さんはふだん（月曜日から金曜日までの間）1日に平均してどのくらいテレビを見ていますか

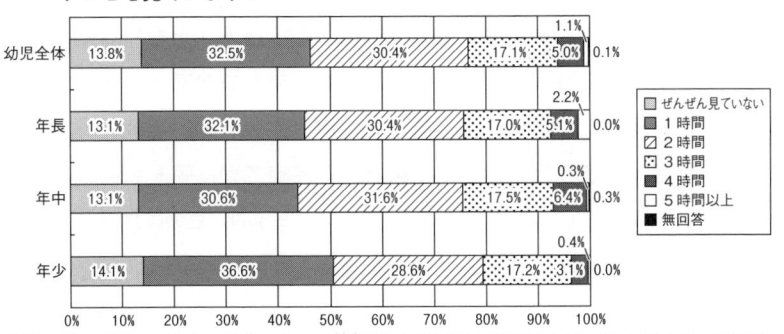

	ぜんぜん見ていない	1時間	2時間	3時間	4時間	5時間以上	無回答
幼児全体	13.8%	32.5%	30.4%	17.1%	5.0%	1.1%	0.1%
年長	13.1%	32.1%	30.4%	17.0%	5.1%	2.2%	0.0%
年中	13.1%	30.6%	31.6%	17.5%	6.4%	0.3%	0.3%
年少	14.1%	36.6%	28.6%	17.2%	3.1%	0.4%	0.0%

福津市内の幼児・小学生の映像メディア接触実態調査（福間津屋崎子ども劇場2007年12月実施）

く』に2008年4月から「子どもとメディア」のコーナーを新設し、メディアとの適切な関係づくりで楽しく生活している親子の様子を毎号連載しています。

（7）今後の課題

　子どもたちにメディアと主体的に向き合う力を育むには、乳幼児期からの継続的な取組みが必要です。2008年度からはブックスタートと「メディアのお話」を組み合わせた「こあら相談」、と２歳児歯科健診時の啓発活動も加え、ノーテレビ・ノーゲームチャレンジも継続します。子どもたちが安心して自分らしく、いきいきとした子ども時代を過ごせる地域づくりを進めるため、子どもに関わるあらゆる機関と連携して取り組むとともに、テレビやゲームがなくても自由に遊べる遊び場や居場所づくりを進めていくことが今後の課題です。

COMMENT

　地域密着型で、市町村から全国組織まで、重層的に活動を積み上げていた親子劇場・子ども劇場活動が、地域ごとに法人化を進め、従来以上に幅の広い活動を展開している状況が各地で見られます。

　福間津屋崎子ども劇場も、このような展開を見せている団体の一つです。とりわけ、テレビやビデオに依存した子育てが、子どもの成長発達におよぼす悪影響に着目し、行政と協働で、乳幼児健診時からの予防活動に努めておられます。子育て環境の整備もまた、予防的活動の一つと考えられます。　　　　　　　　　　　　　　　（山縣　文治）

第7章

女性の自立支援を意識した活動

山縣　文治（大阪市立大学大学院　生活科学研究科教授）

　女性の自立支援を子育て支援活動とみなすことについては、考え方が分かれるところだと思います。しかしながら、NPO法人等を組織して子育て支援活動を展開している団体に出会うと、これも子育て支援活動の一つとして見ることができることに気がつきます。とりわけ、公民館活動や男女共同参画運動などから発生した団体ではこのような傾向が顕著です。

　民間の子育て支援活動が活性化した背景の一つに、保育所を中心とする保育サービスを通じた、子育てと仕事との両立支援に力点が置かれた施策の中で、家庭で子育てをしている女性への理解の低さがあったと考えられます。すなわち、第3章に示したように、在宅子育て層の人たちが、仲間としての相互支援活動を始めたのです。

　子育ての期間中は、就労や社会活動を控えめにしていても、一定期間経過した後は、就労や社会活動を開始したいと考えている女性は多く存在します。むろん、子育て期間中であっても同様です。ここでは、女性の自立支援を、単に就労に向けての準備だけでなく、社会活動への参加も含めてとらえています。就労に向けての準備としては、パソコンの一般的な講習、雑誌やポスター等の編集など、新しい技術・技能の習得に向けての活動などが多く見られます。企業と提携してこれを行っている団体もあります。

　ここでは、情報誌の発行を通じて事業展開を進めている「おふぃすパワーアップ」（京都市）、受託事業や外部資金獲得によって講習会活動なども展開している「やまがた育児サークルランド」（山形市）、多様な自立支援活動を展開している「びぃめ〜る」（滋賀県栗東市）を紹介します。

第2部　民間からのムーブメント

16. おふぃすパワーアップ

京都の子育て情報発信から始まった母親の自立支援

（丸橋泰子／NPO法人子育て支援コミュニティおふぃすパワーアップ代表）

（1）基本的項目

① 活動理念・目標

　おふぃすパワーアップは、京都の子育て情報誌発行を核に、母親の生き方支援と子育て環境の向上をめざす事業を展開しています。医療や教育など子育てに関する有益な情報を丹念に取材して冊子にし、多くの母親に届けることが使命です。子育て情報誌の発行を通じて、母親が仲間と出会い、社会復帰することも応援しています。

② 組織体制

　理事6名、正会員60名、監事1名、編集部6名

③ 地域環境

　京都市の中心部、四条烏丸と烏丸御池の真ん中あたり、三条通（釜座）に面するビジネスビルに事務所を構えています。隣には大西清右衛門美術館があり、近くには町屋も建ち並び、市役所・府庁などどこへ行くにも非常に便利です。

④ 場所・連絡先

住所／〒604-8241 京都市中京区三条通新町西入ル釜座町22　ストークビル
　　　三条烏丸304
Tel ／075(253)6580
Fax ／075(253)6729
mail ／ office@office-powerup.com
URL ／ http://www.office-powerup.com

第7章　女性の自立支援を意識した活動

（2）事業開始のきっかけ

　1991年、京都市社会教育総合センター（現在の京都アスニー）で開かれた託児付き編集講座から生まれた作品を「京都子連れパワーアップ情報」として自費出版しました。全国の子連れ女性の絶大な支持を受け、西日本初の子育て情報誌として記録的な売れ行きを見せました。子育て中の母親が、自立していきたい仲間と共に自分たちに必要な情報を得ることの大切さ、情報をほかの母親とも共有し情報不足を社会問題と捉え、冊子として編集し形にしていく中で成長していけることを痛感しました。以降も情報発信を継続し、また母親の自立支援と子育てに真に理解ある社会をめざして、活動を継続しています。

（3）事業内容・事業実績

①　「京都子連れパワーアップ情報」の出版

　何よりも大切にしている事業です。1998年に事務所を開設したのを機に、第3号から判型を大きくし、お出かけや習い事、再就職、産婦人科などの特集を組むようになり、以後第10号までを発行しています。2002年には、不登校の子どもを持つ親の支援をしている最中に、子どもの医療と相談特集号の第5号を発行しました。これを機に、医師会や医療関係機関とのネットワークも構築できました。2004年から安定した運営に向けて、年1回の定期発行とし、教育特集にも力を入れています。

②　幼稚園・保育園情報の提供

　幼稚園・保育園情報を提供するのは、

「京都子連れパワーアップ情報10」の表紙
（B5判、160頁）

子どもにとって初めての集団という位置づけで大切にしたいということと、母親の自立に向けて保育園の情報が欠かせないからです。

1994年発行の「京都子連れパワーアップ情報2」で、初めて幼稚園・保育園のデータを掲載しました。1999年号では大きく特集を組み、在園ママからのクチコミもたくさん集め掲載しました。と同時に、京都市の各所で「幼稚園・保育園情報交換会」を開催したところ、多くのママが集まり評判となったことで、以降毎年開催しています。

2003年には増刊号として「京都　幼稚園・保育園情報」を創刊しました。2007年の第3号には、京都府の北部を除く京都市11区と7市、3町の116幼稚園と190保育園から、園紹介データをいただきました。

③　託児付き取材・編集講座及びDTP講座の開催

1999年には、「京都子連れパワーアップ情報をつくろう！」という「託児付き取材・編集講座」を開始しました。この講座は当法人の新規スタッフの養成講座にもなっています。また、DTP（パソコンを使った編集技術）講座も編集講座受講生を対象に開催。子育て情報誌をつくる過程が、再就職へのウォーミングアップになるようで、受講生の多くが次へのステップを踏み出しています。

④　再就職支援冊子「再就職したい！」の発刊

無料配布冊子「再就職したい！」（Ａ５判、全8ページ）を発行しています。この冊子は、NPO就業支援活動推進委託事業（協力：京都府女性政策課・京都府女性総合センター）として、2004年9月から2005年1月まで、おふぃすパワーアップ主催で開講した「DTP・編集能力アップ講座」受講生が作成したものです。今日までに、3号発行しています。

無料配布冊子
「再就職したい！」

⑤　執筆・編集・冊子作成請負＆DTPスタッフの養成

第7章　女性の自立支援を意識した活動

幼稚園・保育園クチコミ交流会 　　DTP講座風景 　　ママの食育レッスン

　取材・執筆・編集・DTP請負が主たる事業収入の法人なので、色々なところの冊子や機関紙、パンフレット作成などの仕事もしています。また、京都府若年者就業支援に関連するDTP訓練校からの実習生の受け入れも実施しています。
　さらに、別冊PHP誌に2005年1月から、親の様々な悩みに医師がわかりやすく答えるという「子どもの健康　悩み相談掲示板」を連載中で、好評につきロング連載になっています。

⑥　**「産前・産後支援者養成講座」開催＆ひまわりサポート**
　2006年度の「独立行政法人　福祉医療機構　子育て支援基金地方分」助成事業で、産褥・産後助成への地域お助け隊「ひまわり活動」のための「産前・産後支援者養成講座」を開催。受講生から「ひまわりさん」（援助者）が誕生し、ひまわり活動も行っています。

⑦　**託児付きママの食育レッスン**
　「食育」とは、まず母親が食事を楽しみながらつくることが大事と、2ヵ月児からの託児付きの調理実習を2006年12月から始めました。とても簡単でおしゃれでヘルシーなメニューは、離乳食への取り分けもでき、毎回大好評です。2008年度からは、京都府男女共同参画センターとの共催で行っています。

（4）行政との関係

　色々な冊子編集や子育て支援に関しての意見をいう場をいただいています。また、委託事業で地域での子育て支援の実践も行い、協働の素晴らしさ

も感じました。
① 京都府
　保健福祉部こども未来室の委託を受けて、地域発未来っ子応援事業「世代間交流すこやか広場　子育て中のからだほぐしタイム」を2005年11月から2007年3月まで開催しました。託児サービスを付けて、育児疲れの母親たちがヨガや体操など体をほぐせるメニューを講師の指導のもとで行い、その後は「交流タイム」をつくり、地域での交流を図りました。
　2002年からは、京都府虐待防止ネットワーク会議にも参加しています。
② 京都市
　21世紀人づくり委員会の幹事として活動に参加しています。また、京都市子育て支援総合センターこどもみらい館「情報活用講座」講師を2004年度から引き受け、開設5周年記念冊子の編集もしました。

（5）関係機関・組織との関係

① **京都市社会福祉協議会**
　京都市福祉ボランティアセンターのボランティア入門講座をまとめた冊子「京のボランティア　ア・ラ・カルト」を2002年より毎年請け負い、現在第5号まで発行しています。
② **社団法人　京都市シルバー人材センター**
　2002年度より、「保育者養成講座」のコーディネーター及び講師を引き受けています。2007年度からは、より責任ある保育者をめざす「保育補助員養成講習会」の企画・コーディネートと講師をしています。
③ **財団法人21世紀職業財団京都事務所**
　1996年より、京都エリアレポーターとして再就職支援記事を執筆しています。その後も京都事務所の広報や編集協力などをしています。

（6）活動の特徴

　仕事を持つ母親が多く集まっている集団です。これから再就職を考える母

親が多く参加しているのも特徴です。母親に子どもと離れて少しでも自分の時間を持ってもらい、その間に学習してもらいたいということで、準備が大変ですが、ほとんどの講座には託児サービスがあります。また、編集部スタッフに関しては、「プロ集団」を標榜しており、取材のマナーや執筆時の表記ルールなどの徹底を図っています。

託児風景——ママは食育レッスン中

「京都　幼稚園・保育園情報」Vol.3
（B5判、200頁）

COMMENT

　おふぃすパワーアップは、情報提供を中心とした活動からスタートし、多様な活動へと展開していった団体です。企画、取材、執筆、編集といった情報誌の作成プロセスをすべて自分たちで行うだけでなく、それを事業化することで、とりわけ女性の社会参加の機会の拡充に貢献していると考えられます。行政の支援のもとで作成された、DTP講座受講生を活用した「再就職したい！」という情報誌の発行は、それが有効に機能していることを示しています。

　アマチュアの養成ではなく、プロをめざし、職業倫理までも養成課程の中に組み込んでいくことで、社会的に対等な関係で仕事ができる基礎を形成させているものと考えられます。　　　　　　（山縣　文治）

17. やまがた育児サークルランド

母親自身が持っている力を活かす支援を！

(野口比呂美／NPO法人やまがた育児サークルランド代表)

(1) 基本的事項

① 活動理念・目標

子育てしやすい地域づくり

母親も父親もイキイキと仕事や市民活動、子育てができる社会づくり

② 組織体制

NPO理事5名、監事1名、会員66名

③ 地域環境

山形県は日本有数の三世代同居が多い県です。祖父母世代と同居している人はもちろんのこと、近くのおばあちゃんに子どもをみてもらい、若夫婦は外で「共働き」という世帯が珍しくありません。その結果、子育て期の女性の労働力率が高く、一般にM字型となる年齢別労働率のグラフは、底が浅くなっています。山形市は、この県内にあっては都市部であり、転勤族、核家族、専業主婦も多い地域です。市の人口は約25万人、年間の出生数は2,400人ほどになっています。

④ 場所、連絡先など

a．事務所

住所／〒990-0832 山形市城西町1-7-19 山形県NPO支援センター内

Tel & Fax／023(646)8590

HP／http://www.yamagata-npo.net/~ikuji/

b．子育て支援施設「子育てランドあ～べ」(以下「あ～べ」)

住所／〒990-0042 山形市七日町2-7-10 NANA-BEANS 5階

Tel／023(615)1930　Fax／023(615)1933

（2）事業開始のきっかけ

　山形市には公民館がたくさんあり、そこで活動している育児サークルもたくさんありました。ところがその横のつながりはなく、それぞれがばらばらに独立して活動をしていました。情報を集約する行政機関や団体もない状態でしたので、1996年、育児サークルのつながりをつくろうとリーダーに呼びかけて集まりをもちました。活動にすぐ使えるような工作をつくる実習をした後、各サークルの活動を紹介しあって情報交換を行いました。このような集まりを「育児サークルリーダー研修会」として隔月開催し、サークルのリーダーが学習、交流、情報交換できる場としました。

　ちょうど「山形市女性センターファーラ」（現在は「山形市男女共同参画センターファーラ」）が開設され、子連れで利用しやすい部屋がつくられたことも追い風になりました。センターを利用することにより、女性のエンパワメントの視点を得て、その視点を持ち続けています。

（3）事業内容・事業実績

① 育児サークル支援

　リーダー研修会の定期開催は団体発足前からの取組みで、2008年3月現在65回を数えます。親子活動の実習と情報交換を組み合わせた内容の他、別室での保育を準備してじっくり話し合ってもらったり、その年によって、「母親」としてではない「自分自身」を見つめるテーマの講演会を取り入れています。その他、サークルへの遊具の貸し出し、入会や運営の相談会なども実施しています。

② 保育

　子育て中の親に学習機会を保障したり、子どもと離れる時間を持ってリフレッシュしてもらうため、講演会などで一時保育をしています。保育や幼児教育のキャリアを持つ育児サークル活動経験者をグループ化して、現在では有資格者や意欲ある市民を対象に講座を実施し育成した人材も加わっていま

す。「あ〜べ」託児ルーム（「あ〜べ」とは、山形弁で「一緒に行こうよ」という意味です）での一時保育では、多様な働き方をする利用者に対応しています。さらに、働いている人のための会員制の一時預かり「やまがた子育てサポート応援団事業」（厚生労働省委託緊急サポートネットワーク事業）にも取り組んでいます。

③ **情報収集と発信**

育児に関する身近な情報を収集し、育児情報紙「みんなであそぼ！」を隔月発行（2008年3月57号発行）、ホームページ（2000年〜）、メールマガジンなどでも発信しています。地元紙の山形新聞には7年前からコラムを持ち、毎週交代で執筆しています。

④ **女性の人材育成**

保育付の各種講座を実施しています。女性センターの市民企画講座として「再就職支援講座」を開催（2001〜2003年度）したり、山形県に企画提案をして託児付IT基礎講習会を県内各地で9コース開催してきました。2001年からSOHOグループ「キャリ・マミーズ」の立ち上げと支援を行い、現在は「AISOHO企業組合」として独立し営業しています。「あ〜べ」では、毎月キャリアカウンセラーを招いて再就職についての相談日を設けたり、研修室でのIT講習会を年間20講座ほど開催しています。IT講習会のメイン講師は子育て中の母親、サブ講師は「インストラクター養成講座」の修了生です。

シルバー人材センターなどの子育て支援者育成講座の企画運営を行うとと

あ〜べでの託児つきIT講習会（エクセル初級）

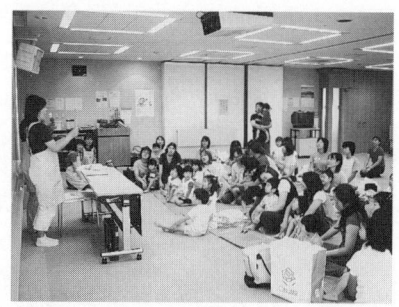

育児サークルリーダー研修会（貸し出し遊具の実演）

もに、スタッフが子育て関連の講座講師になれるよう育成し、講師としても活躍しています。

⑤ **調査・提言**

少子化対策として、様々な子育て支援メニューが施策に盛り込まれるようになりましたが、地域で子育てをしている当事者として、地域に本当に必要な支援とは何かを考えるためにアンケート調査等をしています。「山形の育児サークルと子育て環境に関する調査」（1998年）に基づき、山形市の「まちづくり市民会議」で行った提言活動は、現在の子育てランドあ～べの運営につながりました。「育児サークル・育児支援サークルの活動実態調査」（2000年、2003年）や、「山形市における未就園児の一時保育に関する調査」（2000年）などは、活動のニーズ把握や事業設計のための基礎資料としています。

⑥ **子育て支援施設『子育てランドあ～べ』の運営**

2002年6月から、山形市の補助を受けて子育て支援施設を運営しています。団体の活動実績を活かした事業（託児ルームでの一時保育や研修室での講座など）に加え、「おやこ広場」を開設。拠点型地域子育て支援事業（ひろば型）を実施しています。もと百貨店のビルを活用しており、施設全体の来館者は年間約4万人前後あり、中心市街地活性化にも貢献しています。

⑦ **協働事業**

子育て中の親や乳幼児の視点で、行政や企業との様々な協働事業を行っています。2007年度は、民間企業の親子イベントへの協力や行政の啓発事業（環境、食育、地元の木材を使った家づくりなど）の協働がありました。

（4）行政との関係

文部科学省、厚生労働省、山形県の事業受託は、団体にも会員個人にも力をつける経験となりました。行政との協働の際には、調査や活動実績に基づいて事業内容を組み立て、企画提案をしてきました。企業者と同列の扱いで委託価格による競争となる「見積もり合わせ」からの協働や、企画提案型事

業でもNPO法人としてスケジュールに無理のある事業には積極的には参画しないスタンス。あくまでも事業内容の評価や協働することによる相乗効果が大きい事業に取り組みたいと考えています。

(5) 関連機関・組織との関係

2002年〜2004年、山形県の委託で、県内各地に育児支援ボランティアを養成する事業を担当してきました。この事業でも養成講座を実施して各地に支援グループを立ち上げています。これらは現在も地域に根付いて活動するグループへと成長し、保育を共同で行ったり、地域でのNPO向け講座の企画をしたり、合同で研修会をしたりと各方面で連携をとりつつ活動しています。

(6) 活動の特徴

子育て真っ最中である「育児サークル」の母親たちへの支援は、現在も大切にしている活動です。サークルの母親がリーダーとなり、子どもの手が離れたら私たちの活動に加わり、やがて仕事として子育て支援に関わる、という成長モデルを意識して活動を組み立てています。

私たちスタッフ自身が、子どもと一緒に活動したり、幼稚園から子どもが帰ってくるまでの時間を中心に活動したりと、子育て中から仕事をシェアしながら積み重ねてきた子育て当事者です。活動の広がりと共に有償の活動の割合も増え雇用が発生し、社会復帰することになったわけです。固定的な少人数の被雇用者で事業を行うのではなく、市民参画の視点で、会員自らが仕事をシェアし、家庭生活とのバランスをとりつつ活動を進めてきました。

また、活動や非営利事業を行うことそのものが、個人には学びの場に、団体には活動実績になりました。個人では前述の企業組合を起業、保育現場に再就職したスタッフも出てきています。団体では、会員のエンパワーに合わせて事業を拡大したり進化させています。

（7）今後の課題

　組織の成熟と共に、世代の違う会員が集うようになり、子育て当事者に加えて色々な視点が持てるようになっています。今後はこのような多世代、また男性の役員やスタッフを十分に活かす体制づくりが必要になってきます。活動の財源については、会費など多くの会員に支えられる組織づくり、寄付を受け入れていく体制づくりなどが課題です。

　地域に目を移すと、子育て支援サービスが増えるにしたがって「育児サークル」の役割や機能が変化しているようです。実情に対応した事業の組み換えをしていくべきだと考えています。さらに今後、高齢化が進み女性の労働力が期待されるに伴い、様々な変化が予想されます。行政の労働関係の施策も変わってくると思われ、それに対応した事業展開を検討していきます。

COMMENT

　育児休業制度を育児留学と呼んでいる企業の話を聞いたことがあります。育児休業中は新たな学びであり、学びが終わると再び職場に帰ってくることを促すものとしてこのような言葉を使っているということでした。育児休業という形態をとらずとも、多くの女性は子育て期間の途中から仕事等を始めます。

　子育て支援活動と女性の自立支援活動は、お互いすぐそばにあるにも関わらず、両者を同時に行う組織は必ずしも多くありませんでした。やまがた育児サークルランドは、子ども関連のNPO法人としては、非常に大きな組織です。その組織力とスタッフのアイデア力が、子育て支援活動と女性の自立支援活動の連続性を実現させたものと考えられます。

（山縣　文治）

18. びぃめ～る

自分らしい GENKI な一歩を踏み出すために

（小川泰江／NPO 法人びぃめ～る企画室）

（1）基本的事項

① 活動名の由来

「びぃめ～る」の「び」は琵琶湖の「び」。そこに女性という意味の「フィーメイル」、通信の「メール」をかけあわせた造語です。「～」は、琵琶湖のさざ波をあらわしています。その名称のとおり、「滋賀に住む女性が、自分らしい一歩を踏み出すための情報を提供する」という活動理念のもと、設立以来10年間、女性、子育て、環境、福祉を切り口に、生活者の視点で様々な活動を展開してきました。

② 組織体制

スタッフは滋賀県内各地に在住の60名（女性59名、男性１名）。ルーチンワークを持つ「編集スタッフ」14名（うち専従２名）と、配付や情報提供、取材にできる範囲で協力する「協力スタッフ」46名で構成されています。未婚・既婚、子どもがいる・いない、起業家・フリーランス・会社員・行政職員・パートタイマー・専業主婦・学生など、立場も住んでいる場所もバラバラのスタッフ同士のやりとりは、メーリングリストを活用しています。企画会議や編集作業もネットでのやりとりが中心になります。

③ 連絡先

住所／〒520-3031 滋賀県栗東市綣(へそ)2-4-5 栗東駅前ウイングプラザ2F
Tel ／077(554)1774　Fax ／077(554)1792
HP ／ http://www.bmail.gr.jp
E-mail ／ info@bmail.gr.jp

第7章　女性の自立支援を意識した活動

（2）事業開始のきっかけ

　そもそものはじまりは1997年、夫の転勤に伴い、他府県から滋賀県にやってきた私がまず驚いたのは、情報の少なさでした。当時滋賀には県紙もタウン誌もなく、情報後進県と揶揄されることもしばしばでした。関西版の広域情報誌を見ても滋賀のことは旅行情報でしか載っておらず、本当に欲しい生活情報が手に入りませんでした。知り合いも誰もいない状態で、当時3歳と1歳の子どもを抱えて途方に暮れてしまいました。

フリーペーパー「びぃめ〜る」

　滋賀県は京都・大阪のベッドタウンとして人口流入が大変多く、子育て世代も多いところです。同じように困っているお母さんも多いのではないかという思いから、「ないのなら、自分たちでつくってしまおう」と、所属していたインターネットのママサークル内で呼びかけたところ、「面白そう」と7人が名乗りをあげてくれました。メンバーは、元プログラマー、元グラフィックデザイナーなど、能力もやる気もありながら、結婚・出産で仕事を一時リタイアした人たちでした。といっても、情報誌づくりに関しては全員まったくの素人で、しかも子連れです。情報はどう集めるのか、お金はどうするのか、取材は？印刷は？レイアウトは？と試行錯誤・紆余曲折を繰り返し、2ヵ月後の1998年12月に5,000部発行されたのが、「びぃめ〜る0号」でした。

（3）事業内容・事業実績

①　フリーペーパー「びぃめ〜る」の発行

　メインとなるのが、フリーペーパー「びぃめ〜る」です。A4サイズ12ページを隔月で2万2,000部作成し、図書館、公共ホール、協力店など県下各地の約500か所に設置しています。

　内容は、毎号変わる特集と、音楽や体験、フリーマーケットなどのイベン

ト情報、お店や遊び場、活動のコラム記事などです。特集では「子連れde滋賀グルメ」「夢の自宅ショップ開いちゃったー」など、自分たちが欲しいと思う生活情報を等身大で発信しています。時には「これがオンナの生きる道?!〜仕事編」「発達障害って何？」といったテーマにも取り組みます。

取材時には必ず「段差なし」「車椅子トイレ」といった「バリアフリーチェック」、「おむつ替え」「子どもイス」といった「子どもチェック」をするのも大きな特徴で、車椅子を使っている読者から「助かります」という、うれしいお便りをいただいたりもしています。

② **ホームページの管理・運営**

フリーペーパーは隔月発行なので、それを補う意味でホームページも運営しています。フリーペーパーのデータがダウンロードできるほか、県内オススメスポットやリンク集などの独自コンテンツも持っています。また、情報検索システム「びぃさーち」は当番制で毎週更新、常時500件のイベント情報が掲載されています。「びぃさーち」は、携帯電話からもアクセスできるので、出先からでも、パソコンがない方でもチェックが可能です。

また、新着イベント情報満載のメールマガジン「週刊びぃめ〜る」も当番制で発行しており、現在読者数は1,200人余りとなっています。

③ **出版**

「びぃめ〜る」発刊2周年を機に、1999年「滋賀でステキに暮らす本」（全152頁、サンライズ出版）を企画・出版しました。これは、滋賀県の週間売り上げ2位に入るなど話題の本となり、びぃめ〜るがステップアップするきっかけにもなりました。

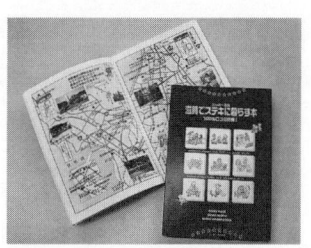

「滋賀でステキに暮らす本」

④ **マスメディアでの情報発信**

滋賀のマスメディアの制作現場では、まだまだ子育て中の女性が皆無であり、それを補う形で情報発信して欲しいという依頼があり、テレビ、ラジオでも子育て世代向けのコーナーを仕事として担当しています。スタッフが交

第7章　女性の自立支援を意識した活動

企画から関わったテレビ番組　　カフェでの講座風景

代で企画、取材、執筆、出演を行い、子連れスポットや親子で楽しめるイベントなどの情報を発信しています。

⑤　コミュニティ・カフェ

2004年からは、JR栗東駅前の第3セクターのテナントビルで、コミュニティ・カフェにチャレンジしています。このカフェを「女性のエンパワメントの場」と位置づけ、コミュニティビジネスとしての雇用の創出だけではなく、子育て中の女性が日替わりでケーキやパンを提供する「ワンデイ・パティシエシステム」や手づくり品の販売コーナー、託児サービス付きや子連れOKの各種講座開催、講師育成などに取り組んでいます。この活動は2005年度内閣府男女共同参画局「女性が輝く地域づくり事業」にも選定され、自宅ショップ開業セミナーやイベントも開催しました。

（4）協働事業

前述のテレビ・ラジオのように、企業や行政、他NPOから依頼を受けての事業も増えて来ました。パソコンや男女共同参画に関するセミナー、行政ホームページの制作や更新、パンフレットやチラシの制作や発送請け負い、イベントの企画共催など、様々な事業を展開しています。

（5）今後の課題

活動をはじめて10年。子どもたちも大きくなり、イベントやカフェの手伝いなど戦力にもなるようになりました。「子どもがいたからこそできた」活動だと思っています。「子どもがいるからできない」ではなく、思いきって

一歩を踏み出してみることで、変わるものはきっとあるはずです。

びぃめ〜るのスタッフもそれぞれの一歩を踏み出し、様々な方面で活躍する人がたくさん出て来ました。その分、びぃめ〜る本体に割ける時間が少なくなり活動に支障が出るという問題も生じていますが、今後組織の形態や運営方法を工夫しながら、どう継続・発展させていくかを探っていきたいです。

コミュニティカフェ Be-café

今後の事業展開としては、カフェを中心としたものになる予定です。2008年4月から県立公園内のログハウスに2号店を出店することも決定しました。カフェの成り立ちや人気レシピ、人気講座の作品などを載せた「カフェ本」の出版、「ちょっとしんどい子どもたち」への就労支援の場としてのカフェの活用など、まだまだ「夢物語」レベルではありますが、実現に向けて一歩一歩進んで行くつもりです。

COMMENT

　母親には、子どもとの関係での親（母）、連れ合いがあっての配偶者（妻）、かけがえのない存在としての人間（女）という3つの側面があると考えています。子育て支援活動は少なくとも第1の側面を念頭においていますが、私は、残る2つの側面も非常に重要だと考えています。ひとりの人間として生きていくことは、男、女に関わらず、誰にでも課せられる課題です。

　人としての生活・人生が充実していかなければ、母や妻の役割に気持ちよく向かうことはできにくくなると思います。びぃめ〜るの活動は、人としての女性に届く事業を多く組み込んだ活動であると考えられます。

（山縣　文治）

第3部

テーマ別に見る自治体の子育て支援

第1章

地域支援・地域連携のタイプ分け

岡　健　（大妻女子大学 家政学部児童学科准教授）

はじめに

　2005年度より次世代育成支援対策推進法に基づく行動計画、いわゆる前期次世代行動計画が走り出しています。本書が刊行される2008年度は、前期行動計画の策定の際と同様に各自治体において、後期の次世代行動計画の策定に向けたニーズ調査を行い、来年度の具体的な後期次世代行動計画策定へと向う年となります。

　この第3部では、これまでの自治体における子育て支援の具体的な事業について、10のタイプから紹介していくこととします。なお取り上げる事業の範囲についてですが、前期行動計画策定の際に示された特定14事業についてはその大半が第1部で述べられているという理由から（一部、地域子育て支援拠点事業の「ひろば型」については第2部でも触れられています）、また安心・安全に対する取組みや母子保健を含む心や身体のケアに関する事業については本シリーズの第4巻、第5巻で取り上げられているという理由から、ここではそれ以外の主要な事業について取り扱うこととします。

1．支援・連携の MISSION

　「行政の事務事業評価の必要性」「PDCA サイクルによる見直し」等々、今日の地方自治体行政においてマネージメントに関する見識は常に問われるようになりました。ところでこの場合、最も意識しなければならないものは「ミッション（mission）」にほかなりません。なぜならば、支援の対象が「誰」であり、その対象に対して「何」を、また「どのように」行政として

「するべき」あるいは「するべきではない」のかという問いのすべてが、実は本来この「ミッション」に照らして初めて判断できる事柄だからです。

　第2章において安部芳絵氏（早稲田大学客員講師）は、「自治体の子育て支援部門のミッションが『子どもの権利保障実現のための支援・連携』にある」という立場に求めて論を展開しました。むろん安部氏も指摘したように、あるいは現行の「子ども・子育て応援プラン」の表記がまさにそうであるように、子育て支援の対象は「親（おとな）」と「子ども」のいずれもである点は相違ないでしょう。にもかかわらず、ミッションとしての同氏のこの観点は、子育て支援を考える上で重要な指摘です。

　というのも、「子ども（の権利に関する）条例」を持つ自治体の数は、同氏が指摘した「総合条例」「個別条例」「施策推進の原則条例」を合わせても、約1,800ある自治体のうち40にしか過ぎません（2007年6月の子どもの権利条約総合研究所作成による条例動向）。我が国は子どもの権利条約に批准しており、また前述したように子育て支援が「親（おとな）」と「子ども」のいずれにも向けられるべき支援である点を考えたら、こうした現状の問題性は指摘せざるを得ないでしょう。

　孤軍奮闘する子育て家庭の"声なき声"に耳を傾ける営みが、今日の「子育て支援」を創出してくる原動力となってきました。そう考えれば、「子育ち支援」のために今度は、子どもの"声なき声"に耳を傾ける努力が求められてしかるべきでしょう。しかも、子どもの権利条約における「意見表明権」の「意見＝声」は"opinion"ではなく"view"として示されていることは改めて確認しておく必要があります。子どもの"声なき声"を聞く専門性や仕組みの構築がこれからの自治体に求められると論ずる同氏の論考は、非常に大切な指摘であると考えられます。

2．組織の整備

　子どもが、自分を大切にされていると実感を持って育つためには、また子育て家庭が、子どもと向き合うことに喜びや意味を見出しながら子育てに取

り組んでいけるようになるためには、たくさんの人や物等々のいわゆる「資源」が投入される必要があります。しかも、その「資源」のいわば供給元とも呼べそうなもののあり方は、横軸（いわゆる「面としての広がりの多様性」）においても、縦軸（いわゆる「時間の経過に伴う変化の多様性」）においても多種多様なものとなります。

　それはちょうど、第3章において榊原智子氏（読売新聞 生活情報部）が「子育て家庭にとって必要となる公的サービスは多岐にわたります。保健や福祉はもちろん、医療、住宅、交通、公共空間のあり方、親の就労、教育まで実に多種目です」と述べ、また「高齢者関連の施策と比べると、子ども・子育て関連の施策は、子どもが成長するに従いニーズが変化していくこともあり、より多種多様な施策にまたがります」と述べた点と重なります。

　こうした、その時々において縦軸においても横軸においても、その当事者である子ども自身や子育て家庭にとって多様な支援が必要になってくる状況において、どうすればより効率的・効果的に支援が届けることができるか、が行政にとって非常に重要な課題になります。いわゆる"縦割り行政"と指摘されることの多い状況をどう乗り越え連携（あるいは一元化）が可能か、その課題について第3章では横断的組織を機能させた神奈川県鎌倉市と東京都三鷹市の例を取り上げ論じています。

　ここで榊原氏は、横断的連携を機能させるポイントとして「首長による強いリーダーシップが欠かせない」点を挙げていますが、この指摘はまさに的を射たものといえるでしょう。なぜならば、自らのこれまでの仕事の範疇外にあるものに関心を向け、それらを「資源」として自在に利用しようとするには、支援を受ける側の視点を取り入れ、支援する人（行政担当者）自身が一人称として「どのような支援をしたいか」を考えていく必要が生まれます。しかし従来の組織のままでは、それまでのやり方（いわゆる慣習）に縛られるのはむしろ必然です。

　新しい枠組みは、新しい思考を生む可能性を秘めます。連携の重要性に気づくこと。それは取りも直さず支援者としての当事者性に気づくことにはか

なりません。そうした意味で枠組みづくりを行う、すなわち「業務連携を進める意味をトップが理解している」ことは、今後ますます求められていくことになるでしょう。

3．情報の提供

　子育ち・子育て支援施策の多様性については既に述べた通りです。第3章が、支援する側の具体的業務や意識における連携や一元化の問題を「組織の整備」の問題から論じているのに対し、第4章では、そうした多様な「資源」に関する情報をいかに効率よく、効果的に届けることができるか、いわゆる"ワンストップ・サービス"はどう仕組みとして構築され得るのかが論じられることになります。

　羽田圭子氏と荻田竜史氏（共に、みずほ情報総研株式会社 社会経済コンサルティング部）は、インターネットを使ってトータルな情報提供を行っている例として三鷹市を、また、行政組織の一元化によるワンストップ・サービスを推進している例として愛知県豊田市を挙げ、論を展開しました。

　ところで羽田氏や荻田氏が論ずるように、情報の提供に関する取組みのあり方を考える際、子育て支援サービスの「情報格差」問題にいかに取り組むかは、まずもって重要な視点です。それはまさに、2人が述べるように「子育て支援サービスを必要とする人に、関連する情報をより的確かつ迅速に提供することが、…（略）…子育て家庭の負担や不安の軽減につながる」からです。しかしながらそれ以上に、取り上げられた2つの自治体が、いずれも第3章で取り扱っているような「組織の整備」を経て、この「情報の提供」の問題に取り組んでいることは重要な点だと考えられます。

　支援を受ける側が単なるサービスの受給者としてのみならず、支援を受ける側としていかに主体的に情報を利用できるか、いい換えれば、子育て家庭の主体性の構築のために支援者側はどのような「情報の提供」ができるの

か、まで踏み込んだ事業の展開になっているからです。⁽¹⁾

「組織の整備」と「情報の提供」、そして"当事者の声"。これらは実は相互に関連を持ち合いながら、いずれも今後の自治体の子育ち・子育て支援を考える上で重要なきっかけを与えてくれるものと考えられるでしょう。

4．子育て・家族支援者の養成とバックアップ

人は、人の中にあって人として育ち、人として"暮らし"生きていきます。であるからこそ、子育ち・子育て支援においてそれを支える「人」をどう発掘し、育てていくのか。また、そうして育てた「人」をどうフォローし、支え続けていくかは、最も重要なポイントの一つとなります。

第5章では、大日向雅美氏（恵泉女学園大学大学院教授・NPO法人あい・ぽーとステーション代表理事）があい・ぽーとステーションで実施している「子育て・家族支援者」養成を取り上げ、この問題について論じています。大日向氏は、ここでめざされる養成は、単なる「子育て経験者」でこと足りるものではなく、保育士等が担う専門性とはまた異なる理念や専門性、すなわち、多様化する価値観や生活様式の中で複雑化する家族の問題への対応が必要だといいます。「支援をしてあげる」のではなく、地域に暮らすもの同士が「支え・支えられてお互い様」の関係を大切にし、そうした関係を地域に築くことが今、求められているのだ、と同氏は述べるのです。

この同氏の指摘は二重の意味で重要な指摘だといえるでしょう。第1に、繰り返しになりますが、「子育て支援者」には専門性がある、だから養成がされなければならないし、バックアップやフォローの研修が必要だということ。第2に、しかしその専門性は「するもの―されるもの」といった非対称性の中で構築される権力関係ではなく、相互に支え合う協働の関係であると

---

(1) 例えば、三鷹市の場合は自治体内部の組織整備のみならず、第三セクターの整備、すなわち当事者参加の仕組みが構築されています。また豊田市も2001年度の「子ども課」、2005年度の「子ども部」と2度の組織体制の整備が行われていますが、この第4章における指摘のみならず、当事者の"声を聴く"という仕組みや姿勢はすでに安部氏が第2章で触れている通りです。

いうことです。
　子どもは私たちの"過去"であり、"未来"です。子ども（子育て家庭）が大切にされる社会は、私たち1人ひとりを大切にする社会です。だからこそ、子どもが社会において育まれることに対して、私たちはみな1人ひとり当事者性を持つのです。1人ひとりの立ち位置において、自ら子どもへの関わりの主体性を発揮しあうこと。そうしたことが可能となる社会を構築すること。そのための取組みが「人」の養成であるといえるでしょう。

5．中高生の居場所づくりと支援者の養成

　中高生世代への子育ち・子育て支援はその必要性が強く求められていながら、一方でなかなか取り組めずにいる分野です。健全育成や非行対策等々の施策や事業については、多くの自治体の次世代育成支援行動計画に見ることが可能です。しかし、中高生世代の子どもが"子ども"として認められ、尊重されるための具体的取組み（その典型的取組みが"居場所づくり"に該当します）は、実際にはなかなか進んでいないのが現状といわざるを得ないでしょう。
　中高生世代の子どもは、彼・彼女ら自身が様々な場面や局面で、育つこと・生きること（いわばおとなになること）に迷い、悩みます。放っておいて欲しいといいながら認められたいとも望み、自分で決断したい一方で守られたいとも願う。そうした葛藤する思いや経験が、子ども自身の育ちにとってとても大切である点はいうまでもありません。しかし一方で、子どもから拒絶されつつ頼られる矛盾や、子どもがだんだん見えなくなる不安等を全身で受け止める困難さを、多くの保護者は抱えることになります。さらには学校、地域、関連する各機関などもそれぞれ同様に悩みを抱えることになるのです。両極に揺れながら育つ子どもをどう支援できるか、このことが中高生の居場所づくりには求められているといえるでしょう。
　水野篤夫氏（（財）京都市ユースサービス協会）は第6章において、揺れ動く子どもの育ちに必要な空間として、家庭・学校・地域に加え「第4の空

間」の必要性を指摘しました。水野氏はいいます。第3の空間まで（家庭・学校・地域）は「おとなの視線に見守られている反面、監視されているともいえ、中学生たちが安心していられる空間ではあっても、チャレンジを許容できる場、意味ある『他者』と出会える場となるとは限りません」と。また、そうだからこそ「家庭・学校・近隣地域が中高生にとって居場所たり得る機能を回復するための手だてを仕掛けること、それらと別の第4の空間を提供すること」が、「中高生世代への居場所づくり支援」の課題となっているのだと。実際、同氏はこの課題について、非行対策・健全育成策とは異なる「ユースサービス」として推進する必要性を確認した上で、その例を京都市の取組みに求め紹介しています。

　両極に揺れ動く存在であるからこそ支援の難しさがある。またそうであれば当然、支援は「あれかこれか」ではなく、「あれもこれも」となり、支援体制には協働が求められることになるのです。しかしまず、第6章では、両極に揺れる子どもに関わることの本質的なことが、つまり同氏が指摘する「若者と関わるおとな」（すなわちユースワーカー）自身が持つ「矛盾や弱さ」を自覚しつつ関わること、を可能とする支援者の専門性やそのあり方が示されており、今後、この問題に取り組む多くの自治体にとって非常に参考となるものとなっているでしょう。

6．「どうせ」から「どうか」へ──
市民を「お客さん」から「当事者」にする公共の運営

　1998年、特定非営利活動促進法（NPO法）が成立してから今日まで、「協働」という言葉が子育て支援に限らず、自治体の様々な施策や取組みの中で使われるようになってきています。行政哲学がパターナリズムからパートナーシップへと転換がなされてきている現在、行政の役割は当然これまでとは異なったものになってきました。

　これまでのような「やってあげる─やってもらう」というパターナリズムにおける、まさに「やってあげる」という役割から、「自らが担う」「共に担

いあう」関係づくりをいかに構築・サポートできるかといった、いわば「中間支援」としての役割が、今、行政には求められるようになったといえるでしょう。では、いかにすれば「協働」を支える「中間支援」としての役割を行政は担っていくことが可能になるのでしょうか。

　第7章で西川正氏（NPO法人ハンズオン埼玉副代表）は、「公共の仕事とは、1人ひとりの市民に課題を返す、ということではないか…（中略）…社会的課題を解決するのは、行政でもNPOでもありません。…（中略）…市民が他の市民と共に、課題を解決し、自らの暮らしをつくりだしていく。そのための社会的な仕組みや組織が…（中略）…自治体やNPOではないか」と述べました。その上で「当事者性」をキーワードに、「協働」を支える関係づくりのために、自治体のすべき取組みとして「情報の徹底した開示」、「決定のプロセスを市民にひらく」こと、「現場への分権」の3点を挙げたのです。

　これらの指摘は、今後、「中間支援」としての行政の役割を考える上で非常に重要な指摘といえるでしょう。なぜならば、この3点を条件として求める「当事者性」の問題とは、端的にいえば、市民にしても行政担当者にしても、1人ひとりの「私」においてどう取り組むかを考えること以外にないことを明らかにしているからです。新しい公共の哲学を模索する現在だからこそ、このことを改めて確認しておく必要があると私も考えています。

7．場や拠点の整備

　行政哲学が転換され、NPO等の様々な団体との「協働」が求められるようになってきた今日、それでもなお自治体が子育て支援を行う上で、場や拠点を整備することの意味はどこにあるのでしょうか。行政直営型、民間主体協働型、それぞれのメリット・デメリットはいったいどんな点についてあるのでしょう。

　一般的には、行政直営型のメリットは「公共性・普遍性」が挙げられると思われます。例えば計画的に場を確保し、整備するといったことは、財政的

な問題もあって、行政による整備が望まれる場合も少なくありません。また、子どもが安心して育まれる場であるという観点からは、いわゆる専門性に関する「資源」を自治体内部で保有していたり、供給しやすい条件が整いやすいといった点で、いわゆる質の担保という点において行政直営型にはメリットが認められるでしょう。

　反面、第7章の「協働」の問題の際に論じられていることですが、現場で意思決定ができない、あるいは意思決定に非常に時間がかかるといったことがらは、場合によっては現場の職員の仕事を、いわゆる「させられ仕事」にしかねません。つまり、その現場固有の問題に迅速に対処しにくいといった点がデメリットとして挙げられるでしょう。

　逆に、民間主体協働型のメリットには、この行政直営型が持つデメリットに対応できる点、すなわち「当事者性・個別性」といった点が挙げられます。現場の"声なき声"に耳を傾け、「私」を基盤として、共に子育ての主体となって事業に取り組むこと（いわゆる"自治・協働"）が可能になる。その点がまさに民間主体協働型の強みといえるでしょう。

　各自治体においては、今後ますます、こうした双方の利点・欠点を補うことが求められていくと考えられます。そうした課題を含め第8章では、大豆生田啓友氏（関東学院大学准教授）、荒木田ゆり氏（横浜市こども青少年局）、原美紀氏（NPO法人びーのびーの事務局長）が横浜市を例に論議を展開しています。ここではとりわけ、「協働」をどう構築すれば良いかについて「協働協定書」にも踏み込んで触れられている点が重要な指摘といえるでしょう。

　「委託―受託」関係は、ともすれば仕様書として発注する側の意向のみが反映されてしまう関係になりかねません。「公共性・普遍性」における利点であるサービスの質の担保に目を向けつつも、共に主体者として担いあう「協働」の関係がいかに構築されうるのか。本事例を契機に、今後も考えていかなければならない課題だといえるでしょう。

8．子育て支援におけるもう１つの協働
—"win-winの関係"をめざした地域支援—

　次世代育成支援対策推進法に基づく行動計画は、自治体のみならず企業に対しても求められるものでした。もっとも子育てをめぐる様々な課題は本来、働き方の問題と不可分にあります。そうした意味からいえば、昨年末「仕事と生活の調和（ワークライフ・バランス）憲章・行動指針」が示されたことも、むしろ遅きに失したのではないかとさえいえるのかもしれません。

　ところで、この働き方と子育てをめぐる問題そのものについては本シリーズ第２巻で詳しく述べられていますが、そもそも自治体において、子育て支援に関する業務を所管する部署としてすぐに思い浮かぶのはどこでしょうか。子育て支援課や保育課といった福祉部局、あるいは教育委員会といった、いわゆる子どもや子育て家庭に直接的に関わりを持っていると考えられる部署が一般的に思い浮かぶのではないでしょうか。

　しかしながら、例えば、つどいの広場の先駆的な存在であるNPO法人びーのびーのによる「おやこの広場びーのびーの」は、商店街の空き店舗利用から始まっており、その意味ではまさに地域の商店街の活性化問題として取り上げられた側面はよく知られているところです。つまり様々な施策を展開している自治体において、一見子どもや子育て家庭と関わりがないように見える施策を重ね合わせ実施することが可能となれば、１＋１が３にも４にもなる可能性が模索できることになるといえるでしょう。

　第９章では、島村友紀氏と安田純子氏（共に野村総合研究所）が、「協業のパターン（①企業中心、②自治体と企業の協業、③自治体中心）」と「事業特性（①社会貢献重視、②事業・収益性重視）」という切り口から、特に企業と自治体のコラボレーションについて三重県、石川県、福岡県北九州市、横浜市の事例を取り上げ紹介しています。

　改めて述べるまでもなく、「子育ち・子育て」は、観点を変えれば"持続

可能な発展・開発"といった、私たち社会全体のための課題であり価値であると考えられます。そのような意味からも今後、各自治体においても、また企業においても、実際には様々なコラボレーションを模索していく必要性が求められることになるものと思われます。

9．要支援家庭へのサポート

　子育て家庭が抱える様々な状況に応じて、時に行政がより直接的に子育て家庭に手を差し伸べる中核的役割を担う重要性については、今も昔も変わらないことです。虐待対応等に代表されるハイリスクな家庭に対する支援は、まさにそうした取組みといえるでしょう。

　現在、各自治体では「要保護児童対策地域協議会」を設置し、各機関の連携を深めた対応をしていくことが求められています。こうした連携を深めた対応が求められるのには、大きく2つの理由が考えられます。第1に、いわゆる1つの機関・施設では十分に対応できないことも連携して力を合わせることで解決へと導くことで可能になること。そして第2に、1つの機関・施設による対応には限界があるという点です。

　この点については、かつて山本真実氏（東洋英和女学院准教授）が1つの機関・施設による対応としてのいわゆる「抱え込み」の問題が、「その場の、目の前の問題を個別に対応することはできても、問題の背後に隠されている真の問題を取り除いたり、周囲の人たちとの関係調整にまでおよぶことはできない」[2]と指摘した通りです。

　また、連携して力を合わせることで解決に導くといっても、ただ関連機関の構成メンバーが集まればこと足りるわけではもちろんありません。構成メンバーとしての意識や質をどう高めていくことができるのか、その点にこそより本質的な取組みの成否の鍵が握られているといっても過言ではないでしょう。

---

(2)　松田博雄・山本真実・熊井利廣（編）、地域子ども家庭支援研究会（著）、『三鷹市の子ども家庭支援ネットワーク』200―201頁、（ミネルヴァ書房、2003年）

第10章では島村友紀氏（野村総合研究所）が、兵庫県加古川市を例に取り上げ、2005年4月に「要保護児童対策地域協議会」が立ち上がってからの3年間の取組みについて現場ヒヤリングに基づき紹介しています。この事例でもまた、機能するネットワークはいかに構築可能か、また財政的に厳しい状況の中で人員を確保し、その質を担保することがどうすれば可能か、についてその重要性と共に現状での難しさが指摘されています。

10. 父母や保護者たちのエンパワメント
　　　　　　—これからの「子育て支援」をめざして—

　"親"とは"子"という対になる言葉があってはじめて成り立つ言葉ですが、実際には、子どもを産んだ（持った）からといって、すべての親が親としてすぐに適切な行動を取れるようになるとは限りません。子どもへの関わり方は、実際に子育てをする体験の中から学ぶものですが、その時に親同士の交流や学びあいの場、さらには子育てを支援する人たちからの助言を受けられる場があれば、周りから支えられながら親は親として一人前になっていくことができます。今年、保育所保育指針や幼稚園教育要領が改定されましたが、その中に明確に子育てに対する支援が位置づけられたのも、そうした考えが背景にあったと考えることが適切でしょう。

　しかし実際には、まだまだそうした情報がうまく入手できなかったり、社会から孤立してしまったりして、ひとりで悩み苦しんでいる親も少なくありません。自治体が取り組むべき子育て支援において、親が親として自信と夢を持って子育てを行うことができるような支援策が求められる理由がここにあります。

　久保田力氏（浜松大学教授）は第11章で、静岡県三島市、愛知県豊橋市、豊田市、三重県等で取り上げられているニュージーランドの「プレイセンター」の取組みを紹介しています。本事例が興味深いのは、それが「父母や保護者たちによる子育ての相互支援活動」であり、しかもニュージーランドではそれが、保育所・幼稚園に続く「第3の就学前教育機関」として制度的

にも位置づけられているという点です。久保田氏によれば、プレイセンターには保育専門職は存在しないが、ナショナル・ミニマムとしての教育課程である「テ・ファリキ」が存在し、これに則った活動が展開される必要があるといいます。

わが国では今、認定こども園が政策的に積極的に推進されたり、また地域子育て支援拠点事業が法的に位置づけられようとしています。幼稚園でも保育園でもない子どもの施設。そして、親が親として生きられるためのサポート。これらの課題をどう各自治体が考えていくのか。そのことが今後は、ますます問われてくるといえるでしょう。

おわりに

ここまで、自治体における子育て支援の具体的な事業について、10のタイプから紹介してきました。最後に、本来であれば適切な事例があればぜひ取り上げる必要性を感じているタイプがあります。それを最後に指摘しておきましょう。

それは、次世代育成支援対策地域協議会[3]が担ってきたであろう、次世代育成支援の様々な事業に対する評価についてです。本章の1において、今日地方自治体がマネージメントに関する見識を常に問われるようになってきており、「ミッション」が非常に重要になる点を述べました。

しかしながら、例えばここで求められている「行政の事務事業評価」は、実は大半の自治体において行政自身の手によるものであることが一般的です。その事業が、子どもや子育て家庭にとって本当に"声"が反映されたものであるのか。また当該事業は、限られた「資源」の中で本当に優先されるべき事業であるのか。そうしたことを評価する仕組みを自治体の中に設ける

---

(3) 次世代育成支援対策推進法（2003年法律第120号）第21条第１項に基づいて設置される。条文は次の通り。「地方公共団体、事業主、住民その他の次世代育成支援対策の推進を図るための活動を行う者は、地域における次世代育成支援対策の推進に関し必要となるべき措置について協議するため、次世代育成支援対策地域協議会（以下「地域協議会」という。）を組織することができる。)」（同法第21条第１項）

ことが今後は強く求められるでしょう。

しかも既に見てきたように、子育ち・子育て支援には専門性が求められるものが少なくありません。とすれば、子育て支援事業の評価に当たっては、当事者である子どもや子育て家庭の視点（="声"）のみならず、当然、その専門性を評価できる専門的な人材を含めた体制が組織される必要があるでしょう。残念ながら、保育所の第三者評価システムを見れば明らかなように、わが国では評価に対してお金も人も、評価機関の権限や自律性も、十分であるとはとてもいえるものではありません。

今後、子育て・子育ち支援はますます地方自治体の責任で実施されるものと思われます。であればなおさら、各自治体において評価の仕組みを育て、つくることがこれからは求められてくると私は思っています。

第2章

支援・連携の MISSION
―子どもの権利保障の担い手としての自治体職員に求められること―

安部　芳絵　（早稲田大学 女性研究者支援総合研究所客員講師）

1．子育て支援部門におけるミッション

　ミッション（mission）は、「使命」「果たすべき責務」「存在理由」などと訳され「その事業領域の中で担当部門が果たすべきことを簡潔に表現した句（フレーズ）」（本多鉄男「自治体マネジメントの本質―ミッションと自治体マネージャーの責務」地方自治職員研修515号139頁）です。それでは、自治体の子育て支援を担当する部門のミッションはどう考えればいいでしょうか。子育て支援というからには、子を育てている親だけを支援すればいいのでしょうか。

　本章では、自治体の子育て支援部門のミッションが「子どもの権利保障と実現のための支援・連携」にあることを示します。これまで、政府や自治体による子育て支援事業においては、親やおとなを支えることに主眼が置かれ、「子ども」へのまなざしが置き去りにされてきました。その結果、支援の空白期間といえる子ども時代に多くの課題―児童虐待・いじめ・不登校など―が山積していることが浮き彫りになりました。これらの課題は親への支援という視点だけでは解決することができません。なぜならば、これらは子どもの権利保障の問題であり、子ども支援の必要性があるからです。

　具体的な自治体の動きとして注目すべきものに、子ども条例の制定があります。そこで、本章では、子ども条例の制定動向を概観し、自治体職員に求められる力を、支援・連携という観点からを検討したいと思います。

2.「子育て支援」と「子どもの視点」の登場

　1990年、前年の合計特殊出生率が急落した「1.57ショック」を契機に、日本政府は少子化を「問題」として認識し、対策に乗り出し始めました。「子育て支援」という言葉は、1994年のエンゼルプランにおいて初めて政策として登場し、1997年の児童福祉法改正から児童福祉施策として展開されはじめたものです。

　エンゼルプラン（1994年策定、1995―1999年）および新エンゼルプラン（1999年策定、2000―2004年）は、保育を中心に整備されてきました。しかし、少子化には歯止めがかかりませんでした（1994年の合計特殊出生率1.50に対し2004年は合計特殊出生率1.29）。このような流れを背景に、2004年6月に閣議決定された「少子化社会対策大綱」に基づき2004年12月24日に少子化社会対策会議が決定した「少子化社会大綱に基づく重点施策の具体的実施計画について（子ども・子育て応援プラン）」では、その重点課題の一つとして若者の自立と子どもの育ちをどう保障していくかが挙げられました。ここに来て、若者の非正規雇用が増加し、家族を形成できなくなり、出生率の低下にもつながっている現実に光が当てられ始めます。一方で、若者の社会的排除[1]を食い止めるには、その前段階である子ども時代から、社会への参加が求められることになります。

　より鮮明に子どもへの支援が打ち出されたのは、地方自治体における次世代育成支援のための行動計画でした。2003年7月に制定された次世代育成支援対策推進法に基づく行動計画は、全都道府県および全市町村にその策定が義務づけられました。これにより、厚生労働大臣が定める行動計画策指針に即して、5年を1期とした行動計画を2004年度中に策定し、5年後に見直すこととなりました。この策定指針において、計画策定にあたっての基本的な視点として第1に掲げられたのが「子どもの視点」です。

---

(1)　宮本みち子「社会的排除と若年無業―イギリス・スウェーデンの対応」日本労働協会編『日本労働協会雑誌12月号』（日本労働協会、2004年）

我が国は、児童の権利に関する条約の締約国としても、子どもにかかわる種々の権利が擁護されるように施策を推進することが要請されている。このような中で、子育て支援サービス等により影響を受けるのは多くは子ども自身であることから、次世代育成支援対策の推進においては、子どもの幸せを第1に考え、子どもの利益が最大限に尊重されるよう配慮することが必要であり、特に、子育ては男女が協力して行うべきものとの視点に立った取組が重要である。
（次世代育成支援対策行動計画策定指針より）

　このように、これまでの少子化対策・子育て支援の枠組みでは重きを置かれてこなかった「子ども」に焦点があてられました。そしてその背景には、子どもに関わる施策を推進するにあたって基準となるべき児童の権利に関する条約（子どもの権利条約）の存在があります。

3．子ども条例の制定動向

　先に述べた政策の動向から、森田明美（東洋大学社会学部教授）は、「子育て支援は子ども支援と共同しなければ効果が出ないこと、また、子ども支援を明確に位置づけなければ子育て支援という枠組みだけでは子ども支援が十分に行い得ないこと」（森田明美「子育て支援策と条例」自治体法務研究 No.8、13頁）が政策として認識されてきたと指摘します。それが具体的に現れてきたのが、多くの地方自治体で制定されている子どもの育ちと子育て支援に関わる「子ども条例」です。

（1）「総合条例」の制定動向

　子どもの権利の「総合条例」とは、子どもの権利についての理念、家庭・学校・施設・地域など、子どもの生活の場での関係づくり、子どもの参加や救済の仕組み、子ども施策の推進や検証のあり方などを規定し、子どもの権利保障を総合的にとらえ、理念、制度・仕組み、施策などが相互に補完しあうような内容になっているものです。「川崎市子どもの権利に関する条例」

（2000年12月制定）がその始まりといえます。2008年7月1日現在有効なものとしては、16の総合条例が制定されています。

　2007年には、2つの総合条例が誕生しました。富山県射水市と愛知県豊田市です。射水市は、2005年10月に合併によって廃止された「小杉町子どもの権利に関する条例」（2003年4月）を受けて検討を続け、2007年6月「射水市子どもに関する条例」を制定しました。

　豊田市では、2005年2月に、次世代育成支援行動計画「とよた子どもスマイルプラン」を策定、重点事業として「（仮称）とよた子ども条例」を位置づけていました。2005年9月には、「豊田市次世代育成支援推進協議会・子ども条例検討部会」を設置しました。また、子どもの声を吸い上げる工夫もしています。2005年11月には「子ども委員」を募集しました。2006年には全26中学校区において子どもを対象とした子ども会議を実施、ワークショップ形式で意見交換を行っています。このような丁寧な子ども参加の実施を重ねながら、2007年9月、市議会で「豊田市子ども条例」が可決されました。

　2008年には、6月までに3つの総合条例が制定されました。愛知県名古屋市と新潟県上越市、東京都日野市の3つです。名古屋市は、2005年3月に名古屋市次世代育成行動計画である「なごや　子ども・子育てわくわくプラン」を策定し、家庭・企業・行政が連携し、社会全体で計画の実現に取り組むために「子ども条例（仮称）」を制定することを盛り込みました。そして、2006年8月に「名古屋市子ども条例（仮称）検討会」を設置。アンケート調査やシンポジウム開催などを経て2007年11月「なごや子ども条例の基本的な考え方（提言）」を市に提出しました。2008年3月、市議会で条例案が可決され、4月1日に「なごや子ども条例」が施行されました。名古屋市は、NPO法人との協働で聞き取り調査などを進めてきたことに特徴がありますが、今後子ども条例の広報もNPOとの協働で推進していく予定です。また、愛知県日進市も条例の検討機関を設置し、NPOとの協働のもと策定を進めています。

　新潟県上越市は、2005年3月の次世代育成支援のための上越市行動計画に

おいて、子どもの人権保護、児童虐待防止という観点から「子どもの権利条例（仮称）」の制定に向けて取り組むことを事業として掲げました。これを受けて、2005年7月に「上越市子どもの権利条例検討委員会」を設置しました。2006年には子どもの考えを知るための学校訪問調査を実施、2007年には子ども会議を設置し5回のワークショップを実施しました。その結果、2007

図表1　総合条例一覧

	自治体名	制定年月	名称	担当部局
1	神奈川県川崎市	2000年12月	子どもの権利に関する条例	川崎市市民局人権・男女共同参画室子どもの権利担当
2	北海道奈井江町	2002年3月	子どもの権利に関する条例	奈井江町教育委員会生涯学習係
3	岐阜県多治見市	2003年9月	子どもの権利に関する条例	文化と人権の課
4	東京都目黒区	2005年11月	子ども条例	子育て支援部子ども政策課
5	北海道芽室町	2006年3月	子どもの権利に関する条例	住民福祉部住民生活課児童係
6	富山県魚津市	2006年3月	子どもの権利条例	教育委員会教育総務課
7	東京都豊島区	2006年3月	子どもの権利に関する条例	子ども家庭部子ども課地域支援係
8	岐阜県岐阜市	2006年3月	子どもの権利に関する条例	市民参画部人権啓発センター
9	三重県名張市	2006年3月	子ども条例（注1）	健康福祉部子ども施策推進担当監
10	石川県白山市	2006年12月	子どもの権利に関する条例	教育委員会生涯学習課
11	福岡県志免町	2006年12月	子どもの権利条例	子育て支援課
12	富山県射水市	2007年6月	子どもに関する条例（注2）	子ども課少子化対策班
13	愛知県豊田市	2007年10月	子ども条例	子ども部次世代育成課
14	愛知県名古屋市	2008年3月	なごや子ども条例	子ども青少年局子ども未来部子ども未来課
15	新潟県上越市	2008年3月	子どもの権利に関する条例	子育て支援課
16	東京都日野市	2008年6月	子ども条例	子ども部子育て課

（注1）　議員提案による条例。
（注2）　2005年10月に合併により廃止された富山県小杉町子どもの権利に関する条例を受けて制定。

年11月には「上越市子どもの権利条例案最終報告書」を市へ提出しています。その後、2007年11月から12月までパブリックコメントを実施し、2008年3月の市議会で条例案が可決され、「上越市子どもの権利に関する条例」が4月1日に施行されました。

　東京都日野市は、2001年から職員によるプロジェクトチームで検討をはじめ、2002年からは公募で集まった市民と職員との108回におよぶ会議を実施しました。2006年8月には、素案を公表しパブリックコメントを求め、集められた意見をもとに素案を修正したのち、2008年6月、市議会にて「日野市子ども条例」が可決されました。7月1日から施行されている「日野市子ども条例」では、「児童憲章」および「児童の権利に関する条約」の理念に基づき「子どもの生きる権利、育つ権利、守り守られる権利、参加する権利」に言及する一方で、「日野市青少年健全育成基本方針」の趣旨も取り入れており、権利主体としての子ども観と健全育成が混在するものとなっています。

　札幌市では、2007年2月の第1回定例市議会において、市長から「子どもの権利に関する条例（案）」が提案されましたが、賛成少数によって否決されてしまいます。しかし、直後の4月に行われた市長選では、条例制定を公約に掲げた上田文雄氏が再選されました。8月には再び条例の検討会議が設置され、2008年2月1日付けで答申書が出されています。2008年2月28日から3月28日まで「札幌市子どもの権利条例素案」に対するパブリックコメントを募集しており、子ども向けの資料も用意して意見を求めました。その後、2008年の第2回定例市議会に「札幌市子どもの権利に関する条例案」を上程し、成立をめざしました。ところが、720件にもおよぶ陳情（反対424件、条文の一部削除を求めるもの1件、賛成295件）が寄せられたため、慎重な議論が必要であるとして、継続審査となりました。札幌市子ども未来局子どもの権利推進課は、条例の制定に向けて子どもの権利への理解が深まるよう取組みを進める予定です。東京都日野市も札幌市も、自治体のミッションという点では、多くの葛藤が見て取れる事例です。

第2章 支援・連携のMISSION—子どもの権利保障の担い手としての自治体職員に求められること—

　東京都小金井市では、2006年に条例素案に対するパブリックコメントを実施しましたが、市議会への提案はなされていません。北海道北広島市・北海道滝川市・東京都西東京市・千葉県・新潟市・兵庫県尼崎市・広島市では、条例を検討する機関を設置して検討中です。

（2）「個別条例」の制定動向

　「個別条例」は、地域における子どもの実情や当該自治体の行財政事情により、個別の問題や課題に具体的な政策手段や方針を定めて対応していこうとするものです。

　代表的なものとしては、1998年12月に制定された「川西市子どもの人権オンブズパーソン条例」があります。都道府県レベルの救済機関としては、2002年3月制定の「埼玉県子どもの権利擁護委員会条例」があります。学校災害を対象に、自治体独自の給付金を上乗せしたのが「さいたま市学校災害救済給金条例」です。

　子どもの意見表明・参加に関するものとしては、東京都中野区「教育行政における区民参加に関する条例」（1997年3月制定）、埼玉県鶴ヶ島市「教育審議会」設置条例があります。

　個別条例の中でもここ数年増えているのが、虐待防止に関するものと防犯・安全に関するものです。虐待に関しては、2003年12月に制定された東京都武蔵野市「児童虐待の防止及び子育て家庭への支援に関する条例」を皮切りに、三重県「子どもを虐待から守る条例」（2004年3月）、埼玉県行田市「児童、高齢者及び障がい者に対する虐待防止条例」（2004年12月）、福岡県志免町「児童虐待の防止等に関する条例」（2005年9月）、大阪府東大阪市「子どもを虐待から守る条例」（2005年12月）が相次いで制定されています。

　奈良県「子どもを犯罪の被害から守る条例」（2005年7月）、東京都荒川区「児童見守り条例」（2006年3月）、滋賀県長浜市「子どもを犯罪の被害から守る条例」（2006年9月）が制定されています。

（3）「施策推進の原則条例」の制定動向

　施策推進の原則条例は、「総合条例」や「個別条例」のように具体的な制度や政策手段を盛り込むものではないが、自治体における子ども政策の指針をなすものです。総合的な内容のもの、子ども憲章的なもの、子育て支援に関わるもの、健全育成に関わるものがあります。

　1999年9月に制定された「箕面市子ども条例」は、子どもの権利条例の趣旨を反映した「子ども条例」です。これに続く東京都世田谷区（2001年12月）、高知県（2004年7月）、滋賀県（2006年4月）、大阪府（2007年4月）、兵庫県宝塚市（2007年4月）の「子ども条例」があります。これらには、子どもの権利保障のための具体的な仕組みは明文化されていません。

　2006年9月に制定された秋田県「子ども・子育て支援条例」は、第3条基本理念において「子どもが権利の主体である」という認識に立っています。21条から25条では、子どもの権利救済に関する調査を実施する「秋田県子どもの権利擁護委員会」の設置を定めており、具体的な仕組みに言及しているのが特徴です。このほかに、都道府県レベルでは石川県（2007年3月）・大阪府（2007年3月）・岐阜県（2007年3月）・愛知県（2007年4月）・京都府（2007年7月）・山口県（2007年10月）・熊本県（2007年10月）、市町村レベルでは佐賀県佐賀市（2007年9月）・大阪府大東市（2007年10月）・兵庫県小野市（2007年12月）などで子育て支援や健全育成に関わる施策推進の原則条例が制定されています。これらの条例の中には、かならずしも子どもの権利の視点を有していないものも含まれていますが、自治体のミッションを考えると、もう一度子どもの権利保障という原点に立ち返る必要があるでしょう。

4．社会を子ども中心に変える、自治体職員の力

　国連子どもの権利条約は、1989年の国連総会において全会一致で採択されました。日本は1994年に批准し、現在、締約国は人権条約としては最大の

第2章　支援・連携のMISSION―子どもの権利保障の担い手としての自治体職員に求められること―

193カ国にも及びます（2008年2月現在）。その締約国の多さは、子どもの権利条約が子どもに関する世界基準であるということを現しています。つまり、日本の自治体が子どもに関わる施策を展開する際にも、子どもの権利条約はその基盤として考えなければならないものであるのです。

今、自治体では、地域に暮らす子どもの権利をどう保障していくのかが問われています。ここで忘れてはならないのは、「子ども」という存在の固有性です。ユニセフ『2001年世界子供白書』は、「世界の60億の人口のうち20億人が単に18歳未満だという理由で絶えずニーズを無視され、意見を十分に聞き入れられず、権利を侵され、福祉を脅かされる危険のもとにある」として、子どもを「存在しない人」に例えました。人口の3分の2がおとなという世界にあって、子どもの権利は社会の流れに任せておくだけでは保障されません。それゆえ、おとな中心の社会のあり方そのものを問わなければならないのです。

少子化の進む日本では、実に人口の6分の5がおとなであり、世界に比べてもおとな中心の社会といえます。子どもに関するほとんどのことがおとな中心で決まるため、子どもの現実にそぐわない施策が展開されがちです。子どもにフィットした施策を展開すること、それには、子どもの声が必要です。しかし、ただ待っているだけでは子どもの声は聴こえてきません。だからこそ、子ども施策を展開する際に、自治体職員からの支援が必要とされるのです。

5．求められる子ども支援と連携の力量形成

自治体職員に求められる、支援と連携の力についていくつかの事例を紹介しながら考えましょう。

（1）子どもの意見表明・参加への支援

愛知県豊田市子ども条例検討部会は、設置当初の事務局案では、「検討部会において適当な時期に適当な年齢層の子どもたちにヒアリングを実施す

る」という考えでした。しかし、「子どもが感じていることと、おとなが子どもはこう感じているだろうと思っていることには、多くの「ずれ」があるため、おとなの判断だけで条例づくりを進めるのではなく、子どもたち自身の意見も尊重し、ぜひ子どもたちと一緒に条例づくりを進めて行きたい」という検討部会の強い希望によって、「子ども委員」を募集しました。2005年11月、中高生を対象に子ども委員の公募を実施、24人（2006年に追加募集を実施し最終的には40人）が集まりました。子ども委員は検討部会と共同で「子ども条例検討ワークショップ（全5回）」を開催し、条例に盛り込みたい内容を検討・整理しました。また、子ども委員は、より多くの子どもの声を条例に反映するため、2006年の夏休み期間中、市内26の中学校区ごとに「地域子ども会議」を実施し、2006年10月7日は、「子ども条例検討ワークショップ」「地域子ども会議」を通じて集められた意見を市長へつなぐ「とよた子ども会議」が開催されました。

　26回におよぶ「地域子ども会議」では、470人もの子どもたちが参加し、5,000件を超える意見が出されました。子ども条例検討ワークショップで出された意見を加えると約6,000件になります。その後、出された意見は事務局により6分野97項目に分類されました。これほど丁寧な子ども参加を支えたのは、34人の市職員からなる「子ども委員応援サポーター」です。ここでは、地域子ども会議の子ども参加を子ども委員が支え、さらにその子ども委員を職員が応援する、という支援の二重構造が見てとれます。

（2）子どもとNPO・市民をつなぐ

　豊田市のように、条例の制定に際してワークショップという参加型形式を用いる自治体は少なくありません。ワークショップは「参加者の参加意識や参加力を高めながら進められるところに意義があり、とりわけ子ども参加にとって親和性がある」（野村武司「子ども支援施策の事例　子ども条例の制定・実施―名張市・豊田市・日進市・名古屋市など―」子どもの権利条約総合研究所編『子ども条例ハンドブック』100頁（日本評論社、2008年））もの

であり、「子ども」と共に条例を策定するにあたって、重要なツールであるといえます。

　ワークショップにはファシリテーター（Facilitator）と呼ばれる支援者が必要となります。ファシリテートは、ものごとを容易にする、促進する、引き出すという意味で、ファシリテーターは参加者の声を参加者にあった形で引き出していく役割があります。しかし、自治体職員すべてがファシリテーターになれるわけではありませんし、また、豊田市のように34人もの市職員がサポーターとして参加できるのは稀でしょう。

　愛知県日進市は、条例の策定プロセスを、コンサルタントではなくワークショップに実績のある NPO に委託しているのが特徴です。子ども参加支援の専門的な力量を有する NPO と連携する日進市の事例は、新しい動きとして注目できます。滋賀県などでは、子ども参加を支援するファシリテーター養成講座そのものを NPO に委託していた事例もあります。また、日本初となった川崎市子どもの権利に関する条例によって開催されている「川崎市子ども会議」を直接的に支えるのは、自治体職員ではなく「サポーター」といわれる若者たちです。川崎市子ども会議のサポーターは、「サポーター養成講座」を経て、支援者となります。子どもの育ちに丁寧に寄り添うファシリテーターは、子どもの権利への専門性が必要とされます。加えて、条例の策定や子ども参加に携われる自治体職員は数が限られており、少数の職員が直接的な支援を担うには限界があるといわざるをえません。そこで、子ども参加支援に実績のある NPO への委託や、参加を支援する市民を養成し、支援の裾野を広げていくことが条件整備として自治体に課されるのです。

　しかし、委託や養成が丸投げになってしまい、自治体職員の力量形成が伴わないのでは意味がありません。自治体職員は、子どもや NPO のファシリテーターから、子ども参加を支援することの意味や方法を学ぶ必要があるでしょう。なぜならば、子どもの意見表明・参加の権利は「子どもが権利の保有者として認められるための象徴ととらえうる権利」であり、子どもの意見表明・参加の権利への理解なしには、子どもに関係するあらゆる自治体施策

を遂行することが困難であるといえるからです。何より、子どもの声をひきだすのはファシリテーターであったとしても、子どもと行政、子どもと市民とをつなぐのは自治体職員の役割だといえます。

6．子どもにやさしいまちづくり

　2007年11月20日、子どもの権利条約は採択から18周年を迎えました。子どもの権利条約第1条では子どもを18歳未満と規定していますから、条約も成人式、1つの節目を迎えたといえます。

　ユニセフ「子どもにやさしい都市（Child Friendly Cities, CFC）」事業は、子どもの権利を履行・促進するための地域的統合システムであり、世界に広がりつつある取組みです。2000年9月、イタリアのフィレンツェにあるユニセフ・イノチェンティ研究センターに設置されたCFC事務局は、子どもの権利条約を自治体レベルで実施する際に9つの要素が重要であると指摘します。

　9つの要素（図表2）を見てみると、まち全体で子どもの権利を保障していくには、法や組織、人を「つなげる」ことが必要であるというのがわかります。例えば、子どもに関する部署は、教育・福祉・医療など多岐にわたっているので、互いを調整し包括的に動いていく視野が自治体職員に求められるのです。また、条例を策定し実施していくには、子どもを含めた市民の参加が不可欠であり、互いをつなぐ役割が自治体職員に課されます。

　最後に、2007年秋に子ども条例をめぐって九州で起こった2つの出来事を紹介したいと思います。

　2007年10月、熊本県子ども輝き条例が制定されました。検討の経緯は次のようなものです。2007年5月23日・6月5日に外部有識者からの意見聴取を2回、5月26日に子どもからの意見聴取を1回実施し、庁内検討を経てパブリックコメント案を作成しました。その後、6月29日〜7月30日までパブリックコメント、7月11日〜24日まで県下11か所で地域会議、7月19日・9月6日に「くまもと子育ち・子育て応援大作戦推進協議会」、7月17日・26

図表2　子どもにやさしいまちづくりで必要とされる9の要素

1. 子ども参加
2. 子どもにやさしい法的な枠組み（条例）
3. まち全体の子どもの権利戦略（総合的な政策・行動計画）
4. 子どもの権利部局または調整の仕組み（行政組織）
5. 事前・事後の子どもの影響評価（法律や政策の提案が子どもに影響を与える可能性のある効果についての事前および事後の評価）
6. 子ども予算
7. 定期的な自治体子ども白書（子どもの置かれた状況の分析）
8. 子どもの権利の周知
9. 独立した子どもアドボカシー（子どものための独立した権利救済・擁護活動）

（荒牧重人「子どもにやさしいまちづくりと条例」子どもの権利条約総合研究所編『子ども条例ハンドブック』18頁（日本評論社、2008年））

日・27日に子ども会議を実施し、意見を求めています（意見聴取件数：336件、233人）。7月4日には高等学校PTA連合会、7月10日に小中学校PTA連合会、7月11日に「かがやけ！肥後っ子」会議にて説明を実施し、9月定例県議会に条例案を提出する、という流れでした。

この策定過程では、2007年9月に「子どもの権利条約の理念が反映されていない」「条例づくりのプロセスとやり方に問題がある」「子どもの権利をあいまいにした条例は真に子どもを支える力にはならない」として大学教授や市民団体が条例案の見直しを訴え、知事宛に緊急アピールを提出しました。確かに、第1回目の外部有識者からの意見聴取などでは「子どもを権利の主体者として位置づけて」ほしい、といった意見が出されていますが、条例案には反映されていません。また、検討開始から条例案提出までわずか数ヵ月であり、短期間に十分な議論がなされたのか、疑問が残ります。その後、条例は制定されたものの、11月には「子どもの権利条例を実現する市民の会・くまもと」が結成され学習会を続けています。

同時期、長崎県でも「子ども条例」の制定をめざしていましたが、素案に対し「子どもや親の思いに寄りそうものではなく、逆に追い詰めるような内容だ」など県民の意向を反映していないとの声が寄せられました。当初2008

年4月施行をめざしていましたが、この批判を受けて県議会への提案を延期し、県職員が県内の学校を回るほか、検討委員と県民による意見交換会を実施しています。

　この2例は、同じ九州の県レベルで、市民との連携について対応が異なったケースです。条例は、つくってしまえばそれでおしまい、ではありません。また、自治体職員の力だけで条例が実施できるわけでもありません。もちろん、時間さえかければいいというわけではないでしょう。しかし、条例制定後の取組みを考えると、制定過程における子ども・市民の参加が重要であるのは明らかです。つまり、自治体職員は、条例を動かしていく担い手を育んでいくこと―子ども・市民を支え、つなげていくことが求められているのです。

（※本稿の執筆に当たっては、子どもの権利条約総合研究所内に若手研究者によって設立され、筆者もその一員である「子どもの権利―支援研究会」（子ども支援研）の研究成果を基盤としました。また、条例の区分は、子どもの権利条約総合研究所「子ども（の権利に関する）条例一覧」に依拠しています。）

■参考文献・資料
・「札幌「子どもの権利」条例案 市議会委、採決せず 継続審議に」『北海道本社版朝日新聞記事』（2008年6月4日付朝刊）
・札幌市子ども未来局子どもの権利推進課『子どものけんりニュース第19号』、（2008年6月23日発行）
・子どもの権利条約総合研究所（編）『子ども条例ハンドブック』（日本評論社、2008年）
・豊田市次世代育成支援推進協議会『(仮称)とよた子ども条例の制定に関する最終報告―(仮称)豊田市子ども条例素案の解説―』（2007年3月）
・熊本県少子対策課『熊本県子ども輝き条例案について（説明資料）』（2007年9月）
・「子ども条例案 県に見直し訴え」『熊本全県版朝日新聞記事』（2007年9月6日付朝刊）
・「子ども条例1年先送り 当初目標来年4月 県、素案に批判相次ぎ」『長崎県版朝日新聞記事』（2007年10月13日付朝刊）

第3章

組織の整備

榊原　智子　（読売新聞東京本社　生活情報部）

1．次世代育成施策の充実を支える行政体制

（1）時代が求める組織の見直し

　子育て支援の施策の充実が国でも地方でも行政の優先課題となり、その施策を推進する行政組織の見直しも重要な課題になっています。戦後に法制化された児童福祉は、特別の保護を必要とする子どもを主に対象としてきました。このため、行政は福祉、保健、医療などのサービス分野ごとに対応してこればよかったといえます。

　しかし、子育てを取り巻く社会環境はこの半世紀で大きく変わりました。少子化も進んだことで、児童福祉は「すべての子どもの育ちを応援する」政策へと発展・拡充することが求められるようになりました。従来の縦割りの施策やサービスの実施体制のままでは、多様化し複雑化する住民のニーズに応えきれなくなっています。

　地域で孤立しながら子育てする家庭、不安定な雇用環境にさらされながら懸命に子育てする家庭が増える中、行政のこうした動きは時代の要請ともなっています。

　子どもがひとり誕生すれば、当然のことながら、日々の衣食住の手当てをはじめ様々なケアが必要となります。かつて日本では、就業人口の多くが農業や自営業に関わっており、そうした時代は集落や商店街といった生産共同体がそのまま生活共同体でもありました。生産活動や祭りなどと共に子育ても地域の人々の助け合いの中で行われてきました。地域社会や大家族の中で

子どもたちがケアされ育っていた時代は、行政が子育てを支援する必要は非常に限られていました。

しかし、産業の近代化と共に地域にあった生産・生活の共同体は消滅し、家族の規模も小さくなり、子育ては若い親だけで行われるものと変わりました。こうした産業構造と家族の変化を一足先に経験した欧州各国では、子育て支援の公的サービスの拡大や整備が過去半世紀で強力に進められました。そして、施策の充実と同時進行で、行政組織の再編や整備も進められました。多くの国にかつてはなかった「家族省」や「子ども家族大臣」が置かれているのはその結果です。日本でも今、こうした欧州の経験を後追いする形で同様の取組みが求められているわけです。

（２）手探りのシステム再編

既に市区町村や都道府県では、子どもや子育て家庭のための施策の見直しに合わせて、行政の組織体制やサービス提供の仕組みを見直す動きが始まっています。10年前には見かけなかった「子ども部」や「子育て支援課」といった新しい組織名を、あちこちで目にするようになりました。

国も省庁再編を行った際に、各省庁を統括する権限を持つ内閣府を新設し、少子化への対応を省庁横断で検討する部署を内閣府につくりました。縦割りの壁が依然として強い中央省庁ですが、厚生労働省と文部科学省の間では、保育と幼児教育の担当課の交流なども行われるようになりました。

とはいえ、子ども・子育て関連の施策を担う行政組織は、中央省庁で従来の縦割りの区分が大きく変わったわけではなく、各自治体ごとに試行錯誤を重ねている途上といえます。

子育て家庭にとって必要となる公的サービスは多岐にわたります。保健や福祉はもちろん、医療、住宅、交通、公共空間のあり方、親の就労、教育まで実に多種目です。時には、老親の介護のために子どもを適切に養育できなくなっている、親の精神疾患から虐待まがいの行為におよんでいるというケースなどが発生すると、高齢者福祉や保健衛生の担当部署との連携も必要

になります。

　次世代育成支援政策のための行政組織の連携や一元化を進める際に参考になるのは、高齢者関連の施策を、公的介護保険の導入に伴って一元化を図った経験でしょう。高齢者に関係する福祉、医療、年金など関係施策の連携や統合を進めるなかで、多くの自治体では住民への情報提供の体制も一元化され、窓口も一元化が図られました。組織の再編も進みました。

　高齢者関連の施策と比べると、子ども・子育て関連の施策は子どもが成長するに従いニーズが変化していくこともあり、より多種多様な施策にまたがります。それだけに、それらを一元化し、統合する難しさはさらに大きいといえますが、一方で一元化で期待できるメリットは住民にとっても行政にとっても小さくはありません。

　そうした中、2003年度から庁内横断の連携をスタートさせ、2006年度に「こども部」を発足させた神奈川県鎌倉市の取組みは1つの参考になるものです。

2．鎌倉市のチャレンジ──「横割」連携で生まれた「こども部」

(1) 公約された「こども局」

　有名な寺院仏閣が多い鎌倉市は、観光地であるとともに閑静な住宅地が広がる人口約17万人のベッドタウンです。総人口は1994年に17万2,000人だったところが年々減少して1998年には16万7,000人に下がり、その後は何年も横ばいの状態でした。合計特殊出生率[1]も1.0前後と低迷し、全国平均の1.33（2001年）や神奈川県の平均1.22（同年）を下回っていました。

　そうしたなか2001年に行われた市長選で、「子育て支援の充実」を公約に掲げた新市長が当選しました。公約では「こども局の新設」も約束されていたため、新しい市長による新市政の下で、子ども関連の部局の見直しが急

---

(1)　ひとりの女性が生涯に産む子どもの数の平均を示す近似値。出産可能な15〜49歳の女性の世代ごとの出生率を足し合わせて算出したもの。

きょ検討課題に浮上したのでした。

　しかし、当時は子ども関連の施策は、保健福祉部の社会福祉課やこども福祉課などの4課をはじめ、生涯学習部の青少年課と生涯学習課、市民経済部の人権・男女共同参画課など、いくつもの部課にまたがって実施されていました。長年の伝統と慣行でできあがっている組織の形態は、中央省庁や県の縦割りに対応したものでもあり、「さあ手直ししましょう」とかけ声をかければ変えられるという簡単な問題ではありませんでした。

　そこで翌年の2002年、まずは保健福祉部の中に「こども局」創設を推進する担当課を発足させ、「どうすれば市民の希望にかなう組織の一元化ができるか」という検討が始まりました。検討を重ねる中で明確になってきたのは、①市の組織は部と課で構成されていて「局」の新設はなじまないが、②子どもは成長に伴い福祉だけでなく医療、保健、教育など様々な公的サービスを必要とし、施策の一元化は住民サービスの向上という点でも必要である、ということでした。

　一足飛びでの組織再編は難しい中、鎌倉市で一元化を推し進めるために編み出されたのが「こども局推進担当」部の設置でした。2003年度に新設されたこの部がユニークなのは、子どもや子育て関連の施策を幅広く束ねる業務を担いながら、部長の下で専従で働く課長はたったひとりという、いわば"仮想の組織"だったことです。

　その構成は、「こども局推進担当部の組織図」（図表1）を見るとわかりやすいでしょう。市政を分担する既存の各部はそのままにしながら、子どもと子育て関連の施策を担当する課を全庁横断で束ねた「こども局推進担当部」をつくったのです。こんなことが可能になったのは、束ねられた各課の課長たちに「こども局推進担当部の課長を兼務せよ」との兼務辞令が正式に発せられたためでした。

　例えば、こども福祉課長は、従来通り保健福祉部の課長であるのと同時に、新たに「こども局推進担当部」の課長も兼務することになりました。課長が2つの部を兼務し、2人の部長の統括下で仕事をするということは、課

第3章 組織の整備

図表1 鎌倉市のこども局推進担当部の組織図（2003〜2005年度）

			生涯学習推進担当	総務部	市民経済部	保健福祉部	資源再生部	都市計画部	都市整備部	教育総務部	生涯学習部
こども局推進担当	こども局推進担当	A（03年度から）			人権・男女共同参画課	福祉政策課 市民健康課 社会福祉課 こども福祉課					生涯学習課 青少年課
		A（04年度から）				あおぞら園（障害児通園施設）				学校教育課 教育センター	
		B	企画課 都市政策課 市政情報相談課	文化推進課	管財課	市民活動課	保険年金課		道路整備課 公園緑地課 建築住宅課	施設給食課	スポーツ課 中央図書館

Aの各課は、次世代育成支援対策を推進する上での担当課として連携を深めて業務を推進していく。
Bの各課は、次世代育成支援対策の関連担当課として、こども局推進担当部と連携を図る。

（鎌倉市の資料より作成）

員ももちろんこども局推進担当の仕事を兼務することになります。兼務となった11人の課長たちは、従来の所属部の会議に出席しながら、こども局推進担当部の部の会議にも出席することになったのです。

それまでの各部が縦割の業務分担で構成されているのに対し、子ども・子育て施策を一元的に統括するために編み出された新部は、関連業務を担う課を横割で束ねた特殊な構成であり、ほとんどの課長は兼務だったため、専従の課長は「こども局推進担当課長」のひとりだけでした。部長ひとりと課長ひとりで、連携の音頭を取る"仮想組織"をつくったともいえます。

（2）手探りで始まった横断的協力

たったひとりの専従課長の仕事は、兼務の各課との連絡や調整をしつつ、子育てに関連する政策を企画、推進することでした。会議を開き、次世代育成支援施策について議論をすると「うちの課ではこう取り組んでいる」「こうすれば良いのではないか」といろいろな意見が出てきます。そうした議論

を重ね、合意できたことを具体化していくため、必要な予算の獲得や経理に関わる事務も担当しました。

　そのほか、専従課では、「子育てに関する総合的相談」「子育てサークルなど市民団体や子育てに関する関係機関との連絡調整」「子育て支援の研究や検討」「子育て支援センターやファミリーサポートセンターの運営」「就園奨励」も担当となりました。

　この「こども局推進担当課」の当時の課長はこういいます。「それぞれの課はそれまでも各々の立場でがんばっていたのですが、市民の受け止め方はまた別でした。連携すればもっといい成果が出せるのではないかと互いに工夫するようになったのですが、目前の業務に追われてなかなか取り組めないでいた課題でした」。

　例えば、ある家族が同市に転入し、子どもの健康診断、医療費助成、保育サービス、教育、経済援助などの情報が必要になったとします。その時、それぞれの施策が縦割りで実施されていたら役所の各部署を回りいちいち手続きをしなければなりません。家庭の事情について同じ説明を何度も繰り返すことになり、小さい子どもを連れていたならストレスの大きさはなおさらです。

　また、市内に住み続けている家庭でも、子どもの成長に伴い必要な公的サービスも変わっていきます。子どもに発達上の課題があったり、家庭に特定の事情があった場合、保育所で得られていた支援を、学校や学童保育に進む際にも継続してほしければ、その都度、担当部署にこれまでの事情を説明することが求められます。同じ家族や子どもへの公的サービスとして、行政側で情報伝達や連携ができれば、親や子どもは不安にさらされることなく新しい環境に適応できるでしょう。

　必要性には気づいていたが、実現は難しいと思われていた各課の連携が、「こども局創設」の命を受けて、手探りで動き出したのでした。

（3）ブックスタートで見えた連携の成果

　子ども・子育ての関係各課を横断的に集めた「こども局推進担当部」ではほぼ毎月１回のペースで会議を行うようになりました。連携を模索する中で成果につながった例が「ブックスタート」事業でした。ブックスタートとは、子育てに絵本を役立ててもらおうと赤ちゃんに本をプレゼントする活動で、英国で生まれた活動が日本の各地の自治体でも取り入れられるようになりました。鎌倉市では、生後６ヵ月の乳児を対象とした育児教室で、すべての赤ちゃんに本を贈る事業を行うことになったのです。

　関係課が集められた会議では、ブックスタート事業を始めるにあたり、「絵本を手渡すことで市から親子に何を伝えていくのか」が議論されました。その中で、「子育てに不安を抱える親が増えている」ことが指摘され、「ブックスタート事業に母子保健の担当者が関わってもらうといい」と話し合われました。

　また、生後６ヵ月のころは、夜中の授乳が多く、日中も外出しにくい大変な時期でもあり、子育ての悩み相談の担当者にも参加してもらうことになりました。そうした結果、絵本を担当する中央図書館、母子保健を担当する市民健康課、子ども相談を担当するこども局推進担当課がこの事業に当初から関わり、「６ヵ月児育児教室」の場を活用してブックスタート事業を実施することになったのです。

　こうした取組みを始めるための新規の予算獲得という"面倒な仕事"は、こども局推進担当課が引き受けました。ブックスタート事業は、「従来の部の壁を越えて関係課がそれぞれどう関わることができるのか、１つの事業にどういう要素を複合的に加えて施策の効果を高めるかを、関係者が真剣に考える体験になった」（担当課）といいます。

　そして、６ヵ月児育児教室で実施されることになったブックスタート事業では、やってくる親子に対して「健康診断」や「離乳食の栄養指導」と同じ会場で「お話し会」も提供し、絵本をもらって帰ってもらうという企画にな

りました。始めてみると絵本や様々な支援サービスが提供される企画は好評で、ほとんどの親子が育児教室に来るため、来なかった親子を個別訪問する必要がほとんどないほどでした。また、子育て経験のある市民がボランティアで会場に待機し、必要に応じて親子をエスコートしたり、市内の子育て支援情報を伝える役割を担ってくれるようになりました。

（4）子育て支援の道先案内人

2003年秋から始まった「子育て支援コンシェルジュ」事業（図表2）も、こども局推進部の横断的連携から生まれた事業の一つでした。「子育て支援コンシェルジュ」とは、子育て経験のある市民に有償ボランティアとなってもらい、市内の子育て支援情報の収集や提供を担ってもらう事業です。子育て支援施策のガイド役を担うという意味で「コンシェルジュ」と名づけられました。6ヵ月児育児教室へもボランティアとしてコンシェルジュが出向きました。

子育て支援コンシェルジュは、担当課ごとにばらばらだった子育て支援情報を一元化してまとめ、市民が利用しやすい形で提供する事業でも大きな役割を果たしました。その一つが、「かまくら子育てメディアスポット」のホームページを立ち上げ、行政サービスについて情報を提供するほか、地域の子育て支援団体やサークルの活動、講演会などを紹介し、地域活動の情報発信に協力していることです。

市に毎年寄せられる子育て関係の相談を分析してみると、その大半は「情報が欲しい」というもので、約7割の相談者は的確な情報があれば自分で課題を解決できるケースだったといいます。そのほかの3割が、担当者が真剣に相談に応じて専門家などにつなげる必要のあるケースでした。情報提供のあり方を改善する必要性が明確になっていたことが、コンシェルジュ事業を始めた背景にありました。

鎌倉市役所では庁舎の"1等地"にコンシェルジュの常駐コーナーもつくりました。1階入口から入ってすぐの受付の横に「子育てメディアスポッ

第3章　組織の整備

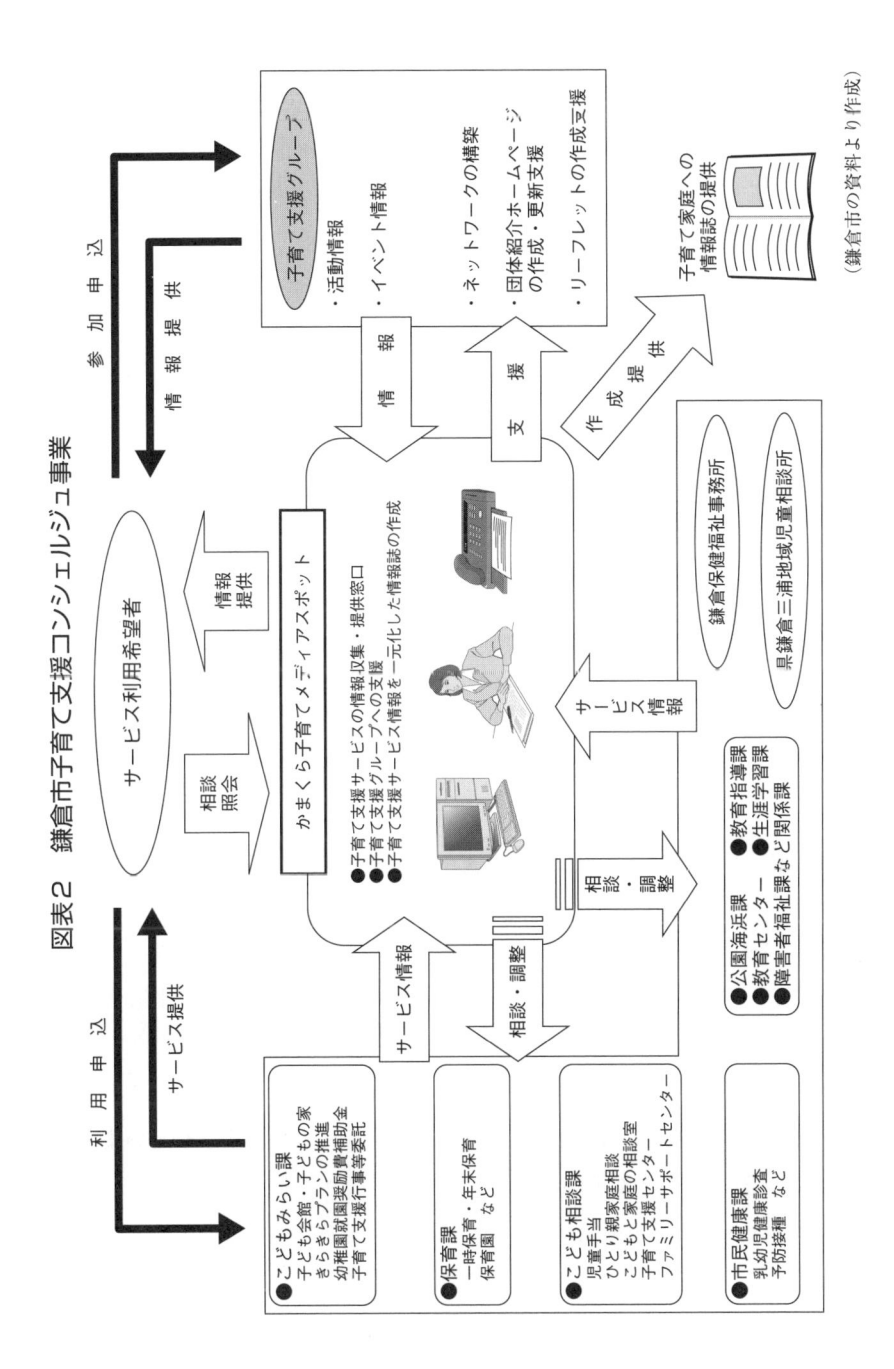

図表2　鎌倉市子育て支援コンシェルジュ事業

子育て支援グループ
・活動情報
・イベント情報
・ネットワークの構築
・団体紹介ホームページの作成・更新支援
・リーフレットの作成支援

↑参加申込／↓情報提供

サービス利用希望者

情報提供／相談照会

かまくら子育てメディアスポット
●子育て支援サービスの情報収集・提供窓口
●子育て支援グループへの支援
●子育て支援サービス情報を一元化した情報誌の作成

子育て家庭への情報誌の提供
（鎌倉市の資料より作成）

サービス情報／相談・調整

鎌倉保健福祉事務所
県鎌倉三浦地域児童相談所

↑利用申込／↓サービス提供

こどもみらい課
こども会館・こどもの家
さらさらブランの推進
幼稚園就園奨励費補助金
子育て支援行事委託

保育課
一時保育・年末保育
保育園　など

こども相談課
児童手当
ひとり親家庭相談
こどもと家庭の相談室
子育て支援センター
ファミリーサポートセンター

市民健康課
乳幼児健康診査
予防接種　など

公園海浜課　●教育指導課
●教育センター　●生涯学習課
●障害者福祉課　など関係課

213

ト」と名づけたコーナーが設けられ、そこには授乳室や小さな子どもが遊べるキッズコーナーもあり、子育て支援コンシェルジュがいます。「鎌倉に引っ越してきたけれど友だちはいないし、近くの小児科医も知らない」「親子で行ける場所がわからない」といったちょっとした相談に応じ、子育て情報を提供します。「市役所に手続きに来たけれど子どもを抱いていてたいへん」という人には、市役所内での手続きに付き添って手助けしたりします。

　市内の子育て情報を網羅した小冊子「かまくら子育てナビ　きらきら」の企画・編集もコンシェルジュが担当。毎年度、市が発行するこの冊子を、子育て経験者の目線で使いやすく編集しており、妊娠・出産から小中学校まで子どもの成長に沿って利用できる行政サービスが紹介され、子育て関係施設や医療機関、市民団体なども連絡先と共に掲載され市民に好評を得ています。

（5）生まれた様々な副次効果

　このほかにもこども局推進担当部では、横断的連携を活かして次世代育成支援の行動計画の策定作業を進め、子育て関連のニーズ調査も行いました。調査は就学前や就学中の子どもがいる世帯を対象としたもののほか、「子どもに1番近い大人の意見を聞いてみよう」と新成人たちを対象にしたものも行い、「中高生や青年期の支援が手薄」ということに気づいたそうです。

　また、2005年度に児童虐待の相談機能を市区町村も持つことになったことと連動し、子ども関連の相談事業をこども局推進担当課に一元化し「子どもに関する全ての相談に応じるシステム」をつくりました。

　子どもや子育てに関する悩みが一元的に把握できるようになったことで、行政側の体制の見直すべき点が見つかるという副次効果も生まれています。例えば、「障がいのある子が保育園から小中学校へ進学していく際に、その都度担当課へ事情説明を繰り返さなくてもよい連携体制をつくろう」と気づいたことで、「発達支援室」（仮称）の検討も始まっています。

　こうした横断的連携は、組織図の上で責任者を置いてつくることはさほど

難しくはありませんが、成果につなげるのは簡単ではありません。中央政府でも横断的連携の必要を認め、内閣府が科学政策、男女共同参画政策、少子高齢化政策などで省庁横断の企画調整を期待されていますが、各省の権限や縦割りの壁にはばまれ、期待された効果を発揮しているとはいえません。

　鎌倉市では3年間にわたる横断的連携の後、2006年度から保育事業や子育て支援事業、子ども関連相談事業を統括する「こども部」を発足させました。それまで3年間続いた「兼務」による連携効果はその後も残り、関連課には「これはうちの担当ではない」という縦割り意識から、「これは行政の課題としてうちの課でも考えなければ」という連携に変わったと関係者はいいます。人口も現在は、少しずつ増える傾向に転じています。

3．行財政改革から生まれた三鷹市の子育て支援室

（1）行政改革が可能にした先進的な施策

　都心から西へ18kmにある東京都三鷹市は、人口17.8万人のベッドタウンです。2000年から市長の主導で進められた行財政改革で組織改編を重ねてきた結果、市民を巻き込んだ様々なユニークな取組みが生まれました。子育て支援施策でも、機動力のある「子ども家庭支援センター」の仕事ぶりが全国的に知られているほか、緊急一時保育やショートステイなどの多様な保育サービスなど（図表3）、先進的な取組みで注目されています。

　全国から視察の希望が多い三鷹市の子育て支援施策ですが、同市で住民ニーズの変化を的確に受け止めた行政サービスの改革が進んだ背景に、何回もの行政組織の手直しがあったことを見逃してはならないでしょう。

（2）組織改正を重ねた10年

　三鷹市の子ども関係の組織の見直しは、10年前に保育園の入園が措置から契約へと変わった時に、所管の見直しに伴う組織改正が行われたのが始まりでした。それまで、保育園の入園に関わる業務は生活保護なども扱う生活福

figure 図表3　三鷹市の多様な一時預かり保育事業

	子どもショートステイ	緊急一時保育	一時保育	トワイライトステイ	病児保育
要件	保護者が①疾病、出産などで入院、②親族などの看護介護、③死亡、行方不明、不在、④災害や事故、⑤冠婚葬祭など社会的な事由などで保育ができないこと。		要件はありません（一時的に保育できないとき、仕事などで帰宅が遅くなるとき、仕事などで休日に不在のときなどで保育ができないとき、など）。		子どもが病気の回復期にあるが、保育園などの集団保育は困難で、保護者が仕事などのため保育できないこと。
対象	市内に住所があり、集団保育が可能な児童				市内に住所がある生後4ヵ月～小学校就学前の児童
	満2歳～小学校6年生	生後3ヵ月～小学校就学前の児童		小学生	
内容	宿泊をともなう保育、施設から幼稚園、保育園や小学校への送迎	日中の保育	日中・夜間の保育	日中、夜間の保育、学童保育所からの送迎など	日中の保育
保育期間	7日間以内	15日間以内（各施設の休園日を除く）の午前8時30分～午後4時30分	1月1日～3日を除く午前8時～午後10時の間で1時間単位	1月1日～3日を除く午後1時～午後10時（土・日曜日、祝日、学校休業日は午前8時から）の間で1時間	7日間以内の午前7時30分～午後5時30分
施設・定員	児童養護施設朝陽学園　定員3人	市立三鷹台保育園、山中保育園、中原保育園、西野保育園、南浦東保育園　定員：各1人	三鷹市中央通りタウンプラザ　定員：1時間あたり各15人		あきやま子どもクリニック　定員：4、5人
費用	1日5,000円（1泊2回の給食付き）	1日2,000円	平日午後7時までは1時間600円　午後7時以降、土・日曜日、祝日、12月29日～31日は1時間750円	1時間500円　学童保育所からの迎え代400円	1日4,000円　半日2,000円

（三鷹市の資料より作成）

祉課で、保育園の運営や保育料の徴収などは児童福祉課でそれぞれ担当されていました。

　生活福祉課が措置の権限を持っていたため、市民から入園の申し込みを受けると、ケースワーカーが親の就労状況や家族の状況などを調べて個別に入園の必要性を判断し、措置会議で決定していました。しかし、国がこうした入園に関わる措置制度を見直し、保護者が希望の保育園を選んで申請する形に改めたことで措置決定の作業が不要となり、保育園の入園に関わる業務も1998年から児童福祉課に移管されることになったのです。

　福祉部の一つの課であった児童福祉課は、それまで保育園の運営に関わる事務のほかに、児童手当や医療費助成などの子ども関係の経済支援施策や、

子どもの相談窓口も担当していました。それが、保育園に関係する業務が全て児童福祉課にまとめられ、さらに市政全体の行財政改革が始まった2000年以降は、学童保育や児童館関連の業務、成人式などを所管していた児童青少年課もここに統合されることになりました。

　三鷹市の行財政改革では、限られた人員や財源という資源を最大限に活用して行政サービスの向上を図るため、関連業務の統合や廃止が進められました。行政組織のスリム化と行政経営の効率化が目標でした。その中では、300人近い職員定数の削減と業務の外部委託や合理化も進められ、組織の大幅な見直しも行われました。当然、子育て家庭や子どもをめぐる環境の変化に合わせて、子育て支援サービスも大幅に見直すことになったわけです。

（3）大所帯の「子育て支援室」が誕生

　2000年に児童青少年課の業務を吸収した児童福祉課は、ファミリー・サポート・センターなども担当し、子育て支援を総合的に管轄する大型の課となったことで「子育て支援室」と改められました。子育て支援室は三鷹市の各課の中で最も大きい組織となり、子ども関係の4つの係を所管することになりました。

　同時に、同室のホームページ上で「インターネット子育て相談」の窓口を整備してスタートさせるなど、様々な業務の刷新が行われました。同室の中で子育て支援施策が横断的に検討されるようになったことで、子育て相談に寄せられたある子どものケースが、経済手当や保育サービスも含めた支援策につながるというように、総合的で機動的な対応を可能にするようになりました。

　また、三鷹市の子育て支援で忘れてはならないのが「子ども家庭支援センター」の存在です。同センターは子育て支援室の出先機関として、親子の交流や遊びの指導などにあたる「ひろば事業」の運営や、一時保育や宿泊を伴うショートステイ、育児支援ヘルパー、緊急一時保育事業などの受付けや調整、提供を行っています。子育てで困った時の総合窓口となっており、2002

年以降はファミリー・サポート・センターと子育て相談の事業も子ども家庭支援センターに移されました。

子育て家庭の利用が多いサービスを一元的に統括して担当する出先機関をつくったことで、市民の利便性が高まったことはもちろん、さらに機動的に現場のニーズに対応したサービスを提供する体制が整えられました。その目に見える成果の一つが、「三鷹市子ども家庭支援ネットワーク」（図表4）でしょう。

市役所の建物から出て、児童相談所や総合保健センター、民生・児童委員、医療機関、教育機関など子どもに関係する様々な機関との連携が柔軟にとれ、協力関係が築かれてきたことで、子どもに関わる有機的なネットワークが生まれました。こうした中、相談や問題を吸い上げて解決につなげていく機動力が高まり、児童虐待や「小1プロブレム」と呼ばれる小学校の新入生に見られる問題などへの解決でも、三鷹市ならではの関係機関の連携を活かした独自の取組みが見られます。

その後、2002年にはさらなる組織改正が行われ、今度は子育て支援室の担当業務がスリム化されました。三鷹市が業務の外部委託の実施機関として設立した株式会社「まちづくり三鷹」が発足し、子育て支援室で直接所管してきたインターネットでの子育て支援情報の提供サービスや、インターネットの相談窓口の運営を委託するようになりました。ホームページに掲載するデータは引き続き子育て支援室が提供しますが、ホームページの作成と維持は「まちづくり三鷹」の担当となりました。相談の対応も、必要に応じて担当課で回答を用意しますが、管理は「まちづくり三鷹」が行うという分担です。

また、学童保育や児童館関連の業務など旧・児童青少年課の業務では、学校との連携を重視することになり、教育委員会の生涯学習の所管課へ移管されました。子育て支援の施策は「保育」と「手当」で所管を分けている自治体が伝統的に多いですが、「統合したことで縦割り行政の風土がなくなり、機動力が高まった。組織力をフルに活かせるようになった」と三鷹市の子育

第3章　組織の整備

て支援室長の市原勝彦さんは指摘しています。

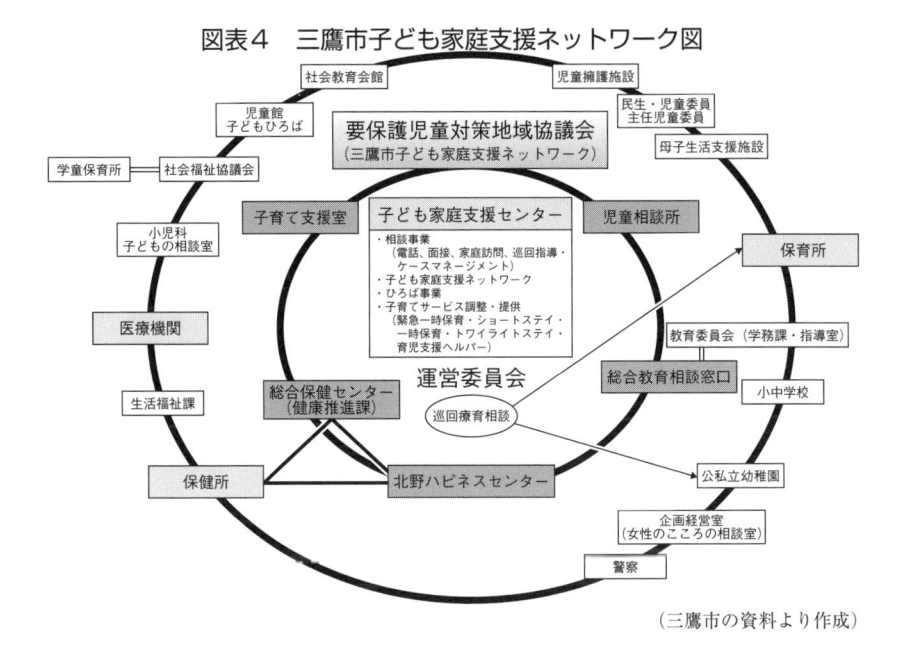

図表4　三鷹市子ども家庭支援ネットワーク図

（三鷹市の資料より作成）

4．横断的連携がもたらすメリット

（1）横断的組織を機能させるポイント

　鎌倉市と三鷹市の取組みを見ると、いくつかの共通点に気づきます。その一つは、横断的な連携をつくっていくには首長による強いリーダーシップが欠かせないことです。三鷹市では二代続いて行財政改革に熱心な市長が改革をリードしました。「従来の仕事の仕方を見直し、業務の連携を進める意味をトップが理解しているか否かで違いが生じます」と、同市の市原さんは話します。

　鎌倉市でも、子ども関連施策の統合は市長の意志としてスタートし、こども局推進担当部の部長にもほかの部の部長経験者が就任したことで、関連各

課への影響力を行使できました。また、集められた課長たちに正式な兼務辞令が出ていたことで、単に会議に出席してもらうだけでなく、具体的な知恵や協力を引き出しやすくなった面がありました。

「ただの会議のメンバーということでは、課長たちも他人事という意識になります。公務員はお役所仕事になるというお叱りもありますが、反面、命令にはまじめに取り組みます。最初は『この部の仕事はどうやるの？』と戸惑っていた課長たちも、アイデアを出したり協力してくれるようになりました」と、当時の担当者は振り返ります。

（２）次世代育成支援に必要な"縦割風土"の克服

話はちょっと飛びますが、出生率が軒並み低下した先進諸国の中で、2006年に合計特殊出生率が2.0を越えるまでに回復したフランスは、多様な子育て支援策を展開する家族政策でも各国の注目を集めています。

フランスでは、手厚い家族手当をはじめとする経済支援策、多様な保育サービス、幼稚園から大学まで無料の教育システム、家族優遇の独特な税制など家族政策の内容は多岐にわたり、公的支出の大きさも政策の多彩さも日本とは比較にならない規模です。こうした国民から支持される総合的な家族政策が積み重ねられてきた背後には、省庁横断的な連携体制があります。

フランスの中央省庁は、日本と違い、編成や名称がよく変わります。2004年３月には「家族・子ども省」がつくられ、同年11月には「連帯・保健・家族省」に統合され、現在は「社会連帯・男女平等省」が主な家族政策の担当省となっています。こうした組織再編の柔軟さに加え、1990年代後半から家族政策が迅速に拡充されたもう１つの秘密は、1996年から毎年開催されるようになった「全国家族会議」における横断的な政策協議にあるといわれています。

全国家族会議は首相が主催し、国会の関係委員長らも出席するハイレベルなものですが、家族政策に関わる省庁、地方自治体、労使、家族団体、家族関係機関らの代表も一堂に会し、政策を議論し合意形成します。政府はここ

を新しい家族政策の提案・調整の場としており、その提案を作成しているのが会議の事務局でもあり、関係省庁の出向者で構成する「家族関係省庁連絡会」です。ここで省庁間の企画・調整を行いつつ政策案をまとめているのです。

　これはフランスの政府レベルの取組みではありますが、多岐にわたる次世代育成支援政策の効果を高めていくには、保健や医療から保育、教育、就労まで様々な施策の横断的連携が重要であることがこうした取組みとその効果からも明らかといえます。

　日本でも、中央政府や地方自治体において次世代育成支援政策の実効性を高めていくには、各部署ごとの努力だけでなく、組織横断的な連携の成否も問われるようになっています。

第4章 情報の提供

羽田　圭子・荻田　竜史
（みずほ情報総研株式会社　社会経済コンサルティング部）

1．自治体の子育て支援における情報提供の意義

　核家族化の進展や共働き世帯の増加により、子育て支援サービスに対する様々な需要が増えています。これを受け、2005年度からの次世代育成支援行動計画の策定・推進などにより、自治体による子育て支援サービスも量・質ともに充実してきています。

　子育て支援サービスの需要と供給はともに増加・多様化していますが、一般に、サービスについて需要側（住民）が持っている情報量は供給側（自治体）より少ないという"情報格差"が存在します。そして、サービスの多くは、それを必要とする住民の側から利用を申請しなければならないという"申請主義"の下にあります。そこで、子育て支援サービスを必要とする人に、関連する情報をより的確かつ迅速に提供することが、一層重要となります。こうした情報提供がサービスの利用を円滑化し、子育て家庭の負担や不安の軽減につながるのです。

　本章では、子育て支援サービスに関する情報を自治体が1か所に集約して迅速に提供する"ワンストップサービス"はどのように構築され得るのかを、先進事例を紹介しながら考察します。紹介するのは、インターネットを使ってトータルな情報提供を行っている東京都三鷹市と、行政組織の一元化によるワンストップサービスを推進している愛知県豊田市の事例です。

2. 民間との協働によるウェブサイトでの一元的情報提供──三鷹市

（1）全国有数の電子自治体・東京都三鷹市

　東京都三鷹市は、都心から西へ約18km、東京駅よりJR中央線で30分ほどの所にあり、就業者の6割以上が市外へ通勤する住宅衛星都市です。人口は2008年8月1日現在で17万5,637人、児童（17歳以下）人口比率は14.5％、就学前児童（5歳以下）人口は4.9％です。これらの比率は全国平均を下回りますが、子どもの数は10年前と比べて17歳以下で4.6％、5歳以下で8.2％増加しています[1]。

　三鷹市は、全国有数の"電子自治体"として知られ、市区町村の情報化進展度を比較する「e都市ランキング 2007」（『日経パソコン』誌）でも全国9位（都内では首位）となっています。そのような三鷹市における子育て関連情報の提供も、とりわけインターネット・ウェブサイトを通じた方法に特徴があります。

（2）子育て関連情報をトータルに提供する「みたか★子育てねっと」

　三鷹市は、市民向け公式ウェブサイト（http://www.city.mitaka.tokyo.jp/index_a.html）の他に、「みたか★子育てねっと」（http://www.kosodate.mitaka.ne.jp）というサイトを開設し、子育てに関する人、施設、サービスなどの地域にある情報を集約して提供しています。公式サイトでも、「くらし」ページにある子育て関連の項目の多くが「『みたか★子育てねっと』をご覧ください」という記述になっており、子育て関連情報の提供は「子育てねっと」に集約されています。インターネット検索エンジンのグーグルやヤフーで「三鷹　子育て」を検索した場合も、「子育てねっと」がトップに出

---

(1)　全国平均の児童人口比率は2007年10月1日現在で16.5％、就学前人口は5.2％。増加率は2008年と1998年の1月1日現在での比較。人口データはどれも住民基本台帳に基づく（外国人を含まない）。

第3部　テーマ別に見る自治体の子育て支援

図表1　「みたか★子育てねっと」のトップページ

(http://www.kosodate.mitaka.ne.jp/)

てくるようになっています。

「子育てねっと」には、「相談室」「子育てNAVI」「保育園・幼稚園・子育て支援施設」「行政サービス」「ファミリーサポート」「子育てコンビニ」「子育てひろば」などのページがあります（図表1）。

①ケース別に必要な情報が網羅的に入手できる「子育てNAVI」

「子育てNAVI」は、子育てに関する様々な局面ごとに、必要な情報を網羅的に入手することができるページです。ここを開くと、「妊娠したら」「出産したら」「転入したら」「就職して保育園に入れたい」「託児をお願いしたい」「離婚、死別などひとり親家庭となったら」「障がいをお持ちの方」というケース別のアイコンが現れます（図表2）。それらをクリックすると、各ケースに該当する人が受けられる市や東京都のサービスの詳細情報を見たり、サービスを受けるための申請手続きに必要な書類をダウンロードしたり

第4章　情報の提供

図表2　「子育てNAVI」のトップページ

(https://www2.kosodate.mitaka.ne.jp/nav/NAV000FR.html)

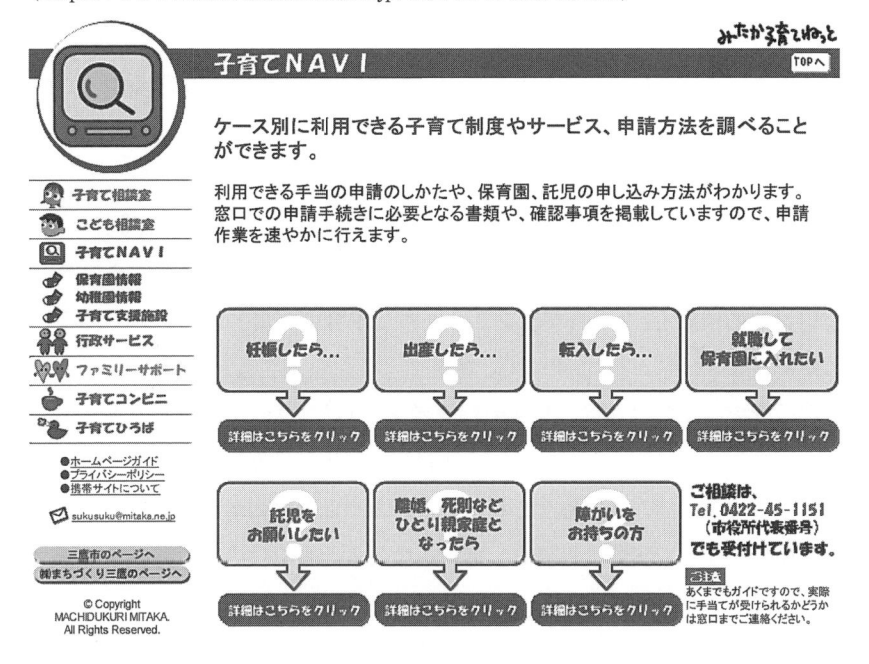

できます。また、「子育てねっと」内の他ページへのリンクも多く設けられていて、サイト全体の「ハブ」のような形となっています。

②いつでも気軽に市へ質問や相談が送れる「相談室」

「子育てNAVI」でうまく情報が入手できなかった場合や、個別・具体的な要望や相談がある場合などは、「相談室」を利用することができます。「相談室」はインターネットによる相談の受付・回答システムで、このような双方向のインターネット相談室を設けている自治体は多くありません。

「相談室」は、相談者がページ上のフォームに相談内容を入力して送信し、そのときに表示されるIDとパスワードを使って後日に回答を見るという仕組みです。回答が掲載されたことをメールで連絡してもらうこともできます。相談は匿名やペンネームでも可能です。相談内容は市の子ども家庭支援センターへ送信され（保護者対象の「子育て相談室」では他の送信先を相

談者が選ぶことも可能。子ども対象の「こども相談室」では送信先は固定)、必要に応じて庁内の適任者に転送されながら、回答が作成されます。相談件数は1ヵ月あたり10件前後です。

インターネットによるやりとりなので時間を気にせず利用できること、面談や電話では話しにくいことも気軽に書けることが、「相談室」の特長です。

③より身近な口コミ情報が得られる「子育てコンビニ」「子育て広場」

「子育てNAVI」や「相談室」で得られる行政中心の情報よりさらに身近な口コミ的情報も、「子育てコンビニ」や「子育て広場」のページで得ることができます。

「子育てコンビニ」は、地域の保護者を中心としたNPO法人子育てコンビニが編集しているページです。子連れでの外出に役立つトイレ、子連れでも入りやすい店舗、託児施設を利用したときや保育園の地域開放に参加したときの様子など、実際に育児をしている生活者ならではの視点による情報が数多く掲載されています。

「子育て広場」はネット掲示板です。地域の子育て支援サービスに関することから一般的な子育ての悩みまで、多種多様な質問と回答のやりとりが展開されています。書き込みの内容については、利用ルールに反しない限り、行政は原則として関与しません。

（3）トータルで有用な情報提供を可能にした民間主導のコンテンツづくり

このように、三鷹市における「みたか★子育てねっと」を通じた子育て関連情報の提供は、福祉／保健／教育の垣根を越え、また行政情報だけでなく生活に密着した口コミ的情報まで、利用者本位でトータルに行われています。こうした特長は、「子育てねっと」のコンテンツづくりが民間主導で行われていることに関係があると思われます。

2001年に「子育てねっと」の開設を主導し、その後も市からサイト管理を受託しているのは、株式会社まちづくり三鷹です。同社は1999年に設立され

第4章　情報の提供

た三鷹市の第三セクターで、「民間の柔軟性とスピードに加え、自治体の公共性・公益性を兼ね備えた『まちづくり支援機関』」として活動しています。こうした特長が、行政の縦割り的発想ではない、子育て関連情報のトータルな提供を可能にしているといえるでしょう。

　また前述のように、「子育てねっと」の中の「子育てコンビニ」のページを編集しているのは、NPO法人子育てコンビニです。このNPOは、「子育てねっと」の立ち上げを支援した保護者たちのボランティアグループが発展したもので、その"現役のママ、パパ"としての視点と姿勢が「子育てねっと」をとりわけ利用者本位のものにしていると考えられます。その最たるところは、「オススメ」の飲食店やおもちゃ屋などを紹介している点でしょう（図表3）。特定の民間事業者を推奨していると受けとられかねないことから、サイトの開設者である三鷹市も当初は躊躇があったようです。しかし、子連れでも入りやすい飲食店を知りたいという現役ママ・パパの切実な願い

図表3　お店情報／レストランのページ

227

に、NPOが編集を任されているページとして応えることにしたのです。結果的に、特定店を紹介していることへの抗議などは特になく、利用者本位に立った「子育てコンビニ」の思いきった情報の充実は、「子育てねっと」を一層ユニークで有用なものにしています。

　こうした民間主導のコンテンツづくりにより、「みたか★子育てねっと」は、他自治体では見られないユニークな市民と事業者と行政の連携・協働の下、そこにアクセスすれば網羅的に情報が入手できるワンストップサービスを提供しています。

3．行政組織の一元化によるきめ細かな情報提供──愛知県豊田市

（1）国際色豊かな企業城下町・豊田市

　愛知県豊田市は2008年8月1日現在、人口42万2,868人、17歳以下人口7万4,899人（人口比率17.7％）の中核市です。日本を代表する企業、トヨタ自動車株式会社の本社があり、ブラジル、中国等からの外国人労働者とその家族も多く住む国際的な産業都市です。

（2）転入時のきめ細かな情報提供

　豊田市に転入してきた住民は、まず市民課で手続きをします。児童がいる家庭に対しては、同じフロアーにある子ども家庭課でガイドブック『のびのび子育てin豊田』または『とよた子育て応援ハンドブック』が配布されます（図表4）。これらの冊子は行政の手続きや支援策などを掲載したもので、市民は転入の届出と同時に必要な情報を入手できるようにした取組みです。外国人世帯が多い地域のため、『のびのび子育てin豊田』は、日本語版、英語版、中国語版、ハングル語版、ポルトガル語版の冊子が作成されています。

図表4　市民向けに作成した情報提供用の冊子
　　　　（『のびのび子育て in 豊田（日本語版、中国語版）』と『とよた子
　　　　育て応援ハンドブック』）

（3）ワンストップサービスを実現する組織体制

　豊田市が情報提供におけるワンストップサービスを実現している背景として市の特性に基づく施策の経過と組織体制が挙げられます。

①幼稚園・保育所の機能と職員の一元化

　豊田市は市域が広く、地域によっては保育所と幼稚園のいずれかしか設置されていないため、従来より専業主婦家庭など家庭で保育することができる世帯の子どもについても「私的契約児」として保育所での受入れを行ってきたという経緯があります。特に4・5歳児については一体的な受入れを行うという方針の下に、幼稚園・保育所の機能の一体化を積極的に進めてきました。全国的に幼稚園と保育所は管轄する課が異なるという自治体が多い中で、豊田市は名実ともに幼稚園・保育所の機能と職員の一元化が行われてきたのです。

②子どもを中心としたサービス提供ができる組織体制

　2001年度からは社会部の3つの課が「子ども課」として1つになり、計画担当業務、幼稚園・保育所・放課後児童クラブ・児童施設関係業務、母子保健業務と広い範囲の業務を行ってきました。事務職員だけでなく、幼稚園教

論、保育士、保健師などの専門職も同じ課に所属して、子育て支援に関する企画、相談からサービス提供までを一貫して行うことで、職員の連携を重視したワンストップサービスの体制が実現したのです。

2005年度からは、より子ども本位のサービス提供がなされるように、次世代育成課、子ども家庭課、保育課の3課体制となり、名称も「子ども部」に変更されました。

(4) 来所や訪問での対面による情報提供

豊田市は、市民が子育て施策やサービスを理解して利用するためには、きめ細かな対人サービスで情報提供をする必要があると考えています。そうした考えの下、ワンストップサービスを実現する組織体制を整え、役所の窓口に質問や相談に来る市民に親身な対応をしています。また、3・4ヵ月健診前までの家庭については、「おめでとう訪問」として母子保健推進員が家庭を訪問して、地域の子育ての援助者として、育児不安の軽減や、子育て情報の提供を行っています。

このように、日頃から子どもや保護者をよく知るようにつとめ、信頼関係を築く中で、それぞれの子育て家庭に必要な情報提供をしていくことを心がけ実践しています。来所と訪問の両方のチャンネルを通して、それぞれの子育て家庭に合った相談や情報提供をきめ細かく行っています。

(5) 2種類の情報提供ツールの整備

豊田市は対面サービスに力を入れると同時に、子育て支援情報を提供するツールとしてガイドブックとウェブサイトを作成しています。情報提供ツールを利用することで、市民はいつでもどこでも情報を入手することができるようになるため、対面サービスの充実と共にツールの作成は重要です。

①子育て支援ハンドブックの発行

豊田市は2006年に子育て支援に関する施策や情報をまとめた冊子『とよた子育て応援ハンドブック』を発行しました（図表4）。これはＡ４判40頁、

イラストを多用したカラーの冊子で、市の子育て支援策、手続き等について具体的な情報を提供しています。豊田市の特長は作成するだけでなく、180名の母子保健推進員（2008年4月）が出産後の家庭訪問をする際に手渡しをして、市の子育て関連情報を提供したり、子育てのアドバイスなどを行っている点です。家庭訪問で入手できなかった家庭は3・4ヵ月健診で受け取ることができるほか、交流館や支所・市役所にも置いてあります。

② **市公式ウェブサイトのリニューアル**

2007年10月には、市の公式ウェブサイトの子育て関連情報を「子育て応援ホームページ」としてリニューアルし、それまで部署ごとに掲載されていた情報を体系化してまとめ、利用者の利便性の向上や内容の充実を図りました（図表5）。

図表5　「子育て応援ホームページ」のトップページ

（http://www.city.toyota.aichi.jp/seikatujoho/kurasu/kosodate/index.html）

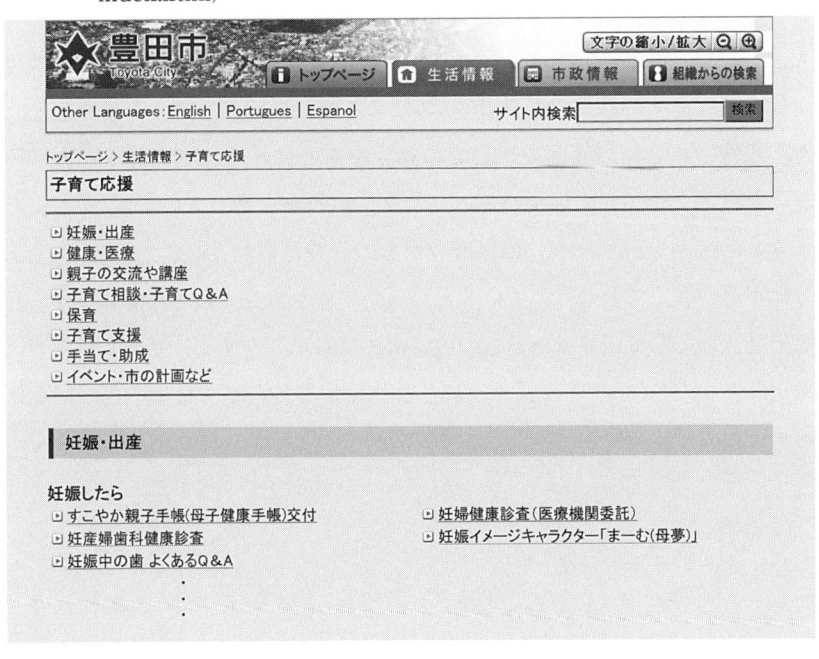

a．利用しやすいウェブサイトの見出し

「子育て応援ホームページ」は、トップページ上の「お役立ちページ」内にある「子育て応援」をクリックすると、「妊娠・出産」「健康・医療」「親子の交流や講座」「子育て相談・子育てＱ＆Ａ」「保育」「子育て支援」「手当て・助成」「イベント・市の計画など」の８つの大見出しが示され、知りたい内容をクリックすると目的の情報にたどりつけます。保護者からの問い合わせが多い項目を見出しに設定することで、利用者が知りたい情報になるべく早くたどりつける階層に設定しています。

b．きちんと情報更新が行われるウェブサイト

「子育て応援ホームページ」の掲載情報は計161項目に上り、関わる部署は主なものだけでも６課にわたります。情報更新は各課の事業の担当職員が随時掲載内容を作成し、情報システム課がホームページに更新情報をアップするという体制をとっています。

（６）利用者や住民の視点の重視

「子育て応援ホームページ」の開設を機に、豊田市は2007年に子育て関係団体、子育てサークルの関係者等8名による外部の評価委員会を設立しました。現在、年２回の評価委員会での意見をもとに「子育て応援ホームページ」と『とよた子育て応援ハンドブック』の改善を図っています。『とよた子育て応援ハンドブック』は保護者からの評判は概ね良好ですが、「言葉が行政用語が多くてわかりにくい」といった率直な意見も出されています。行政の発行物として限界はあるものの、市民にわかりやすく、見やすい内容に変更し、また、「子育て支援マップ」を作成する等、さらなる内容の向上に努めていく予定です。

4．まとめ

（1）ワンストップサービスはコンシェルジュ・サービス

　子育て支援サービスには多種多様なものがあり、要件や手続きも複雑なため、行政が作成した資料を読んだだけで、自分に合ったサービスや具体的な利用の手続きが完璧にわかるという保護者は多くありません。

　情報提供のワンストップサービスを実現するためには、"コンシェルジュ"が必要となります。コンシェルジュとは元々、ホテルの総合案内係のことで、デスクで宿泊客の様々な相談を受け、サービスのコーディネートをする人です。最近はマンション、百貨店、駅などにも置かれるようになってきています。

　自治体におけるコンシェルジュとは、子育て世帯のニーズを見極めた上で、的確に情報提供、相談、サービスのコーディネートを行う職員といったところでしょう。子育て支援サービスについて精通すると共に、対人関係における観察力や対応力を有していることが求められます。そうした職員の資質は自然に育つものではありません。縦割り意識を払拭する組織体制を整え、職員の連携を進めながら、計画的に職員を育成していくことが必要です。この点は、前述した豊田市の例が参考となるでしょう。

（2）ワンストップサービスを有効にする情報提供ツールの作成

　ワンストップサービスを実現するにあたっては、子育て支援情報を収集・整理して情報提供ツールを整備することが有効です。そのポイントを以下に示します。

①様々な媒体で情報提供を行う

　住民がサービスにアクセスするためには、まずはサービスがあり利用できることを知らなければ始まらないため、こうした入口情報や子育て世帯のニーズの高い重要情報については、様々な媒体で情報提供を行うことが必要

です。住民向けのガイドブック、広報、子育てハンドブック、ウェブサイト（携帯版を含む）、ファクシミリ、電話、窓口対応、CATVなど特長に応じて使いわけることが重要です。

②情報提供の主な基盤を整備する

情報提供の媒体は多数あるにこしたことはありませんが、自治体の予算や人手には制約もあることから、主要な情報提供基盤を決めて、きちんと定期的に情報更新していくことが効果的です。

中でも、ウェブサイトは文字・音声・画像・動画など様々な情報を大量に扱うことができ、かつ情報を更新できるという点が長所です。利用者にとっても、いつでもアクセスできるため、大変有効な媒体であり、今後、情報ツールを作成する場合、優先順位の高い媒体と考えます。

③定期的に情報更新する体制を作る

自治体によっては、職員が忙しく、ウェブサイトやガイドブックの情報更新作業は職員の負担になるので作成が難しいという声も聞かれますが、やはり情報媒体の整備と情報更新は必須です。保育所の空き情報などは常に最新の情報とする一方で、古くなった情報は削除していかなければなりません。

三鷹市は職員がファクシミリで原稿を株式会社まちづくり三鷹に送り、株式会社まちづくり三鷹がホームページの情報更新をしています。豊田市では各事業の担当職員がパソコンで原稿を作成して、情報システム課がホームページにアップしています。

適切な頻度で情報が更新される仕組みを構築し、全体として進行管理をきちんとすることが重要です。

（3）住民や民間団体との連携の推進

住民や民間団体は行政と違った観点から建設的な意見を出し、協力してくれる貴重なパートナーです。情報提供も自治体が一方的に行うのではなく、利用者のニーズに合ったものとするために住民や民間団体との連携が今後は一層重要になってくるでしょう。

この点、三鷹市はウェブサイトの企画・作成において民間企業、NPO や子育て中の保護者と協働しています。豊田市は情報提供はもっぱら自治体職員が行っていますが、情報提供媒体について保護者や市民の評価、意見を徴収する組織を設置して改善しています。三鷹市や豊田市のように住民や民間団体との協働の仕組みをつくり、継続的に取り組む姿勢が求められています。

第5章

子育て・家族支援者の養成とバックアップ

大日向　雅美　（恵泉女学園大学大学院教授／NPO法人あい・ぽーとステーション代表理事）

　第1部第1章で詳しく述べましたが、「子どもと家族を応援する日本重点戦略」における主要な施策の一つとして、地域の保育・子育て支援の充実を打ち出しました。地域の力を結集して子育て家庭を支える人材をいかに養成するかが問われる時代を迎えたといえるでしょう。本章では、2004年から行政と協働で、地域の子育て支援活動に従事する人々の養成に携ってきたNPO法人あい・ぽーとステーションの取組みを紹介します。

1．今、なぜ地域の人材養成なのか

　地域の子育てを支援するために活動する人材を養成する目的は2つあります。第1は、子育てに孤軍奮闘している子育て家庭を、地域の皆で支え、親が子育てに喜びを見出せるゆとりを取り戻してもらうためです。核家族が一般化した状況の中で、子育ての大半をひとりで担わなければならない母親の心身の負担と疲労は、考えられている以上に大きく、育児不安や育児ストレスの原因として影響力を増大させています。親がゆとりを持って子育てができるように、一時的に子育てを代わってくれる人を得ることは、子どものすこやかな成長を守るためにも必要です。

　第2は、支援者となる人々が求めている社会参画を応援する道につなげることです。子育て期は育児に専念したいと願う女性も少なくありませんが、問題は子育てが一段落した後の社会参画の道が閉ざされている状況です。「ポスト子育て」の生活に展望が開けない絶望感は、社会からの疎外感と経済的な不安を増幅し、中年期の女性を苦しめる最大の原因となっていますが、育児期における女性の心理的不安定さも招来しています。

第5章　子育て・家族支援者の養成とバックアップ

　育児期の母親の孤独感の深刻さと、育児が一段落した後の社会からの疎外感は、私が1970年代当初から育児不安やストレスに悩む母親の生活について繰り返し調査を行ってきた日本社会の女性が抱える問題点です。この問題を解決する対策の柱として、人材養成の実現の構想を練ってきました。子育ての大半を担い、大きな負担を心身に強いられている母親の苦悩を軽減すると共に、育児が一段落した後の社会参加を求める女性の願いを叶えるという、両者が生きがいを持って暮らすことができるような社会のシステムの構築が急務であり、平たくいえば「支え・支えられてお互い様」の関係を地域に築くことが求められているのです。近年は団塊世代の第2の人生支援として、退職後の男女の地域活動支援が注目を集めていますが、子育て・家族支援者養成は有力な実践例として意義を発揮する可能性が認められつつあります。

2．子育て・家族支援者養成の実際

(1) 講座の概要と実績

①　3段階の認定

　「子育て・家族支援者」は、NPO法人あい・ぽーとステーションが主催する講座を受講し、資格を認定されて、地域の子育て支援に従事する人材を意味します。受講対象は、子育て経験の有無にかかわらず子育て支援に関心を持ち、地域で活動ができる20歳以上の男女ですが、前述のように、子育てが一段落した女性や退職後の地域活動をめざす男女の社会参加を視野におさめ、老若男女共同参画で地域の育児力の向上を図っています。「子育て・家族支援者」の認定は、3級・2級・1級の3段階から成ります。

3級	子育てひろば等で親子に関わり、遊びを支援し、一時保育活動を行う。
2級	自宅や希望家庭等で一時保育を行う。新生児、病後児、緊急時のお泊り預かりを含む派遣型一時保育。
1級	地域の施設等を利用し、一時保育活動のリーダー的活動を行う。（養成は準備中）。

237

第3部　テーマ別に見る自治体の子育て支援

子育て・家族支援者養成講座の様子
（東京都港区）

認定式にて（千葉県浦安市）

② 東京都港区からはじまり、ほかの自治体へと展開

　講座開始までに2年余の準備期間を経て、東京都港区で2005年に3級第Ⅰ期、2006年に2級第Ⅰ期を開講しました。現在3級は第Ⅵ期、2級は第Ⅳ期まで実施し、それぞれ認定者は3級203名、2級75名となっています。2006年から千代田区、千葉県浦安市でも同様の講座を開始し、現在浦安市で3級Ⅲ期、2級第Ⅱ期、千代田区では3級第Ⅲ期、2級第Ⅰ期まで開講しています。認定を受けた人々は、いずれも地域の実情に即した活動を活発に展開しています。

（2）本講座の特徴

① 高い水準の講座

　本講座は講義と実習を合わせて30コマ（1コマ90分）、講座期間は毎週1日、3ヵ月間におよびます。講師はNPOあい・ぽーとステーション理事をはじめとして、乳幼児教育保育の第一線の研究者・実践者が務め、質量共に高い水準をめざしています。

　主な講座内容は①乳幼児保育教育の新たな知識や技術を学ぶ、②親のニーズの背後にある個別の事情を理解する力を養う、③親の悩みを聴き、助言するカウンセリングマインドを持つ、④できる支援とできない支援を見極め、できない支援はほかの人や専門機関に託す判断力と地域の支援者との連携力を習得する、等の点を重視した構成となっています。

第5章　子育て・家族支援者の養成とバックアップ

> 講師陣の一例：汐見稔幸（白梅学園大学学長：教育学）／森上史朗（子どもと保育総合研究所代表：幼児教育）／遠山洋一（バオバブ保育園ちいさな家園長：乳幼児保育）／榊原洋一（お茶の水女子大学教授：小児医学）／小西行郎（同志社大学教授：脳科学）／岡　健（大妻女子大学准教授：保育学）／新澤誠治（保育カウンセリング）／大日向雅美（恵泉女学園大学大学院教授：発達心理学）／根ヶ山光一（早稲田大学教授：発達行動学）／中釜洋子（東京大学大学院教育学研究科准教授：カウンセリング）／龍野陽子（子どもの虐待防止センター専任相談員：カウンセリング）／青木悦（教育ジャーナリスト）ほか

② バックアップ体制の充実

　本講座は内容・水準共に綿密な検討によって計画されていますが、認定後の活動をいかに充実したものにするかという点に精力が注がれています。講座で習得した知識や技術は、実際に活動して初めて真の力となる面が少なくありません。地域で活動すれば少なからず課題に直面します。活動で得た成果や問題点を認定者同士が共有し、課題解決に向けた話し合いを行うと共に、実際に活動して不足していたと気づいた知識や技術について、新たに講師を招いて学びあうバックアップ講座を毎月開催しています。これまでのバックアップ講座から、絵本の読み聞かせや紙芝居に精通する人が誕生したり、子どもを抱いて移動するときに無理のない身体の使い方を古武術から学ぶなどのユニークな企画もありました。

　また、認定者にはできる限り有償の活動機会を提供することも、本講座の

バックアップ講座の様子（東京都千代田区）

大切な役割として取り組んでいます。地域の子育て支援活動は、相互扶助であり、ボランティアの精神が基本です。しかし、高度な講座を懸命に学び、その成果を活かして子どもの命を預かる人々の活動に対しては、それなりの社会的評価を与えることが不可欠と考えます。さらに本講座は、主に育児が一段落した後の社会参画をめざす女性を対象としています。残念ながら今のところ経済的自立を可能とする十分な収入にはならないのが実情です。しかし、その第一歩として収入の道を確保するという方向を大切にしています。

③ 地域の実情に即した活動の展開

　認定者の活動場所は自治体の実情に即して多様です。港区では、本法人が区との協働で運営する子育てひろば＜あい・ぽーと＞で実施している「理由を問わず預かる一時保育」で、保育士スタッフと共に活動しています。また２級認定者は相手の家庭等、希望される場所に出向いて支援する派遣型一時保育者としての活動を行っていますが、核家族が大半の港区では実家の親のようにきめ細やかに支援してもらえると歓迎されています。都市型の支援という点では千代田区も同様の状況にあり、認定者は港区と千代田区で相互に連携した活動を行っています。

　一方、浦安市では２級認定者の中から子育てケアマネージャ５名が誕生し、地域の子育て支援機関と親とをつなぐ相談機能を発揮しています。市民が主体的に講座を学び、市の相談機関の一角の機能を担うまでに成長していくプログラムは、日本でも初の試みです。

　なお、港区・千代田区・浦安市の「子育て・家族支援者」をつなぐニューズレターとして、「あにわにわ通信」を定期的に発行しています。「あにわにわ」はニュージーランドのマオリ語で「虹」を意味しています。各地の「子育て・家族支援者」の活動状況の報告や各自治体の子育て支援行政担当者の寄稿等々から誌面が構成されています。市民と行政、本法人との連携で地域の育児力の向上に向けた虹の掛け橋となるよう、務めています。

3．子育て・家族支援者養成の課題

① 地域の人材養成を軽くみない

　当初は本講座の意義に対して疑問の声も少なくありませんでした。「地域の子育て支援にここまで本格的な講座が必要なのか？」と訝る声や「受講者の多くは主婦であろうから、3、4回で済む簡単なものでなくては希望者は集まらないのではないか」「子育て支援や保育は女性であれば、特に子育ての経験があれば、だれでもできるのではないか」という声が数多く寄せられました。しかし、地域で住民が行う子育て支援は、保育士等の専門職が行う支援とはまた異なる難しさに対応する力が求められます。人々の価値観や生活様式は多様であり、家族が抱える問題も年々複雑になっています。年配者と若い親との間には生きた時代の影響、世代の差も小さくありません。良かれと思ってかけた声が親を追いつめてしまうこともあります。「支援をしてあげる」のではなく、地域に暮らす者どうしが「支え—支えられてお互い様」の関係を大切にした活動をするためには、地域に根ざして活動する人々の理念と技術を磨くことが鍵です。また子育てや仕事の経験を活かして地域で活動したいと願う人々の要求水準は、近年かなり高くなってきています。「こういう本格的な講座を待っていた。自分の子育て経験を地域に活かし、仕事として認められるのは嬉しい」「中年期になって社会参加の機会に巡り合えた幸せを人生の集大成につなげたい」等々、期待に胸を膨らませて多くの人々が参加を希望し、受講態度は実に真剣です。

② 行政と市民との対等な協働をいかに築くか

　講座を運営していくにあたって、最も重要なポイントの一つは行政との連携です。本講座は実習に際しては、各自治体とも公立保育園の協力を得ております。また認定者の活動場所の提供も行政との密接な相談・連携のもとに実施しています。特に港区の派遣型一時保育では、区の協力で医師会からのバックアップも得ています。「子育て・家族支援者」養成に携わってきた4年余の歩みは、NPOと行政との対等な協働関係の模索であったと総括でき

ます。

　行政の中に、子育て支援を市民やNPOのボランティア活動に任せて安価に済まそうとする動きが一部にあることは残念です。人材の養成と活用は、成果が得られるまでに一定の時間がかかり、またその成果もなかなか見えにくい面がありますので、地道な努力や多くの労力と時間を要するものです。繰り返し強調することになりますが、講座の意義を理解して講師を務めて下さる方々の献身、講座運営と人材活用にあたる事務局スタッフの働きを支える財政的援助をはじめ、講座実施と認定者の活動支援には、行政との協働が不可欠です。幸い本法人が現在取り組んでいる子育て・家族支援者養成は、各自治体ともこの点をよく理解され、行政として可能な限り支援を惜しまず、NPOや市民との協働に務めていただいておりますことに、改めて感謝したいと思います。

■参考文献・HP
・大日向雅美『「子育て支援が親をダメにする」なんて言わせない』(岩波書店、2006年)
・子育てひろば〈あい・ぽーと〉　http://www.ai-port.jp

第6章

中高生の居場所づくり支援と支援者の養成

水野　篤夫　　㈶京都市ユースサービス協会

　中高生（中学生から高校生）年代の子どもたちへの育ち支援は、関わる人の「質」が成功を左右します。居場所を失った子どもたちはどのような空間、居場所を求めているのか、居場所づくりを支援する支援者にはどのような役割が期待され、どのように養成される必要があるのかを論じます。

1．「居場所」を失った子どもたち

　まず、青少年にとっての「居場所」とは何なのかを考える前に、「居場所」という言葉の意味するところについて述べておきたいと思います。もちろん、居場所はある空間や場所を意味する言葉なのですが、以下で用いる居場所という言葉は、青少年（中高生）にとって、安心して自分を表現できる場所であると共に、他者との"出会い"のある場ということも意味しています。それゆえ、自分の部屋のように安心できる空間でも、他者の存在しない場所については、ここでは「居場所」とはいいません。また、ネット空間などの場合、本当に他者と出会うことが可能といえるのか議論が残りますが、「居場所」となり得る場合もあるとしておきたいと思います。

　それでは、中高生年代の子ども・若者にとっての「居場所」[1]はどこにあるのでしょうか。小学生を中心とした子どもには、多様な参加の場がつくられ

---

[1]　中学生は義務教育下にあり基本的に学校に所属していますし、高校進学率を考えるとほとんどの子どもが何らかの高校課程に入っていますが、不登校の子、病気や障がいのために学校に行けない子ども、少数ではあるが中卒で働いている若者なども視野に入れる必要があります。それを押さえた上で、以下では煩雑さを避ける意味で単に「中高生」と表現します。

ていますし、親の規制力が相対的に強く、家庭が居場所として特別に大きな部分を占めます。それに対して、中高生は、家庭から離れて親密な友人関係を結んでいくことが成長課題であり、親と異なる他者としてのおとなと出会うことが必要になってきます。親（家庭）から離れて出て行く場が、学校・近隣社会にあり、そこで安心して自己表現でき、失敗を許容され、意味ある他者と出会うことができるかどうかが中高生年代における課題となるのです。

　中高生にとって、「居場所を失った」とは、家庭・学校のいずれか（もしくは双方）が居場所でなくなることです。家庭が居場所たり得なくなるという場合、2つの意味が考えられます。1つは親の養育力や子どもを守る力が不足している場合、もう1つは中高生がいつまでも家庭の中にどっぷり浸かっていられないで、別の場に出て行く必要があるという意味です。

　例えば、両親が不和でけんかばかりしていたり、子どもから見て容認できない行動をとることがあるような家庭にいる子どもにとって、おとなになることは忌まわしいことであるかもしれませんし、異性と関わることに大きな緊張を覚えるようになるかもしれません。リストカットをする若者や神経症などを訴える子どもの中には、問題を抱えた家庭で育った者も多く含まれるといわれています。逆に過保護であったり、過干渉な親の元で育つことで、親密な友人関係を持てなかったり、経験の機会を欠く子どももいます。そうした子どもたちの中には、家庭から外へ出て行くための基盤を欠いており、次の場に居場所を求める橋渡しの場が必要となってくる場合もあるでしょう。

　一方、学校でいじめにあったり、教師との関係がうまくいかない、同級生との関係で失敗した、部活動でつまずいたといったことで、学校生活の中で問題をかかえる子どもも多いと思われます。そうした子どもたちにとって、学校は不安や緊張感を覚え、親密な関係を築くことができない場となっているでしょう。不登校の小中学生は全国で約12万人におよぶといわれています。不登校になるきっかけや理由、背景は多様であり、単に学校が嫌だからとか、学校の中に居場所がないからだといいきることはできないでしょう。

しかし、学校に行けない・行かない中学生たちにとって、家庭に閉じこもらずに社会との接点を持ちながら、学んでいくことのできる場が必要だということは、広く認められつつあります。また、不登校の高校生は約6万7,000人、中退は約7万8,000人に達するといいます。[(2)]高校生年代になると、学校に通わないことはそのまま退学、留年に結びついていきますが、市民としての必要な知識・教養を十分に身につけないまま、また「卒業」という資格を持たないまま社会に出て行くことには、大きなリスクが伴いますし、学校に行かない・行けない背景に、傷つけられた体験がある場合、それを癒やしてもう一度社会や集団との関わりをつないでいく中間的な場がどうしても必要になります。

また、非行や問題行動を起こす中高生は、家庭の中での何らかの問題やストレス、学校における不適応などの問題を持っている場合が多いのではないかと考えられます。そして、その結果としてさらに家の中でぶつかり合って居づらくなったり、学校でも居る場を失っていくケースは多いでしょう。そうすると彼／彼女らは、同じような同年代で集まって過ごすようになるのですが、おとなから全く見えない場に行ってしまいますと、社会との関わりをつなぎ直すことが難しくなる場合もあります。やくざ集団に入ってしまったり、薬物に手を出したり、重い犯罪に荷担するようになってしまうこともあり、そこでも、彼／彼女らの逸脱を許容はしないが、その存在を否定しないで受けとめてくれるおとなと出会う場がとても重要になってきます。

こうした中高生たちとは別に、何らかの障がいを持つために、安定した対人関係を持ちにくく、孤立してしまう子どもたちもいます。例えば発達障害などにより、学校や地域社会からの理解が得られない場合、学校以外のつながりを自分や家族だけで広げていくことは難しく、学校・家庭と違う第3の空間を持つための支援が必要となります。さらに、外国からやってきた家族の元で育ったり、海外で育ち日本と異なる文化背景を持っている子どもたちは、様々な難しさに直面する場合があります。ある若者は、国際結婚の両親

---

(2) 文部科学省HP「生徒指導上の諸問題の現状について（概要）」（2004年度）より

の元で育ち、外国人的な風貌であったことで小学生時代いじめにあって、中学生の頃は自分のそうした「外国人」としての面を否定することで自分を守ってきたといいます。しかし、高校生の時に在住外国人青年の集まりに顔を出したことから、自分のアイデンティティや、親との関係に向き合うことができるようになり、外国人である母親から受け継いだ名をミドルネームとして名乗るようになっていきます。彼にとって、同じような背景を持つ同年代の若者と出会う場があったことが、その後の生き方に大きな支えと影響を与えていったといえます。

このように中高生にとって家庭・学校が居場所とならない状況は、多様な形で生まれてきますし、そのことが色々な問題を生み出すことがわかります。ただ、それは必ずしも「問題がある」というのでなく、中高生そのものがかかえている課題が原因の場合もあります。

2．中高生にとっての第4の空間

家庭・学校という空間を中心に述べてきましたが、中高生にとってもう1つ大きな意味を持つ場があります。それが近隣地域です（図表1）。中学生にとって、近隣地域とは、ほぼ「自転車で行くことができる範囲」であり、学区（同じ学校に通う居住範囲）を意味するでしょう。そこで出会う人たち（同級生であり、幼なじみであり、親類であり、町内のおとなたちなど）にある程度「あの子はどの家の子」ということが知られている範囲です。そこでは、おとなの視線に見守られている反面、監視されているともいえ、中学生たちが安心していられる空間ではあっても、チャレンジを許容できる場、意味ある「他者」と出会える場となるとは限りません。そうすると、第3の空間としての近隣地域の意味は認めつつも、中高生年代の子どもたちにとって、そこがそのまま居場所となりにくい場合、さらに「第4の空間」が必要となってくるでしょう。それが、地縁を越えたNPOなどによる居場所づくりの活動、行政による居場所づくり支援の必要性につながってくるといえるのです。

図表1　中高生にとっての主な生活空間

家　庭	家族（親・兄弟姉妹・祖父母・近い親戚）との生活の場
学　校	クラブ活動やクラス、友達とたむろする場、ある子には「保健室」
近隣地域	友達と遊べる空間（公園・友達の家他）、塾や習い事の場、地域スポーツクラブ

　つまり、家庭・学校・近隣地域が中高生にとって居場所たり得る機能を回復するための手だてを仕掛けること、それらと別の第4の空間を提供すること、という2つの点が「中高生年代への居場所づくり支援」の課題といえるでしょう。日本では、中高生にとって学校の存在がとても大きいと考えられます。放課後においても学校の関与があり、部活動や規則や規範による拘束や保護の形で学校と結びついて生活している（学校外での行動についても「○○校生徒」として受けとめられる）ので、学校外でのアプローチの領域は相対的に小さなものとなります。よって、学校の枠組みが強固なだけに、そこから逸脱したり、排斥されたり、そこで「失敗」した子どもたちを支える仕組みもまた重要となります。そこが、日本における中高生の居場所づくり支援の難しさであり、必要な理由であるといえます。

3．中高生への関わりの難しさ（非行対策・健全育成策の限界）

　学校外で青少年に関わる行政の施策や民間の活動は、青少年健全育成活動および非行対策の2つの柱で活発に展開されてきましたが、1980年代に入ると様相が変わってきたといわれます。子ども会や民間青少年団体の活動などに中高生が参加しなくなったり、行政の施設や事業においても中高生年代が来なくなり、中高生向けの事業が成り立たなくなったという話が各地で語られるようになるのです。[3]その結果、ますますやりやすい小学生対象の事業に行政施策も民間の活動もシフトされていきます。一方で、不登校や様々な問題行動、非行・犯罪など、中高生に関わる社会的な問題が提起されてきまし

---

(3)　田中治彦「子ども・若者の変容と社会教育の課題」田中治彦（編著）『子ども・若者の居場所の構想』（学陽書房、2001年）

たが、それに対応する「健全育成」「非行対策」の限界が明らかになってきています。例えば、行政においても民間青少年団体の事業においても、「集めやすい」層への関わりに偏ることで、対象の低年齢化、教育やしつけへの関心の高い養育者層を集めることになり、"問題の少ない子どもたち"への事業となりがちという現象が起こりました。また、それらの多くは、善導主義（おとなが決めた「健全」さを目標とする）のために、問題行動を起こすような子どもたちや、おとなからの規制やコントロールから距離を置きたい中高生などを惹きつけられませんでした。非行少年を対象とした対策においては、問題行動の抑止はすれども、その背景には関わらない場合が多いのです。そうした取組みに一定の抑止効果はもちろんありますが、非行や問題行動を生み出す背景がそのままであれば、いったん問題行動が抑止されても、別な形での発現につながったり、再び問題を起こしていくことを止めにくいといえます。非行対策にもそうした限界が露呈されてきたのです。

4．非行対策・健全育成策からユースサービスへ

　国の施策においては青少年健全育成策、非行対策が中心的な柱となっていましたが、地方自治体のいくつかにおいては独自の考え方が導入されてきました。その一つの流れがイギリス流のユースサービスの考え方です[4]。京都市においては、1973年の市青少年問題協議会からの提言[5]をきっかけとして、ユースサービスの考え方に基づいた施策展開がめざされてきました。1988年にはそのための拠点施設が設置されるとともに、担い手としての財団が設立され、ユースサービス施策が本格的に展開されてきました[6]。

　ユースサービスの考え方の中核は、青少年の本来持っている能力に信頼を

---

[4]　大阪府ではアメリカ的な青少年サービスの考え方が導入されて、それに基づいて野外活動センターや海洋センターなどの体験活動施設が建設されました。

[5]　意見具申「京都市における青少年行政の基本的方向」。青少年対策・健全育成からユース・サービスへの施策の考え方のシフトを提言。

[6]　現在、7つの青少年活動センターが設置され、財団法人京都市ユースサービス協会が運営にあたっています。

寄せ、それが損なわれることなく伸ばされていくために、青少年による自主的な活動を支援することと、課題を持った青少年には個別的な支援を行うことをめざすのですが、方法としては「楽しさやチャレンジを含んだ非形式的な学習活動」を中心としています。その点において、教科学習を中心とした学校教育とも、健全育成施策が持つ"望ましい健全さ"をおとな（社会）の側が与える考え方や、非行対策が持つ"青少年の側に大人社会への適応を強制する"考え方とは一線を画しています。

5．中高生はどんな空間や「居場所」を求めているか？

中高生に対する居場所づくり支援の活動について、私が関わっている京都の青少年活動センターでの取組みからいくつか紹介してみたいと思います。

○センター１：

「寄り道しやすいセンター」という打ち出しをしたり、区内の全中学・高校にパンフレットを配布した広報の効果などもありますが、近隣の中高生が多くやってきます。学校帰りにセンターに来て、部屋を借りて「だべって」いたり、スポーツ室で卓球やバドミントンをしていきます。ある意味「普通の」中高生たちです。しかし、彼／彼女たちの行動は、その子たちを取り巻く環境（家庭・近隣社会・学校）を反映していて、様々な問題を持ち込む子もいます。ある時からやって来始めた中学生グループは、ロビーでキャッチボールをする、部屋の障子や壁紙を破るといったことから、障害のある利用青年につきまとってからかう、ドアを壊す、料理室を水浸しにする、と行動をエスカレートさせていきました。こうした中学生たちをセンターの職員であるユースワーカーは、一方的に排除しないで個別にコミュニケーションを取れるように関わり続けます。結果がすぐに出るわけではありませんが、少しずつ彼らにとって意味ある他者としての存在になっていくことをめざします。こうした「困った」中学生たちにとっても、青少年活動センターは居場所となっているのでしょう。学校にも通っているし、家庭も必ずしも崩れているわけでも無い様子なのですが、それでも満たされない思いをどこかで吐き出さずにいられない子どもたちなのです。

○センター２：

　このセンターには90年代後半頃から、近隣のやんちゃ系の中高生が立ち寄り、ロビーにたまるようになりました。一方で、「若者の居場所になる」というテーマを掲げ、学校や社会で人間関係を築きにくい、居場所を持ちにくい若者を対象とした、フリースペース事業などを始めました。やんちゃ系の中高生の中には、家にも居たくない、学校も居づらい、コンビニ前、公園などにも居づらくなってセンターにやってきた子もいます。家に帰っても満足な夕食がない様子で、センターでカップ麺を食べていったり、見かねて喫茶コーナーで出す軽食を食べていったりするこうした子を見ていると、「家庭教育の充実」などということが絵空事と思えてきます。ここでも、ワーカーたちはロビーに出て行って、個別に中高生を捉え、信頼できるおとなとして認識されるようめざします。そして、それからじっくり話を聞いたり、問題行動があればなぜそれが許されないかを伝えながら、彼／彼女らの変化を促します。

○センター３：

　「ボランティア活動」「グループ活動」が中高生の居場所となっている面もあります。センターでは多様なボランティア活動の機会をつくっていますが、「高校生による高校生のためのフリーペーパー」の編集という活動を見てみると、そこに関わる高校生たちの中には、学校や家が自分を表現する場となっていなかったり、居場所がない子もいました。ボランタリーな場に居場所を見つけていたともいえます。

　もちろん公的な施設ばかりが居場所を提供しているわけではありませんが、半ばおとなの視線の中にある場、小さな失敗を許容できる場、そしてそのことによりチャレンジできる場ともなるよう、京都の青少年活動センターは多様な居場所を中高生に提供する手助けをしているといえるでしょう。

６．中高生の居場所づくりの課題
　　～行政がつくる「居場所」と民間団体の居場所づくり～

　とはいえ、行政が直接居場所を提供することは必要なのでしょうか。青少

第6章　中高生の居場所づくり支援と支援者の養成

年活動センターなどの公的施設がどれだけつくられ、どれだけ利用されたにしても、そこにやってくる中高生は全体でいえば少数にとどまるでしょう。基本的にそれらの場は、自発的にやってくる場所ですし、そうでないならば参加を強制された（学校と同じような）場になってしまいますから。すべての子ども・若者に経験と出会いの場が提供されるべきであるとすると、この矛盾にとらわれてしまいます。現実に、学校外の各種の活動に参加することなく、おとなへと順調に歩んでいくことができる若者も多いように見えます。そうすると、「使いたい者だけが使う」「自発的に来る者だけに関わる」サービスが行政サービスとして必然のものといえるのでしょうか。そこに大きな弱点が生じます。それゆえに、いつも青少年施策は削減や変更の危険性をはらんでいます。

　これに対して行政による青少年施策の必要性を主張する1つの考え方は、「サービスを特に必要とする若者にサービスを提供できる」ことが重要だという考えです。青少年施設や事業に、それを必要とする若者がやってくることができるとともに、施策の情報が届けられることが課題となります。

　しかし、「学校外教育」や「青少年健全育成」の立場からいえば、どの子ども・若者にとっても、多様な経験と他者との出会いの場が必要だと主張されます。子どもは遊びやスポーツ、野外活動、旅など多様な体験を通して自立への力を獲得していくという立場です。また、「若者であることはそれ自体がリスクを持った状態である」という視点では、子どもからおとなへの移行期をどのように乗り越えていくのかということと、そこにおける支援へのあり方は、すべての子ども・若者に関わる課題とされます。自分の力や家族の支えでおとなへの移行期を乗り越えていくことができる若者も、落ち込んだり、何かにつまずいたり、失敗してひどい目にあった時など、「必要とする時」に使うことのできる、手助けを得られる場や存在があり、その情報が伝わっていることは大きな支えになるという考え方です。

　元々、若者の居場所づくり支援の活動は、民間団体の活動から始まったものです。その活動の公共性が幅広く認められつつある現在においても、やは

りこうした課題に行政だけが取り組むことには無理がありますから、行政の営みと民間団体による活動が役割を分担しつつ協働することが重要になってきます。その際に、現在の民間団体による活動には様々な問題や弱点があることも押さえておく必要があるでしょう。①強い志を持った創始者や当事者によって始められたために、自己流ともいえる特定のやり方で活動が行われることが多いこと、②ボランタリーな活動として始まったところでは特に、施設や活動をマネージメントする力が弱い場合があること、③規模が小さいところが多く、広範なニーズに応えにくいこと、④またそれらと関わって、一般的に資金難の中で運営されていて、担い手の持ち出しや奉仕的な行為により維持される面が強いこと、⑤それぞれの団体が独自性を強く主張することでネットワークや連携が進みにくいこと、などが挙げられるでしょう。

そこで、行政に求められるのは、直接的な居場所の提供と共に、①人材を育てていく基盤づくりをすること、②民間団体への資金提供や資金が回りやすい仕組みづくりを行うこと、③良い実践を行っている所への信用付与、④子どもや若者の居場所づくりへの支援方法や、ニーズについての調査・研究、⑤市民への課題提示、⑥特に困難な課題を持つ若者への支援を行うこと、などが挙げられます。と同時に、こうした取組み自体について、すべて行政が担うのではなく、中間支援的な組織を育て、協働していく役割が必要だと考えられます。それにより、広くすべての青少年に開かれた経験の場づくりと、特に支援を必要とする青少年への支援とが、連続的に行われる態勢を可能としていくべきだと思うのです。

7. 居場所づくり支援とユースワーカー

先に述べたように、学校外における非定型的な教育を組織することを通して、子ども・若者がおとな社会に入っていく（境界横断）プロセスを後押しするのがユースサービスなのですが、その担い手となるのがユースワーカーです。ボランティアワーカー、「パートタイム」ワーカー（他の職と兼務したり、特別の専門領域を担ったりする）、関連機関・団体におけるワー

カー、プロフェッショナルなワーカーといったあり方が想定できるのですが、日本においてはまだ社会的な認知が得られているとはいえません。また、これまでも何度か養成や活動場所づくりの試みがなされてきましたが、今までのところ十分それがうまくいっているとはいえません。旧労働省が手がけた「勤労青少年指導者大学講座」などの先駆例や、大阪府における青少年育成の専門職養成コース、愛知県によるボランティアベースのユースワーカー養成などの試みがなされてきています。また、京都においては京都市ユースサービス協会と大学の共同運営による、専門職としてのユースワーカー養成プログラムが大学院に設置されるなど、ボランティアワーカーの養成から、専門職としての養成まで多様なワーカー養成や活用の動きが模索されている状況といえます。

　では、ユースワーカーとはどんな考え方をし、どのような力量を持つ存在だといえるのでしょうか。これまでの様々な模索や、若者と関わる場での経験を通して、筆者が考えたのは以下の5つの点（図表2）です。[7]

　若者と関わるおとなは大抵"矛盾や弱さ"を持っています。しかし、ユースワーカーが"ワーカー"と呼ばれるためには、そうした弱さや自分の中の矛盾したものをちゃんと自覚して、若者との関わりの中で使っていけることが必要です。図表2②にあるように自分の持ちがちな"偏見"に気づいていること、図表2④で述べるように自分の考え方の枠組みや価値観を折に触れて見直すことが求められます。若者の問題に直面したとき、ワーカーは様々な葛藤に晒されます。「あなたは私よりあの人のいうことを聞いている！」「お前は俺のことがほんとは嫌いなんだろう？」といった投げかけを若者から受けた時、地域のおとなから「若者ばかりなぜ優遇するのか」「やんちゃな若者をもっと"指導"してくれ」などといわれた時などです。そんな時にこそ、若者とそれを取り巻く（おとな）社会との矛盾の間に立って、若者に

---

(7)　水野篤夫「実践をふりかえる方法としての事例研究と職員の力量形成」日本社会教育学会（編）『成人の学習（日本の社会教育第48集）』173頁～185頁（東洋館出版、2004年）

図表2　ユースワーカーらしい考え方とは

① 常に若者の側に立って考えようとすること。問題を持った若者にこそ手助けが必要だと考えると共に、社会的な文脈の中で若者を見ること。
② 関わる人々の属性や外見（職業や年齢、性別や文化的背景、宗教、信条、容姿、障がいの有無など）を無前提的に受け止めないで偏見なく見ようとすること。
③ 個人と集団、社会システムの間の葛藤や矛盾、対立の中にこそワーカーとして関わるべき焦点があると考えること。
④ 常に実践の中で、自らの持っている枠組み・価値観・感情をふり返って見直していこうとすること。
⑤ 公共の利益のために自らの力を誠実に用いようとすること。

寄り添いながらその矛盾や対立に応えていこうとすること（図表2①、③）が、ワーカーの「ワーカーらしい」考え方だということになります。そしてそれらすべてに関わって、社会の利益のために働こうとするのがユースワーカーなのです（図表2⑤）。

こうした「ユースワーカーらしい考え方」のできることが、これからの青少年活動や支援には求められますが、さらに、そうした考え方を体現できること、つまり実際のワークの中で用いることができる支援者をどのように育てられるのかを考える必要があります。そのための方法としては、図表3のようないくつかの側面でのトレーニングが必要でしょう。

ユースワーカーとは名乗っていなくても、日本においても青少年活動団体や施設、地域活動において、多くの人々が青少年育成や支援に関わって活動しています。団体や施設の職員として有給で働く人と共に、数多くの有志によるボランティア活動者が存在します。しかし、既存の施設や団体の青少年育成の活動だけでは、青少年を巡る大きな課題を軽減していくのに不十分だということは先に述べました。従来の青少年育成に関わる指導者には、十分なトレーニングの機会が与えられていない場合も多く、明確な方法論とその具体化のためのスキルを身につけられずに「見よう見まね」や経験則で活動している人も多く見られます。例えば、おとなの価値観を知らず知らず押し

図表3　ユースワーカーに必要なトレーニング

① 自分や他者の感情や価値観のあり方、その表し方について知り、コミュニケーションのスキルを学ぶ人間関係トレーニング（感受性訓練、Ｔグループなどともいう）を体験する。
② 自らのやっている仕事や活動を記録し、省察するための事例研究に参加する。それにより、自他の若者と関わる際のくせや枠組みに気づいたり、文脈の中で考える事例知識を豊かにしていけるようにする。
③ 若者を取り巻く状況について学ぶと共に、目の前の若者との関わりと照らし合わせ、どのような支援や活動の企画が必要かをつかんでいく。

つけて、青少年に伝わらず反発だけを招いたり、「近頃の若者」には厳しいモラルを求めながら自らには甘い指導者もいます。また、従来の青少年活動や教育施設においては、ともすれば集団指導とプログラム活動に重点が置かれ、それに適応しにくい若者を必然的に排除したり「やっかいもの」として取り扱ってしまうことも起こってきたといえます。

中高生の居場所づくりに関わる指導者は、集団指導、プログラム活動重視だけではやっていけないでしょう。その意味で、ユースサービスの考え方に基づき、青少年の自ら伸びようとする力に信頼を寄せて関わる、新しい指導者・支援者としてのユースワーカー像が提示されることには、大きな意味があります。そしてそれは、従来の青少年指導者に取って代わるということでなく、そうした人たちがそれぞれの経験の中の有効な部分に加えて、ユースワーカーとしての力量を身につけていくという方向で具現化されていくことが可能なのではないかと考えられます。

8．若者の側にいる支援者
　～様々な形の「ユースワーカー」が若者の近くにいる！～

ユースワーカーといっても、特別な存在として飾っておかれては意味がありません。様々な形のユースワーカーが若者の近くにいることが必要なのです。

2006年、奈良で起こった、高校生による自宅放火事件は衝撃的な事件の一

つです。この事件は、有名進学校に通い、医者をめざす高校生が、家族が寝ている家に火をつけて母親と弟妹を焼死させてしまうという事件でした。もちろん、事件の背景には多くの要因がからみ個別の状況の中で起こったものですから、原因を探ったり事件を過度に一般化しても仕方がありません。しかし、恵まれた家庭（両親は医者）に育ち、良い学校に通い（高校は有名な進学校）、勉強もできて（中学時代はトップクラス）、スポーツにも励む（部活動で剣道をしている）という、はたから見れば何の不足もないと思われるような高校生が、家族を死に至らしめるような事件を起こしたことは事実であり、原因は別として、彼が事件の「引き金を引く」ことをとめたり、「弾を込める」ように憤懣をためることをとどめるような助けが周囲にあったら、と思うのです。[8]

　学校の友達、教師、親、親戚といった力だけではできない、こうした手助けができるのが「意味ある他者」という存在でしょう。彼の近くに、そうした意味ある他者としてユースワーカーがいたらどうだったのだろうかと考えます。学校の帰り道にふらっと寄れる青少年のセンターがあり、そこで学校とも家とも違う親密なつながりを持つことができていたら、彼はどうしたのでしょう。悩みをちゃんと聞いてくれる信頼できる"他者"がいたらどうだったでしょう。だからこそ、私たちのような学校外で中高生と関わる活動をする者にとって、彼のように追いつめられてしまう若者を生み出さないような、身近に支援のある社会づくりが課題なのだと思うのです。

---

[8] この場合に、親・兄弟・親類といった人にできることは大きいのですが、できないこともあることに注意が要ります。身内の中では、アイデンティティの根本に関わるようなことを相談できなかったりするのです。学校の友人についても同じことがいえます。

第7章

「どうせ」から「どうか」へ―市民を「お客さん」から「当事者」にする公共の運営

西川　正　（NPO法人ハンズオン埼玉　副代表）

はじめに

　公共の仕事とは、1人ひとりの市民に課題を返す、ということではないかと私は考えています。社会的課題を解決するのは、行政でもNPOでもなく市民自身であると。市民が他の市民とともに、課題を解決し、自らの暮らしをつくりだしていく。そのための社会的な仕組みや組織が必要なのであり、それが自治体やNPOではないか、と。

　一方、「子育て支援」の究極の目的は何でしょうか。私は、親・子がその地域の中で、他の親・子や住民・専門機関に助けられたり、また助けたりしながら自らの生活をつくり出していく、その関係（ないし関係をつくり出す力）を育むことではないか、と考えます。子育ての肩代わりではなく、誰もが主体となってコミュニティをつくり出すこと。この視点はなにも子育て分野に限らず、社会のあらゆる分野で求められていることですが、とりわけコミュニティの崩壊、人々の孤立が生み出した現代の「不幸せ」な現状を、最も先鋭的にわかりやすく人々に共通の課題として見せてくれるのが子育てという課題であり、それゆえ、子育て支援を考えることは、そのままこの社会を読み解く、次の社会を描くキーワードになりうる、と考えています。「孤

育て[1]に悩む親たちをつなぎ、住民の誰もが子どもの育ちや互いの暮らしに関与できる環境をつくること、住民自身の当事者性の回復、住民自身によるコミュニティの再構築ないしは創造こそが、現代の子育て支援に求められているミッションではないでしょうか。

　私は、研究者ではありません。バブル真っ盛りのころ小さな共同保育の学童保育の指導員として働き、その後、90年代は障がい者当事者団体（障がい者自立生活センター）の専従スタッフ、NPO支援のためのNPOなど、この20年ほど、地域で市民活動やNPOのスタッフとして働いてきました。また地元では10年近く、娘の通う公立の保育所の保護者会の活動を続けてきました。その時々で、行政・自治体とは深く関わってきました。ある時はテーブルを挟んで対峙し、またある時はともに汗を流して市民参加型の事業を展開してきました。様々な意味で行政にもっとも身近にいる市民として、活動／仕事をしてきました。その経験から、子育て支援を考える上で、あるいはこれからの地域社会を考える上で、自治体がもっている課題について整理し、これからのまちづくりにおける自治体・行政の役割、住民との関係、行政職員に求められる専門性について考えてみたいと思います。

1．これまでの行政と住民の関係―今、何が問題なのか

（1）あちらとこちらの壁

　住民「どうして理解してくれないのですか。あなたがたの仕事でしょう。」

　行政職員「みなさんのお話はよくわかりました。いえ、今は明確にお返事することはできません。上の者に伝えます。」

　これまで、私が何度も見てきた光景です。住民側（「こちら」）から見ると、行政は「いいわけばかりして、途中のプロセスは隠し、結局、内部でい

---

(1)　大日向雅美『子育ての環境学』（大修館書店、2005年）100頁

第7章 「どうせ」から「どうか」へ―市民を「お客さん」から「当事者」にする公共の運営

つのまにか決めてしまう」と見えます。そして、「勝手に決めて、どうせ私の言うことなんて、とりあげる気はないのだ」と思ってしまいがちです。一方、行政側職員（「あちら」）は、住民は多様で、「勝手なことをそれぞれいう人たち」と見えていたりします。「意見を聞けば聞くほどもめるだけだ」と[2]。また、意思決定は、一部の上司が行うものであって、職員自身が関わるものではなく、職員1人ひとりにとって、仕事場の中に「私」を出すことはできない、または、自分の利益にはならないと思っている人が圧倒的に多いのです。あくまで組織の中の私であることを優先せざるを得ない。責任をもつのは上司であって、私ではないから、上司からあるいは国や県から「ふってきた」仕事を、「やらされる」ことになります。やらされる仕事は、「なるべくやらない」。そして、住民に対しては、行政の決定にとって、都合のいい意見でなければ、「あなたがたの意見だけが住民の意見ではない」と返します。

住民はそれを「お役所仕事」と批判し、「結局何事も起こらず、すませればいい」「こんなに大事な問題なのに、『仕事』でしか考えていないのではないか」といぶかり、互いの不信感が蔓延します。住民は税金を「取られる」と表現し、「こんなまちになったのは、行政の責任」と怒ります。行政で働く職員は、住民を何をいっても聞いてくれない自分の意見だけを主張するクレーマーとしてしか感じられず、結果、よけいに閉じてしまう…。こうして、密室の決定は継続し、住民と行政の間には深い深い溝が掘られていきます。

私は、NPOで仕事をし、行政の職員さんたちといくつもの事業を一緒に展開するようになって、はじめてカウンターのあちら側の様子をつぶさに見ることになりました。こんなに1人ひとりの人を活かさない組織なのかと驚き、こんな組織がまちづくりの中心的な機関として大きな力をもっているのだから、なるほど、まちがよくなるわけがないと納得することもしばしばで

---

(2) 「こちら」と「あちら」／伊関友伸『私のだいじな場所～公共施設の市民運営を考える』（NPO法人市民活動情報センターハンズオン埼玉、2005年）110頁

した。一方で少ないながらも「私」を主語に語り、他者によびかけ、住民とともに動く職員にも出会ってきました。様々な出会いの中で、住民と行政のこのディスコミュニケーションを変えていくことが、この不幸せで不機嫌な社会に新しい風を吹かせるのではないか、と思うようになりました。

（2）公共「サービス」—消費する暮らしの浸透

「お役所仕事」と平行して、もう一つの問題があります。それは暮らしの外注・市場化がもたらした影響です。社会のすみずみまで浸透した市場経済。生活のあらゆる局面で外注化が可能になり、人々は地域では常に消費者としてふるまうことが可能になりました。公共の分野でも、「お役所仕事批判」にも乗るかたちで、この10年、公的福祉の世界は、介護保険をはじめとして、役所による「施し」から、市場原理による「サービス供給」へと考え方は大きく変わりました。「官から民へ」という公的サービスの市場化の流れが時の政権によって猛烈に促進されました。

こうした変化は、一見、市民に公的な福祉を利用することへのうしろめたさを払拭し、選択の自由を与えたかのように見えました。しかし、その反面、消費者としての自己認識を促進し、結局のところ、システム／地域・社会全体に対する責任者・当事者としての自覚をよりいっそう遠ざける結果となってきたのではないか、と私は考えています。「お客様扱い」とは、どんなに大事にされていたとしても、しょせんその事業（場・運営）の意思決定には参画しない・できない、責任の主体とはならないということを意味しています。平たく言えば、「自分のことだけを考えてよい」「ただし決定権はあなたにはない」と伝えていることとほぼ同じです。

90年代半ばから流行したいわゆるNPM（ニューパブリックマネジメント）は、行政に経営の視点を持ち込んだ点で画期的でした。収支のバランスシートを持ち込み、住民によりわかりやすく行政の現状を示そうとした点で評価できます。しかし、一方で、住民を行政サービスの顧客として扱うことで、「あちら」と「こちら」の壁をより強固なものにしてきたとはいえない

第7章 「どうせ」から「どうか」へ──市民を「お客さん」から「当事者」にする公共の運営

でしょうか。3年ほど前に、北海道のある中学校で、保護者から「給食を食べるときに、いただきますといわせないで」といわれたという投書が新聞に掲載され話題になりました。理由は、給食費を払って給食を買っているのだから、ということでした。こうした保護者（住民）の出現は、当事者・主体者としての自己を喪失し、もっぱら消費者としての自己認識に支えられたものだと私は考えます。

（3）誰でもよい、という関係性

「サービス」が媒介する関係性とは、売る人も買う人も「必ずしもあなたでなくてもいい」という質のものです。買う人がいればよい、ということですから。売る人にとって、買う人がどなたでもいいし、買う人にとって売る人がどなたでもいい、という関係。私は、「孤育て」は、市場経済によるサービス提供によっては、決して解決できるものではないと考えています。買うという暮らしは、子育ての肩代わりを見つけることができても（もちろんそれが必要なときもありますが）、それだけでは子育てそのものの楽しみをつくりだすことができないからです。子育ては、誰かとともにするからこそ、楽しさを感じることができます。「子どもをもってよかった」と思えるようになります。迷惑をかけ合える（許容できる）関係をつくること、いいかえれば、他でもないあなたとわたしの関係性をつくることが「孤育て」脱却の核心にあるのではないでしょうか。だとするとサービスは人がつながるきっかけにはなりえても、それ自体では、本質的な解決にはつながらないのではないか、やりようによって「孤育て」を助長してしまう傾向すらあるのではないでしょうか。

エンゼルプランにはじまる「預け先の量的拡大」をめざした施策は、親の要望にこたえる形で拡大されてきましたし、今後も拡大すると思いますが、一方で住民を消費者にしてきた20年でした。誤解しないでいただきたいのですが、サービス（様々な子育て支援事業）を否定しているわけではないのです。例えば、たくさんの地域で展開されている仕民参加型の互助システム

は、人々をつなぐための仕組みとして機能しているとも思います。しかし、一方で保育所の現場などでは、互いに助け合うという気風から、親同士も親と保育士も「制度ですから、規則ですから」と「あなたのせいか、わたしのせいか」を気にする関係が確実に広がってもいます。そこに着目しなければ、「孤育て」という課題の解決にはつながらないのではないでしょうか。

現在、政府の規制緩和等委員会から、保育事業などにバウチャー制度を導入する動きが提案されています。この十数年の市場化の最終的な到達点です。しかし、保護者を消費者として扱うことで、より悪化する問題があります。それは支援という言葉の意味を深く問うているのではないでしょうか。繰り返しになりますが、様々な事業やサービスそのものを否定しているのではありません。サービスを通じて何をめざしているのか、そこが問われていると思います。ともに仕組みやルール・場をつくりだす関係、そこに「あなたがいてくれてよかった」という言葉が生まれるかどうか。それが「孤育て」から抜け出るキーワードではないでしょうか。

2．自治の視点から住民の仕事・行政の仕事を見直す

（1）新しい公共の哲学を

お役所仕事（密室の意思決定と現場のやらされ仕事）と、サービス産業化すなわち住民の消費者化が同時に進むことは、住民が地域のことを当事者として考えることを止めるということを意味します。誰もが「どうせ勝手にきまっている」「それは私のせいではない」と言っている社会、それが現在の日本社会の姿ではないでしょうか。

こうした言葉の延長上に自治体の財政は破綻にとどまらず地域運営そのものの崩壊があります。とすれば、これからの社会は、行政が資源を分配するという社会から、住民が資源を出し合う自治（・協働）型の社会への転換、パターナリズムからパートナーシップへの転換こそがいま求められていると私は考えます。

第7章 「どうせ」から「どうか」へ―市民を「お客さん」から「当事者」にする公共の運営

　行政が住民のためにするまちづくりから、住民が住民とともにつくるまちづくりへと変換する、その方向での行政の施策の展開が必要なのではないでしょうか。

　「官から民へ」のスローガンは、公共サービスの担い手に誰がふさわしいか、という視点の議論でした。しかし、私たちに求められているのは、「サービス」そのものが生み出してしまう「あちら」と「こちら」の壁を越えていくコミュニケーションのデザインではないでしょうか。それは、勝手に行政（の一部の人）が決め、それを現場・下請けの民間の業者に「やらせる」というまちづくりからの脱却です。現場が「やらされ仕事」から解放され、自ら課題を設定し、その実現のために他者に呼びかける仕事への転換です。公共そのもののあり方を問うことが、次の時代をひらく鍵なのだと思うのです。以下、事例とともに、これからの公共のありようを具体的に考えていきたいと思います。

（2）住民自身にしかできないこと

　近年、急速に広がった市民活動の一つに冒険遊び場（プレーパーク）があります。現在、全国で活動している団体は、200を超えています[3]。私はプレーパークは、新しい公共の姿であり、これからの市民と行政の関係をもっともわかりやすい形で模索している市民活動ではないか、と考えています。

　「誰にでもひらかれているがゆえに、あまり誰にも愛されない場所」の象徴が公園です。よく公園には自治体行政の名で「○○してはいけません」と書かれている看板があります。これに対してプレーパークには、月、火、水、木、土、日があり、食べ物や廃材、ロープなど「普通、公園にあってはいけないもの」があります（お金はない?!が、「道具」と「お金にかえられないもの」がたくさんある）。時には闇もあります。各地のプレーパークを訪ねると子どもたちの実にいきいきとした笑顔と、どろどろの服や手足を見

---

(3) NPO法人日本冒険遊び場づくり協会のHPによる。

ることができます。ここにも看板があり、「自分の責任で自由に遊ぶ」と書かれています。この場合の責任は、直接的には、ケガを含めてそこで起こった出来事を、自分が引き受けるということです。プレーパークは、子どもたちが自分で決めて、自分でやってみる自由を保障しようとする試みです。誰かのせいにすることをやめ、かわりに、共同で責任をもとうと広く市民に呼びかけ、話し合い、実践する、そんな運営者たち（市民）がいます。遊具の点検や、救急の対応、地域との関係づくりなど、手弁当の市民が運営のために知恵と労力を集めて運営しています。

このプレーパークには近所の住民から様々な「苦情」が寄せられます。プレーパークのスタッフや運営ボランティアさんたちは、その声を単に苦情とせず、しっかりと耳をかたむけ関係をつけます。互いの都合をつき合わせる努力をします。その地道なコミュニケーションの積み重ねがあって、はじめて成り立つのがプレーパークだからです。特定の「誰かのせい」にすると、その瞬間、閉じてしまうという事実に正面から向き合うことで、自らその場の責任を負うと決意することによって、生まれてきた空間といえます。

自分の責任、かつみんなの責任で場をつくることが、自由につながることをプレーパークは教えてくれます。本来遊びは、誰かが誰かに提供するという類のものではない、居合わせた人が、工夫をしてともにつくるものだと。だから常に住民に問題を投げかけ、ともに考えてほしいと呼びかけていきま

プレーパークで遊ぶ子どもたち　　　新宿・戸山プレーパークが大切にしていること

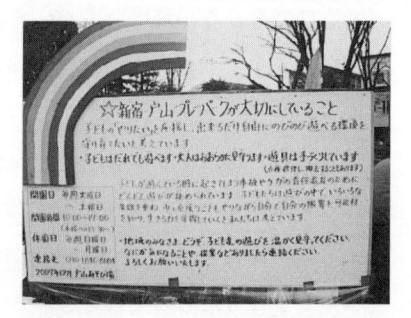

（写真提供）戸山公園子どもの遊び場を考える会

第7章 「どうせ」から「どうか」へ―市民を「お客さん」から「当事者」にする公共の運営

す。おとなたちが「とらされる責任」におびえるとき、そこに遊び（リスクをとる気持ち）の火は消えます。ここにあるのは、「やらす」「やらされる」ではなく、「私はこうしたい」「だからあなたも一緒に考えてくれないか」という呼びかけです。そして互いの都合や気持ちをつき合わせて、折り合いをつけたり、別の解決策をともに模索するプロセスです。

　プレーパークという市民活動が教えてくれるのは、結局、住民同士が話し合うことでしか問題が解決しないということ。市民が市民にはたらきかけること、市民同士で話し合えること、そのコミュニケーションを実現していくために、どうしたらいいだろうか、その問いの答えとして、様々な施策の実現や施設の運営をNPOにゆだねるということが選択肢の一つとしてありうるのだと考えます。住民と住民のコミュニケーション、当たり前ですが、これは住民自身にしかできません。誰かに委託することができません。つまり冒険遊び場は、「買う」ことができないのです。

（3）NPOと協働する理由は？

　プレーパークのような住民主体の場づくり・コミュニティを広げていくこと、それが今後の地域運営／子育て支援のビジョンではないでしょうか。住民から生まれた「子育てひろば」の意味も、ここにあります。行政（あるいはその下請けとして民間事業者・NPO）によって住民に「ひろば」という「サービス」が「提供される」というよりも、住民が他の住民とともに場をつくることに意味があるのであり、設置者・運営者にはその哲学と技術（コミュニティワーク）こそが求められているのではないでしょうか。ひろばに限らず、保育所も幼稚園も、本来は住民（保護者）がともに子育てをすすめていくための関係をつくる施設としてとらえなおすことを「子育て支援」と考えてはどうでしょうか。行政が施設を設置し、問題を解決するという従来型の方法論から、施設を拠点に、1人ひとりの住民が子育ての当事者になるという視点に転換することが、今最も求められていると思います。

　この10年、NPO法とともに「協働」という言葉が、自治体のあらゆる施

策や方針で登場し、首長選挙や、行政計画などで頻繁に使われるようになりました。いわく「行政だけの力では、これからの地域は成り立たない、ぜひ住民との協働をすすめたい」と。これが、公共サービスへの民間開放の流れと重なり、現在、子育て支援の現場ではたくさんのNPOが活躍しています。しかし、その実態を調べると、安い委託先としてNPOが下請け扱いされていることも多々あります。下請けとは、決めるのは委託元の行政、実施するのは受託者という関係です。従来型の行政と事業者の枠組みをそのままNPOに当てはめたものです。行政が住民に対して保護をする、または、行政が住民により安く、良質のサービスを提供するというもの。財政問題が最優先の課題とされるなかで、「多少安くてもやりたいから」「どうしても必要だから」という情熱だけで安く仕事を請け負ってくれる地域のNPOは、大変魅力的な地域資源として扱われてきました。

　私もこれまでたくさんの自治体で、協働について職員や市民の方々と語ってきましたが、その中で何度も聞いたのが「お金がないから、住民の協働を」というセリフです。しかし、住民主体を支援するには相当の経験や専門性が必要になります。そして無償でやるには限界があります。にもかかわらず不当に安く委託することは、その仕事を社会的に価値あるものとして社会が認知することを妨げます。自治体の方には、もう一度その視点から、なぜNPOと協働するのか、を問い直していただきたいと思います。

（４）自治の仕事─決め方を変える、社会資源を生み出す行政へ

　あらためて「自治の仕事」とは何でしょうか。私は、市民が、暮らしやまちのビジョンを他の意見の違う市民と共につくること、その合意形成こそが自治の仕事・公共の仕事ではないかと考えます。その意味で、行政職員だけではなく、NPOも公共の担い手であるといえると思います。

　aという意見をもったAさんが、bという意見をもったBさんとともに住んでいるのが地域。合意形成とは、仮にaという結論になったときに、Bさんが納得できるプロセスがつくられているということです。「どうせ」とは

第7章 「どうせ」から「どうか」へ——市民を「お客さん」から「当事者」にする公共の運営

いわせないということです。なにをめざしているのか、そのビジョンが明確になり、住民自身の共通の未来像になったとき、立場や経験、世代、属性の違いは、対立の原因から利点（資源）へと変換されます。そこで生まれるのは信頼です。

① 情報の徹底した開示

いま何が問題かを明確にすることが必要です。そのために行政・自治体がまずやるべきことは、自らが持つ情報の開示と、決定のプロセスをオープンにすることです。私たちNPOが、例えば会員や広く住民に寄付をつのるとき、まず自らの情報（財務・業務の実態）を開示し、ビジョンを示し、「ゆえにお金（やボランティア）が必要なのです」と訴えます。その情報にウソや隠蔽があったとき、信用は一気になくなります。まずはまな板にのる覚悟が必要です。その覚悟があって、はじめて信用が発生し、呼びかけが耳に届くのです。情報を公開しない組織に自治や公共を語る資格はありません。閉じることは、私物化をまねきます。

② 決定のプロセスを市民にひらく

地域の中でビジョン（課題）をともにつくり出すこと。どんなまちにしたいのか、今何が問題なのかを徹底した討議の中で見つけていくこと。決定のプロセスを開示すること。数ではなく、少数の、そして、小さな声に耳をかたむけ、議論の遡上にのせること。

決定のプロセスをひらくことによって、「当事者（それを自分の問題だと考える人）」を生み出すことができます。「勝手に決められた」と思ったとき、人は、何も出そうとはしません。決定のプロセスに参画し、その結果に責任をもとうとするとき、はじめて人は自分のもっている資源を提供しようと考えます。そこに市民共有の社会資源が生まれます。その量が、そのまちの豊かさを示すのではないでしょうか。納得をつくりだせれば、人は自ら資源を提供します。少し皮肉をいえば、自治体は市民活動を支援するなどという前に、「税金をとられた」といわれないような自己変革をしたほうが、動く市民が増え、早くこの社会は変わるのではないでしょうか。

例えば、2003年からはじまった地域福祉計画は、計画づくりそのものを市民にひらくことによって、市民自身をその担い手へと促す戦略でした。多くの自治体で数年かけて市民参加で議論され、多くの主体的な活動を生み出しました。一方、2004年に義務づけられた次世代育成行動計画の策定は、1年でアウトプットを求められたこともあり、残念ながらほとんどの自治体では、行政のもつ資源配分のための計画に終始しました。各所属組織の立場を代表して出てきた市民も、行政資源の獲得のための発言に終始せざるを得ず、多様な市民の声を聞き、学び、気づくという合意形成に必要なプロセスを踏めたところは、あまり多くなかったのではないでしょうか。来年度以降の「後期計画」の策定をはじめ、施設の設置などの施策を展開する場面で、もしも、市民自身の問題にしたいということであれば、徹底した市民参画をおすすめします。

③　現場への分権／現場に権限と責任をもたせる

　上記、①、②で述べた「合意形成」を、自治体全体という単位で実現することは、かなり困難です。議会に象徴される多数決による意思決定は、合意がなくても決定するという意味で、ある意味最悪の意思決定手法です。数でおしきるわけですから、かなりの数の人々は、その結果を引き受ける気にはなかなかなれません。そのことが、現場の職員と、住民の間に「どうせ」という言葉・無責任と無関心を生み出してきました。決めるのは役所と議会の一部の人。あとはやらされる人。学校が今日最も疲弊し、不信がうずまく公共施設となっているのは、教師と住民に権限（責任）を与えず、事細かに教育内容を決め、現場にやらせてきた教育行政の当然の帰結といえばいいすぎでしょうか。

　公共施設の運営を民間に委託することは、現場に権限を与え、住民と職員がともに責任をもって運営していくのを保障するためにこそあるべきです。委託元しか見ない業者が、現場の職員や利用者の参画をかえりみず、下請けとして権限を代行するだけ、という位置づけになるならば、労働を安く買いたたき、無責任・無気力を生むだけの現場になってしまうのではないでしょ

うか。繰り返しになりますが、自治をするのは住民自身です。NPOも行政もそのサポートをする組織にすぎません。小さな自治をつみあげていった先にしか「自治体」は生まれないのではないでしょうか。

3.「どうせ」から、「どうか」へ

(1) たき火の条件

　NPO法人市民活動情報センター・ハンズオン埼玉では、2005年から、父親の育児参加・地域での仲間づくりをすすめるために埼玉県と協働で「おとうさんのヤキイモタイム」という事業を展開しています[4]。子育て中の父親に、地域でつながり子育てする楽しさを味わい、話す機会を持ってもらおうと始めたキャンペーン事業です。保護者会やPTA、NPO・保育所や幼稚園が開催団体となり、2007年には保育園や幼稚園、児童館、小学校の校庭など75か所でヤキイモがおこなわれました。開催団体には協賛いただいている生活協同組合さんから、1箱10キロ（約30～40人分）のおいもを寄附していただいています。開催の条件は、お父さんに呼びかけをするか、お父さん自身が企画することと、誰でも参加できる形にすることです。

　今、都市化がすすんだ地域では、たき火はとてもやりにくくなっています。いわゆる公共施設（役所管理の場所）では、そうとうの理由がないと許可されることはありません。だるま焼きや、どんど焼きをしていた寺社も近年は燃やすことをやめてしまったところが多く、結果的にたき火が可能な場所は、指定された市のはずれの公園か河川敷ぐらいという地域が多いです。しかし開催地の中には、住宅街の小学校や保育所で開催できているところがあり、そういう場所には一つの共通点がありました。それは人と人の顔が見えているということでした。例えばある私立の保育所は、30年以上地域の人々と子どもたちを育ててきたので園長先生が地域に信用されていたり、小学校

---

(4)　おとうさんのやきいもタイム　http://www.yakiimotime.com/

第3部　テーマ別に見る自治体の子育て支援

おとうさんのやきいもタイム

の校庭で開催するお父さんたちは、実は毎月土曜日に遊びの会を校庭でやっていて、校長先生や自治会の人たちにもよく知られていたりする、そんな場所では、たき火は可能です。

　たき火を条例や規則でしばっているところもありますが、実は、そうでない自治体の方が圧倒的に多く、とくに私有地では、近隣の了解を取り、風向きを考慮すれば案外、簡単にできたりします。にもかかわらずはじめから「できない」と思いこんでいることのほうが多いかもしれません。その背景には、煙が出る→近隣住民が役所に電話する→役所が禁止するという構図があるようです。その典型が公園です。つまりたき火が難しくなっていることの裏には、役所という権力に頼り、直接のコミュニケーションの労をとることを惜しむ住民の姿があるということです。そこに欠けているのは、市民同士が直接交渉し、互いの都合を出し合って合意するというプロセス、すなわちコミュニティです。

　「♪垣根の垣根のまがりかど」の童謡にあるように、人と人との顔の見える関係があるところでは、たき火が可能になる。人間が人と人との間（関係）で育つ（生きる）ものだとすれば、たき火のできない社会は子どもにとって生きづらい社会だといえないでしょうか。各地で開催してくれる主催

270

者の方々は、様々な地元の人たちや役所と交渉（コミュニケーション）してくださっています。それこそが、子が育つ環境を耕しているということなのかもしれないと私たちは考えています。

（2）パートナーとして

　住民・行政の職員ともに、まず、その問題について解決したい（自分が解決の当事者になる）という気持ちを持つかどうか、話はそこからはじまります。そして、自らが動くだけではその問題が解決しない、働きかけることでしかその問題が解決しない、と考えたとき、はじめて市民や企業が「パートナー」として見えてくるはずです。呼びかけるのは、組織ではなく、職員1人ひとりの「私」です。「私」がどんなまちにしたいか、場所にしたいか、そこがなければ、他者の共感は得られません。動いてはくれません。「仕事でやらなければいけなくなったので」と「頼まれた」ときの返事は、「そのかわり何をしてくれるのですか」ということになるだけです。

　住民にしかできないことをまず明確にしませんか。現場で住民同士が「どうか」「一緒に」と呼びかけ合えること。異論があっても、話し合えること。「自分だけ」「自分の子だけ」に閉じることなく、他者やまち全体に視野を広げられる。その学び・気づきを組織できること。そして、納得のいく結論をつくりだせること。そのことを支えるために現場と役所がともに「どうか」「一緒に」と呼びかけ合う。そんなコミュニケーションがあふれるまちにしたいと思います。

　「ひとりの子どもが育つには、村全体の人々の関わりが必要だ」という言葉があります。子育て支援の仕事とは、「あの子」が、気になる人を増やしていく仕事。私にできることはなにか、私も日々、模索しています。どうか、ご一緒に。

第8章

場や拠点の整備

大豆生田　啓友（関東学院大学 人間環境学部人間発達学科准教授）
荒木田　ゆり（横浜市 こども青少年局 地域子育て支援課長）
原　美紀（横浜市港北区地域子育て支援拠点どろっぷ施設長・NPO法人びーのびーのの事務局長）

はじめに

本章では、自治体において実施される子育て支援事業の中で、子育て支援の場や拠点をどのような視点に立って整備すべきか、また、どうすればすべての子育て家庭への支援ニーズに応えうることができるかについて考えたいと思います。

ここでは横浜市の取組みの事例を紹介し、どこにその意義と課題があるかを論じることで、1つの答えとしたいと考えています。前半では、行政サイドからの地域子育て支援事業の具体的な整備およびその意義と課題を紹介し、後半では地域子育て支援拠点を受託したNPO法人の視点からその意義と課題を紹介し、最後にそこから導き出されるポイントを示したいと思います。

1．横浜市における地域子育て支援事業の展開

（1）概況

363万人余りの市民が暮らす横浜には行政区が18区あり、全市で年間3万人以上の赤ちゃんが生まれています。18区の状況は、転出入が激しい区、歴史があり比較的人の移動の落ちついている区、地縁血縁のつながりが残っている地域、近所づきあいがほとんど無い地域、と実に様々です。人口も、総人口約9万人で、就学前（0～5歳）の子どもが4,500人程度の区から、32

図表1　横浜市図（人口は2008年3月31日現在）

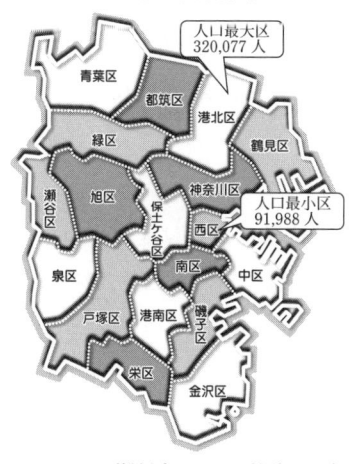

人口最大区 320,077人
青葉区／都筑区／港北区／緑区／鶴見区／神奈川区／旭区／瀬谷区／保土ケ谷区／西区／人口最小区 91,988人／中区／南区／泉区／戸塚区／港南区／磯子区／栄区／金沢区

（横浜市ハンディ統計 2008）

万人を超える区民が暮らし、就学前人口1万7,500人余の区まであります。

　こうした中で、身近な地域で多様な子育てニーズに応えていくために、横浜では、地域で様々な活動実績のあるNPO法人等市民・事業者と行政が協働してサービス創出・提供にあたっています。

（2）地域子育て支援の場の整備の考え方

　2004年に横浜市が行った次世代育成支援に関するニーズ調査（就学前児童保護者1万500人に送付。回収数4,857人）によると、妊娠中や出産後1ヵ月くらいの間に不安になった人の割合は約6割、子どもを虐待していると思うことのある人が約2割もいることが明らかになっています。そして、日常の子育てを楽しく、安心して行うために必要なサービスとして、「子どもを遊ばせる場や機会の提供」を6割以上の人が、「親のリフレッシュの場や機会の提供」を約5割の人が、「子育て中の親同士の仲間づくり」を3～4割の人が求めているとの結果が出ています。

　横浜市では、こうしたニーズに応える地域子育て支援の場を小学校区程度の徒歩で行ける身近な場所に確保することをめざしています。なお、ここでの地域子育て支援の場とは、地域子育て支援拠点、親と子のつどいの広場、幼稚園はまっ子広場、保育所の施設開放（育児支援センター園・センター園以外の園）、子育て支援者会場、子育てサロンを指します。

（3）地域子育て支援の場の概略

　整備目的、内容、実施方法、設置状況などは図表2に掲げるとおりです。また、地域子育て支援施策がいつごろから始まったかについては図表3のとおりですが、そもそも子育て家庭を支援する施策の歴史は極めて浅く、その必要性も残念ながらいまだに広く認知されているとはいい難い状況です。

　歴史の浅さに比例して、個々の事業の熟度も成熟の域には達していません。求められているサービス内容は、保育士や保健師といった専門職による指導というより、当事者性を理解した上での受容や伴走、エンパワーメントであると実感しています。しかし、いわゆる親支援ともいうべき専門性も歴史の浅さに比例して模索途上にあり、場の運営を担っているスタッフが日々の活動の中で、模索し、身につけているのが現状で、その努力には頭が下がる思いです。

　行政としては、個々の現場で取り組みきれない研修やシンポジウムなどを共に企画・実施し、個々の現場が横につながっていけるような支援を行っているところです。今後、こうした親子の居場所（厚生労働省のいう「地域子育て支援拠点」）を第2種社会福祉事業に位置づける動きがありますが、一定の質が保たれるようになる期待がある反面、成熟期に達する前に監査などが強化されると、生き生きとした個性の発揮やこれから共に創り上げていく事業内容が貧弱になるのではという危惧も抱かざるを得ないところです。

2．行政から見た地域子育て支援事業実施上の利点と課題

　地域で暮らす親子の様子は様々であり、しかも子どもの成長につれて、また親自身の状況によって、その時々に求めていることが変化します。ある時点まで、一歩間違えると虐待か、というくらいの厳しい状況に見えた親が何かがきっかけとなり、自信を取り戻し、子どもと上手に向き合えるようになることがあります。親子関係が良好になるのみならず、場の運営を担うスタッフになることまであるのです。また、下町情緒あふれる地域と転出入が

第8章　場や拠点の整備

図表2　地域子育て支援の場　比較表

取組の方向と目指す姿	地域子育て支援拠点 小学校区程度の徒歩で行ける身近な場	親と子のつどいの広場	幼稚園はまっち広場 地域子育て支援の場所に、幼稚園は身近な場所	育児支援センター園	子育て支援者 地域の身近な人材を「子育て支援者」として委嘱し、子育て相談や子育てグループの実施などを行うことにより、地域の中での養育者への支援を行う。
目的	子育てに関する様々な不安や負担を軽減し、次代を担う子どもたちが健やかに生まれ育つようにするため、市民と行政が協働で、親子が交流できる、様々な情報提供や相談などを行う。(主に0〜3歳児)未就園児とその保護者へのサービスと、子育て支援の活動に取り組む人への支援を行う。	子育て中の親子が気軽に集い、同じような不安や悩みを持つ仲間との交流・回覧等の場の提供を促進することにより、子育ての不安を解消する。	幼稚園が、放課後などに園庭・園舎を開放することで、近隣地域や地域の幼児が友達と過ごせる場や、付き添いの保護者と一緒に安全に過ごせる場や、情報交換できる場を提供する。	保育所という地域に身近な社会資源をもっと活用し、開放していくことで、保育の社会化を進め、併せて、地域の中での子育て支援機能の充実を図る。	
具体的事業	1 ○○子育て家庭のための事業 ○○親子が遊びながら交流できる常設の居場所の提供 ○○子育てに関する相談 ○○子育てアドバイザー等による子育て・悩みの相談 ○○区内の子育て支援関連情報の提供 2 ○○子育て支援者のための事業 ○○子育て支援団体相互のネットワーク化の推進・構築 ○○子育て支援に携わる人材の育成	○○子育て親子の交流、つどいの場の提供 ○○子育てアドバイザー等による子育て・悩みの相談 ○○地域の子育て関連情報の提供 ○○子育て支援の実施 ○○講習等の実施	○○園庭・園舎の開放 ○○看板表示等で園による事業案内・周知 ○○子育て支援サークルの提供 ○○集いの場の提供 ○○子育て相談、子育て講演会、音楽会の開催 ○○図書室、遊具を備えた部屋の開放	○○施設の地域開放 ○○プラザなどの市民利用施設の子育て利用 ○○子育て相談 ○○養育者どうしの仲間づくり ○○子育てサークル活動の育成・支援	○○地区センター、ケアプラザなどの市民利用施設の子育て利用 ○○養育者どうしの仲間づくり ○○子育てグループ活動への支援
条件	○○土日を含め週5回以上 ○○1日6時間以上 ○○標準面積 300m²	○○週3回以上 ○○1日5時間以上 ○○広場面積が40m²以上	○○通常時 週5日以上 ○○夏休み 週3日以上	○○施設の地域開放 週1回以上 ○○育児相談 随時 ○○育児講座 年4回以上 ○○交流保育 年12回以上	○○子育て相談 週1回・約2時間 ○○支援講座 随時 ○○子育てグループ活動
人員体制	○○センター長 1名 ○○常勤職員 2名 ○○非常勤職員 3名	子育てアドバイザー2名以上配置	・・・	嘱託保育士 1 専任従事者 1	支援者1名／1会場
事業実施方法	委託（民設民営）	補助・委託（市社会福祉協議会等、社会福祉法人等へ委託）	補助	市立：直営、私立：補助	委嘱
次世代育成支援行動計画5か年の目標整備数	18 （1区1か所）	24	35	市立 36 私立 21	145
過去5年の推移	19年度 9	19	19	市立 18 私立 8	160
	18年度 5	15	16	市立 18 私立 6	145
	17年度 1	12	13	市立 18 私立 6	126
	16年度 ・・・	9	12	市立 18 私立 0	108
	15年度 ・・・	6	5	市立 18 私立 0	90

（横浜市こども青少年局　地域子育て支援課作成）

第3部　テーマ別に見る自治体の子育て支援

図表3　地域子育て支援施策の歴史

在宅子育て支援家庭を対象とした地域子育て支援推進施策の歴史

総合支援		H元	H2	H3	H4	H5	H6	H7	H8	H9	H10	H11	H12	H13	H14	H15	H16	H17	H18	H19
地域子育て支援拠点																		○	▶	

相談・交流		H元	H2	H3	H4	H5	H6	H7	H8	H9	H10	H11	H12	H13	H14	H15	H16	H17	H18	H19
子育て支援者									○											▶
保育所地域子育て支援	民間園地域活動事業補助	○																		▶
	公立相談園（モデル）			○																▶
	公立支援センター園（モデル）						○													▶
	民間支援センター園																○			▶
親と子のつどいの広場									○											▶
私立幼稚園はまっこ広場																○				▶

（横浜市こども青少年局　地域子育て支援課作成）

激しい郊外区では親子の暮らしぶりや求めるサービスも異なります。子育て支援は、何か１つ「これをやれば正解！」ということがある訳ではなく、金太郎飴のようなサービスでは立ち行きません。

そこで、横浜では１区に１か所設置し、子育て支援の中心的役割を果たす「地域子育て支援拠点」や、身近な親子の居場所「親と子のつどいの広場」、「幼稚園はまっ子広場」を民間主体協働型で展開することを原則とし、多様な利用者ニーズに柔軟に対応することとしています。その一方、行政がイニシアティブをとる直営型の事業も展開しています。

以下、地域子育て支援事業を行政の関与の度合いによって分類し、その利点と課題を述べてみたいと思います。

① **行政直営型事業　～公立保育所育児支援センター園、子育て支援者会場～**

行政にとって、直営型の利点は、計画的な配置、一律一定のサービス提供ができること、区役所との連携をとりやすいことにあります。市民の自発性に頼るのみでは、子育て支援者会場をこの10年で160か所も開設することは

できなかったでしょう。公立保育所育児支援センター園も、1区に1か所以上展開しており、両事業とも、開催回数、取組み内容など全市で一定のサービス水準となっています。

　また、行政が職員を雇用・委嘱していることから、保健師などの職員と定期的な会合を持ちやすく、週のうち何日かは区役所で仕事をするなど、区役所と良好な関係を築く土台が用意されています。仕事を頼みやすく、情報を伝えやすいといった関係が形成されやすいのです。さらに、定例会では、事例検討も積み重ねられ、職員の資質向上にもつながっています。

　地域特性に応じて、全市一律で決められていること以上の、いわゆる横出し、上乗せのようなことが必要になる場合には、区の権限強化を志向している横浜では、「個性ある区づくり推進費」という区役所独自の予算があるので、それを使って対応することができます。もちろん良いことづくめではありません。ひらたくいえば、現場のニーズに対応した素早い意思決定には、難がある仕組みとなっています。現場で何かを変える必要があると感じて、上司に提言したとします。すると、全市一律の事業で、指揮命令系統が何層にもなっているので、現場では上司に判断を仰ぎ、現場の上司は区役所に聞き、区役所は統括部門である市役所に聞き、統括部門は関係者を集めた「検討会議」のようなものを立ち上げ、そうこう検討を重ねているうちに半年や1年は経過してしまいます。すると、現場の熱は冷めるし、ことによるとニーズも変質することがあるのです。

　地域における子育て支援は、全体として、命に関わるようなセーフティネットをどうつくるかというより、「A地域で行う必要が無くてもB地域でやるべきでは？」ということを適宜判断していくような性質の事業であり、個々の現場で速やかに意思決定ができるようにするべきなのです。そのためには、区役所への分権を一層進め、予算を含め権限を区役所に譲る必要があるのですが、残念ながら、「子育て支援」は行政内部において、磐石な地位を占めているとはいい難い現状があります。例えば、「母親クラブ支援」は、ある時期まで局が予算をもっていて全区で展開していました。より地域

特性に応じた支援になるようにと、区役所への分権を進め、財源を区に渡したところ、その取組みを消滅させてしまった区が次々に出てきたのです。局としては大切に思っている事業でも、区ごとの取組みの温度差がここまでになると、歯がゆく思います。そこで、区に権限を委ねていない子育て支援事業については、今しばらく、市として取り組む姿勢を打ち出し続け、全市一定のミニマムな水準が崩れないよう定着化を図った上で、地域の取組みがより一層花開くよう、環境を整えていく必要があると考えています。

② 民間主体協働型事業～地域子育て支援拠点、親と子のつどいの広場、幼稚園はまっ子広場～

民間主体協働型事業は、「こういうサービス・居場所が欲しかった！」という当事者の思い、「こういうことをぜひやる必要がある！」との経営者の熱意に端を発した事業であるために、行政では気がつかないような細かな配慮がいきわたり、大勢の親子連れでにぎわっています。基本的には手上げ方式（どこで、どんなことをやるかコンペして選定される）なので、運営の中身は申し分ないのですが、計画的な配置が進みにくく、行政としてはつらいところもあります。

地域子育て支援拠点は、区役所の事務として位置づけており、かつ民間主体協働型との位置づけもあるので、区役所と拠点運営法人の二人三脚で進めています。拠点の規模は平均300㎡なのですが、この規模の場を法人主導で確保するのは意外に難しい現状があります。大手不動産会社はNPO法人はもちろん、社会福祉法人にも容易に場所を貸したがらず、とても負担に耐えないような保証金を求めてきます。ここに行政の出番があります。双方が組むメリットが発揮される一例です。

一方、法人の熱い思いと行政の公平・公正さの追求、バランスよく事業を展開したい志向が上手くかみ合わず、双方やりにくさを感じることもあるようです。市としては拠点が果たすべき大枠を示し、細目は区と法人が決めることにしています。例えば、市が示す大枠をレストランメニューに例えると、「主食の提供」というくくりになり、うどんか米食かは区と法人が協議

して決める訳です。主食不要論が巻き起こることもあり、立場が異なる二者の協働は本当に難しいことを実感しています。しかし、区役所と拠点運営法人は定例で打ち合わせの機会を持っており、そうした機会を重ねることで信頼関係の構築や、めざすべき方向性の共有は着々と進んでいると思います。

　親と子のつどいの広場、幼稚園はまっ子広場については、現時点では完全に手上げ方式なため、事業の中身が良くても既存広場に極めて近い場所につくりたいという申請が出てきてしまう場合があります。民間主体方式のつらいところです。運営については、商店街の一員として地域に溶け込んでいる広場、利用者にスタッフとしての活躍の場を提供する広場、食育が得意な広場など地域特性を踏まえ、個性豊かに展開されており、年々利用者も増えています。しかし、区役所事務として位置づけておらず、市役所事務となっているため、事業内容、事業の性格などが今ひとつ区役所の理解を得られず、PR1つとっても、時には区役所の敷地外でチラシを配るようにいわれたり、気になる親子を区役所につなげたものの、その後の区の対応内容がフィードバックされなかったりと、関係づくりに苦労している面があります。

　さらに、予算編成の場面で、民間主体事業は「補助」対象となることが多いのですが、全体として補助対象の自立を促し、行政からの助成は減らしていく傾向の中、補助金を減らすことはあっても増やしにくいという状況があります。多くの子育て中の親子に気軽に来て欲しい、と思うと利用料は低く抑えたい、しかし、少なくとも家賃、光熱水費といった固定経費は出て行く、行政からの助成は十分でない。となると、勢い、スタッフは限りなく無償ボランティアとなります。開設に携わった初代の熱意あふれる人たちはそうしたことも覚悟して取り組んでいただいていますが、第2世代を見つけにくくなります。

　「委託」事業の場合でも、予算シーリングがかかることはあっても、スタッフが経験を積んできたので委託費を年々アップするということはありません。子育て支援分野に限らず、良い人材の確保とそれに見合わない予算は悩ましい問題です。固定経費が行政負担の場（保育所や学校など）を活用し

て、市民・事業者といかにタッグを組んでいくか、人材確保をどう進めるかということは、今後の大きな課題であると感じています。

3．NPOサイドから見た実施上の利点と課題

　地域子育て支援拠点は5つの要綱に基づいて、1区に1つの子育て支援拠点として設置が計画されています。港北区地域子育て支援拠点どろっぷ（以下どろっぷ）は、横浜市内において初の支援拠点として港北区に2005年4月に開設しました。拠点事業に盛り込まれた機能を発揮するにあたっては、地域に住まう子育て当事者の視点をその中心に据えたいという意志のもと、2000年から区内において親と子のつどいの広場事業を運営してきた「NPO法人びーのびーの」が運営法人として受託し、モデル事業として活動を始めることとなりました。

　NPOとして、市民＝民間主導、子育て当事者の視点で地域にこだわって創ってきたひろば事業の運営から、この拠点事業を「委託」という枠組みの中で実施するのにあたっては、法人内部で様々な議論がありました。その議論の経緯を説明しながら、拠点整備にあたってNPOが受託する際の利点と課題について整理したいと思います。

（1）利点

① 民間主導型だからこそこだわる運営する場へのこだわり——ハード的資源が確固として保障されたこと

　NPOの1番の強みは関わる人たちの知恵と工夫と思いがとても強く、それが運営に投入されるという点です。ただ、財政的基盤が弱いがために、そのソフト的資源を存分に活かすハード的資源を自らつくり出すことがとても難しいことがあります。このことは、子育て支援分野に限らずNPO分野全般に指摘されていることです。

　また、子育て支援において大事な視点としては「すべての子育て家庭に向けられたものである」ということです。親の就業の如何を問わない、子ども

のみならず広い意味での家庭支援の場であるということ、幼稚園、保育所に就園する前の子育てのスタートを応援する場であるという位置づけです。こうした際に考えられるのは、まず最低限の環境保障としてその施設をどのような場で開設するか、行政施策においてハード的に示す環境保障は、親子への応援メッセージとしても非常に大きなPRだと思っています。この背景から、委託事業に位置づけられたことで、そのハード的保障が確固たるものになるのは大きな利点でありました。

　すべての子育て家庭における、より豊かな在宅家庭の時間を保証するハード的環境整備は、子どもの育ちに必要な要素を明示するための拠点事業としてとても大事です。限りある資源とスケジュールの中で、行政と一体となって、NPOの地場ネットワークを駆使した場所探し、行政の信用性による後押しがあって、獲得できたものでもありました。「子どもの育ちにとって何が大事か」という視点での場所選択というプロセスは、「場ありき」の事業展開でない、これから述べるすべてのソフト的要素、独創力を生む基盤にもなったことは確かでしょう。

② 専門性に裏づけられた当事者性の発揮

　NPOは、事業維持のために、その「ミッション＝理念」を利用者に理解・賛同してもらいながら、共にサービスをつくり出していく担い手として

おイモ畑だった、どろっぷ建設前風景

どろっぷの全体概観
（脱施設観、実家に帰ってきたような雰囲気を大切に…）

の参画意識を仰いでいくことが大きな使命でもあります。しかし、拠点事業を運営する上では、その規模は大きくなり、受け入れる形態も無料となると、より多様な利用者に対してスタッフは日々対応していくことになります。自らの理念や思いを伝えていく手段や機会をつくっていくには、今まで以上のパワーを要します。その直接的対人援助業務にあたるスタッフたちに対し、拠点事業における1つの要綱である「遊びの交流事業＝ひろば事業」の意義をよく理解している専門相談機能があり、担当行政分野である福祉保健センターサービス課では保健師、助産師、ワーカー、またその先には療育的機関がつながっていることはとても大きな強みになっています。

利用者に対して重層的かつ確固たる支援がある安心感、さらには「日常を応援するスタンス」を前面に出しながら、ひろばスタッフたちが存在するということが、この事業のソフト的な1番のポイントになります。乳幼児家庭に対し、家庭そのもの、暮らし全般を見据えて、日常と専門分野を決して乖離させないで、ありのままの家庭に寄り添っていく姿勢を保持することは想像以上に難しいことです。拠点におけるひろばは、これだけの資源に裏づけされた中で、ひろばスタッフ自身が感じた様々な思いを親子に投入し、接していくという当事者性を発揮しながら、子育てへの肯定感、受容性を高めていく作業でもあるということです。専門性と当事者性双方を合わせもった充足したスタッフの活動環境が成されたことが、利点としてあげられます。

（2）課題

① 行政との協働のあり方

この拠点事業が民間主体協働型事業で位置づけられ、地域の当事者団体による運営が望ましいと位置づけられたことは、横浜市ならではの新たな施設運営を明示した点で画期的でした。その可能性を検証しながら、公共サービスを民との協働でつくる、本来の福祉サービスの原点を市民活動と連携してつくり上げることを明確にしたものとして評価できるでしょう。1区に1拠点の多様な区民に開かれた拠点事業を展開していくにあたって、そのモデル

や前例もない中、仕組みをつくっていくのはとても大変なことです。

　委託側、受託側双方で手探りの状態で始まったこの拠点事業について、行政のもつ「公共性と普遍性」、NPO が持つ「当事者性と即時性」を融合させながら、利用者のニーズにより柔軟かつ固有のサービスを提供できることになります。お互いの強み、弱み、行動原理を理解しながら、この子育て支援拠点の理念実現のためのアプローチを見出していく作業においては、1つの具体的ツールが必要になってきました。それが現在策定している「協働協定書と役割分担表」の存在です。

　行政からの支援においては、現在、「委託形式」か「補助形式」しか形態がありません。支援形式はどうあれ、激変する社会環境やそれに伴う利用者ニーズへの対応、その中でもゆるがない指針として「発信していきたいものは何か？」という中身を、単年度ごとに法人（受託）側と行政（委託）側とが確認しあう作業は必要になります。しかも、このプロセスをすべて公開すること、事業そのものを利用者に評価してもらおうと努力することも大事でしょう。この努力は、単なる行政の受け皿ではなく、地域福祉を担う担い手、子育て支援に関心を寄せる人の裾野を増やしていくことにつながると思います。この動きを名ばかりの協働として概念を先行させるだけでなく、法的根拠のある動き、仕組みとして位置づけ、新たな施設運営のあり方として、本当の意味での協働の概念を広めていけるかどうかが大きな課題といえるでしょう。

第3部 テーマ別に見る自治体の子育て支援

項目	目指す拠点の姿	評価の視点
親子の居場所	○利用する人を温かく迎え入れる雰囲気がある。	○利用する人を迎え入れるための配慮、工夫をしているか。
		○利用者の間に交流しやすい雰囲気ができているか。
	○世代、性別等を超え多様な養育者と子どもが訪れる場所になっている。	○多様な養育者と子どもを受け入れる配慮、工夫をしているか。
		○父親、祖父母等の利用があるか。
	○子どもにとって安全な環境(防災・防犯・衛生・事故防止)が確保されている。	○リスクを減らし、安全性を確保する取り組みがされているか。
		○事故や災害発生時の対応についてルールづくり、訓練がされているか。
		○衛生管理が適切に行われているか。
	○親(保護者)がくつろいで過ごせる環境が確保されている。	○大人が過ごす空間への配慮がされているか。
	○子育て支援ニーズ把握の場になっている。	○ニーズを把握するための工夫、仕組みがあるか。
		○把握されたニーズが共有され、解決につながっているか。
	○親(保護者)自身が親として育ち、また子どもが育つ場となっている。	○子どもの年齢、月齢に応じた遊びの環境が整備されているか。
		○子ども同士のかかわりを尊重したスタッフのかかわりができているか。
		○親自身の学びの場になっているか。
	○親同士がささえあう状況ができている。	○利用者の間に交流しやすい雰囲気ができているか。(再掲)
		○利用者同士が相談、情報交換し、課題解決しあう仕組みや仕掛けがあるか。
	☆居場所企画運営に利用者が積極的に参画している。	○利用者が居場所企画運営に参画する仕組みや仕掛けがあるか。
		○さまざまな参画者が、各々の得意分野を生かせているか。
	☆居場所企画運営に地域のボランティアが積極的に参画している。	○ボランティアの受け入れを行っているか。
		○ボランティアが居場所企画運営に参画する仕組みや仕掛けがあるか。
		○ボランティアが、各々の得意分野を生かせているか。
		○ボランティア数が増えているか。

第8章　場や拠点の整備

平成20年度行動計画・達成目標 （法人の役割）	平成20年度行動計画・達成目標 （行政の役割）（案）
○初めて利用する人には丁寧に趣旨説明、オリエンテーションを行う。 ○初めて利用する人への声かけを積極的に行う。 ○初めて利用する人とそうでない人が、利用者同士で分かるような仕掛けをしていく。 ○利用者間の交流を促すための企画を月１回程度行う。	○新規転入者、第１子の親などの来庁時（妊娠届、転入届等）等に、拠点を積極的に紹介する。 ○必要に応じて、交流企画への協力を行う。
○ひろばが親子で過ごすだけでなく、妊婦、多胎児、外国人籍、シッターなど多様な養育者及び子どもの利用のきっかけとなる参加型講座、交流イベントを行う ○父親同士の交流を深める機会を提供する。 ○父親利用のキャンペーンを、atどろっぷを活用して行う。	○多様な養育者及び子どもの受け入れに関する助言、協力をする。 ○多様な養育者及び子どもへ、拠点利用について紹介する。
○月１回、スタッフ全員による安全チェック会議を行う。 ○事故対応マニュアルを作成する。 ○事故事例はスタッフ間で共有する。 ○衛生管理講習を行う。（スタッフ向け） ○防災・防犯講習を行う。（スタッフ向け） ○避難訓練を行う。（利用者及びスタッフ向け） ○施設自体の防災計画書を作成し、届出施設となる	○定期的に実施状況の確認と、改善等について拠点と共に検討し、サポートをする。 ○衛生管理講習への講師派遣の相談に応じ協力をする。 ○必要に応じ、消防、警察等への協力依頼をする。 ○緊急警戒情報等について、入手した情報を拠点へ提供する。 ○事故発生時等への対応を拠点と連携して行う。
○喫茶コーナー等のくつろげる環境を整備する。 ○親向けの雑誌、図書を充実する。 ○親の作品展示など大人のための空間を充実する。 ○親同士の情報交換ツールを生み出す	○定期的に実施状況の確認と、改善等について拠点と共に検討し、サポートをする。（再掲）
○統計を基に、利用者傾向の分析をする。 ○利用者の声、ニーズを把握する仕組み（アンケート、意見箱等）をつくる。 ○月１回、スタッフ会議でニーズを共有する。	○利用者傾向、把握ニーズを拠点と共有する。
○年齢、月齢に応じた遊びの環境を設定する。 ○スタッフが、子ども同士の関係づくりを意識を創出する。 ○講座、講習、勉強会などの機会を提供する。	○定期的に実施状況の確認と、改善等について拠点と共に検討し、サポートをする。（再掲） ○講座等の講師協力（紹介、派遣等）や情報提供を行う。 ○乳幼児健診等のセンター事業の中で把握した子育てニーズを講座等の企画に情報提供する。
○利用者間の交流を促すための企画を月１回程度行う。（再掲） ○スタッフが仲介し、共通課題をもった利用者同士を結びつける工夫をする。	○必要に応じて、交流企画への協力を行う。（再掲）
○利用者による居場所運営意見交換会を開催する。 ○利用者が子どもを連れてボランティアとして活躍できる役割を提供する。 ○利用者が参加しやすい雰囲気をつくる。	○意見交換会の内容を共有し、必要に応じ対応策について拠点と共に検討し、対応をサポートする。
○多様なボランティアを受け入れる。 ○ボランティアの存在と、募集について利用者へ周知する。 ○ボランティアによる居場所運営意見交換会を開催する。 ○ボランティアの日々の活動状況把握とフォローを行う。 ○ボランティア中心に、イベントを企画実施する。	○ボランティア募集への協力をする。 ○意見交換会の内容を共有し、必要に応じ対応策について拠点と共に検討し、対応をサポートする。（再掲）

第3部　テーマ別に見る自治体の子育て支援

項目	目指す拠点の姿	評価の視点
子育て相談	○気軽に育児に関する相談ができる場となっている。	○相談者とスタッフとの間に安心して相談してもらえる信頼関係ができているか。
		○どのような相談に対しても傾聴し、相手に寄り添う相談対応ができているか。
		○一定の相談実績があり、内容の傾向を把握し、対応が検討されているか。
	○発達、不適切な養育など専門的対応を要する相談を受け止め、関係機関に結びつけられている。また必要に応じて継続したフォローができている。	○福祉保健センター等関係専門機関との連携、連絡体制ができているか。
		○相談内容に応じて、専門的対応の必要性についてアセスメントできているか。
		○専門機関へつなげるための必要な応対ができ、また継続したフォローができているか。
		○専門機関との連携ケースに対応した実績があるか。
	○プライバシーに配慮した相談環境、対応が確保されている。	○プライバシーを守れる相談環境があるか。
		○スタッフが守秘義務を遵守しているか。
		○記録等の個人情報が保護されているか。
情報収集・提供	○来所が困難な方も含めて、必要な情報を容易に入手できるようになっている。	○ニーズにあった情報が提供できているか。
		○さまざまな媒体を活用した情報発信ができているか。
		○拠点以外の場を通じて情報発信をしているか。
		○利用者が、必要な情報を容易に選び出すことができるか。
		○さまざまな子育て情報が拠点で入手できることが、区民に認知されているか。
	○地域における子育ての情報が収集され、入手できるようになっている。	○地域における子育て情報の収集をする仕組みがあるか。
		○区内の幅広い地域の子育て情報が集まっているか。
	○利用者自身が、拠点を通じて情報提供できている。	○利用者自身が、拠点を通じて情報提供できる仕組みや工夫があるか。
	☆情報収集、提供のしくみづくりに利用者が積極的に参画している。	○情報収集、提供の企画に利用者が参画する仕組みや工夫があるか。
		○さまざまな参画者が、各々の得意分野を生かせているか。

第8章 場や拠点の整備

平成20年度行動計画・達成目標 （法人の役割）	平成20年度行動計画・達成目標 （行政の役割）（案）
○相談体制づくり（居場所での相談、専門相談）をする。 ○傾聴を心がけて相談対応する。 ○相談に当たるスタッフのサポート体制づくり（スーパーバイズ、研修）をする。 ○曜日により、相談スタッフ、相談内容を設定し、利用者に分かりやすく提示する。 ○利用者のニーズに沿ったテーマについての相談日を設定する。 ○相談担当が加わり、気軽に参加できるグループ相談を行う。 ○グループ相談をきっかけとして、共通のテーマを持つ自主グループの支援を行う。 ○相談内容の傾向を把握し、対応について振り返り、スタッフ間で共有する。	○相談ニーズに関する助言をする。 ○相談体制に関する助言や協力をする。 ○相談スタッフへの研修や事例検討会に関する助言、協力をする。 ○課題別相談事業に関する企画や内容への助言をする。 ○拠点での相談実施について区民に周知、紹介する。
○相談者に、必要に応じて他の相談機関の情報を提供する。 ○相談内容をリストにまとめ（個人が特定されない情報として）、月1回区に提出する。 ○相談に当たるスタッフのサポート体制づくり（スーパーバイズ、研修）をする。（再掲） ○必要に応じて、福祉保健センターに個別相談の状況報告を行い、またケースの状況に応じたカンファレンス、担当保健師へのつなぎを行う。 ○相談事例について拠点スタッフ及び区スタッフの担当者会議を行う。	○他の相談機関に関する情報を拠点に提供する。 ○相談内容リストにより、拠点での相談内容、傾向について共有する。 ○相談スタッフへの研修や事例検討会に関する助言、協力をする。（再掲） ○必要に応じ、状況報告受理、カンファレンス、担当保健師への引継ぎに対応する。 ○相談事例について拠点スタッフ及び区スタッフの担当者会議を行う。 ○拠点からの引継ぎケースについて、結果をフィードバックし、必要に応じて連携対応する。
○相談室環境を整備する。 ○個人情報保護（記録・引継ぎに関する同意、相談記録の管理）を徹底する。	○定期的に実施状況の確認と、改善等について拠点と共に検討し、サポートをする。（再掲）
○幼稚園・保育園・学校・育児サークル・子育てサロンなどの他機関に関する情報を整備する。 ○地域の子育て支援関係者が必要とする情報を整備する。 ○利用しやすい情報発信の方法を検討（紙・IT媒体）する。 ○情報整理の体系、ルールづくりをする。（ライフステージ別など） ○拠点自体の周知を図るため情報を発信する（拠点のパンフレット、広報紙 at どろっぷをつくる。）。 ○拠点ホームページのアクセス数を増やす。と共にコンテンツ充実を図る ○地域ケアプラザ、地区センターなど身近な場で情報発信できる方法について検討する。	○初めて利用する人（又は新規転入者、第1子の親など）向けに拠点の情報を提供する。 ○他区の子育て情報等も含め、区が把握している子育て関連情報を拠点へ提供する。 ○拠点以外の場における情報提供について、関係機関等へ協力依頼する。 ○情報提供、整理方法等に関する助言をする。 ○拠点自体の周知についてパンフレット等の配布協力、区広報への掲載、関係機関の会議の場等での周知等を行う。
○地域別の情報を収集する。 ○地域の子育て支援関係者が、拠点を通じて気軽に地域情報を提供できる仕組みをつくる。 ○地域から得た情報を行政と共有する。 ○子育て応援メールマガジン「ココめ～る」の編集を行う ○ココめ～る編集委員会を運営する ○収集した情報をココめ～る記事に加工し、区に送付する	○地域情報の収集に関する助言、協力する。 ○区が把握している情報を提供する。 ○地域から得た情報を法人と共有する。 ○子育て応援メールマガジン「ココめ～る」配信事業のとりまとめを行う ○法人から送付されたココめ～る記事の配信を行う
○利用者間の情報交換を促す掲示板を設置する。 ○利用者の体験を生かした子育てを学ぶ情報発信に取り組む。 ○地域の子育て支援関係者が、拠点を通じて気軽に地域情報を提供できる仕組みをつくる。（再掲）	○情報提供に関する助言、協力をする。

項目	目指す拠点の姿	評価の視点
ネットワーク	○地域の子育て支援活動を活性化するためのネットワークを構築・推進している。	○子育て家庭のニーズを踏まえたネットワークづくりがされているか。
		○地域の子育て支援関係者が、互いに知り合い、理解し、課題を共有するための場、機会、情報を提供できているか。
		○地域の子育て支援関係者が、協力しあう関係となるためのコーディネート、仕掛けができているか。
		○子育て支援の取り組みが地域全体へ広がっているか。
	○ネットワークを活かして、地域の情報収集・共有や、拠点利用者の地域へのつなぎができている。	○地域の情報収集・共有をする仕組みや工夫があるか。
		○拠点利用者を地域へつなげる仕組みや工夫があるか。
	☆当事者間のネットワークを構築・推進し、当事者による子育て支援活動が行われている。 ☆利用者である当事者も、ネットワーク構築・推進に関わっている	○当事者が、互いに知り合い、理解し、課題を共有するための場、機会、情報を提供できているか。
		○当事者が、協力しあう関係となるためのコーディネート、仕掛けができているか。
		○拠点を越えて地域の活動をつなげていく仕組みができているか
人材育成	○地域の子育て支援活動を活性化するため、新たな子育て支援人材を育成している。	○子育て家庭のニーズを踏まえた人材育成がされているか。
		○活動等への適切なコーディネートができているか。
		○地域で子育て支援に関わる人が増えているか。
		○当事者が次代の支援者へと育っていく工夫がされているか。
	○子育て支援に関わっている人のスキル向上のため、区と区社協と連携している	○子育て家庭のニーズを踏まえたスキル向上が図られているか。
		○地域の子育て支援活動のレベルアップ、充実が図られたか。
その他		

第8章 場や拠点の整備

平成20年度行動計画・達成目標 （法人の役割）	平成20年度行動計画・達成目標 （行政の役割）（案）
○当事者、地域の子育て支援関係者のニーズを把握する。 ○ネットワークの実態を把握し、ネットワーク推進の対策と方法を検討する。 ○地域の子育て支援関係者が交流できる場を設定する。 ○拠点において、地域の子育て支援活動を紹介する機会を設定する。 ○地域の子育て支援関係者の代表からなるネットワーク連絡会を開催する。 ○ネットワーク連絡会において、人材育成に係る研修の企画について意見をもらう。 ○拠点で把握された当事者ニーズや地域ニーズをネットワークを通じて報告、発信する。 ○ネットワーク推進において拠点が果たす役割を、ネットワークを通じて伝える。 ○区が主催するネットワーク会議に参画する。 ○わくわく子育てサポート事業を通じて地域のサロンとのネットワークを広げる。	○既存ネットワークと拠点が目指すネットワークとの関係整理をする。 ○拠点の対象としている年齢や地域の子育て支援の範囲に留まらない、区全体の子育てに関わる関係機関とのネットワーク連絡会を開催する。 ○わくわく子育てサポーターと事業を通じて地域のサロンとのネットワークを広げる。
○拠点において、地域の活動を紹介する機会を設定する。	○拠点で地域の活動を紹介する際の協力をする。 ○地域との連携事業について区と共に具体的支援メニューを創出する ○ココメールの編集会議を通じて地域のネットワークを広げる
○拠点利用者、親子サークル代表者等からなる当事者ネットワーク連絡会を開催する。 ○『どろっぷネットほいっぷ』による新たな支援メニューの広がりを作る	○当事者ネットワーク連絡会の開催及び推進に関して、必要に応じて関係機関、地域の関係者、組織等への調整を行う。
○当事者、地域の子育て支援関係者のニーズを把握する。 ○人材育成の課題を把握し、ネットワーク連絡会で共有する。 ○ニーズ、課題に基づき、人材育成のプログラムをつくる。 ○ネットワークを活かした人材育成プログラムを実施する。 ○拠点の居場所を、実習場所等として活用する。 ○新たな人材育成の裾野を拡大するための研修を行う。 ○誰でも研修に参加しやすい環境づくり（保育体制の整備、開催周知方法の整備等）を行う。 ○子育て支援に関心のある学生たちが主体的に関わることのできる環境がある。 ○利用者が保育グループに参加し、支援者になっていく仕組みづくりを創る	○人材育成のプログラム関する助言、協力をする。 ○必要に応じて、人材育成研修実施に関する協力をする（講師派遣協力、参加希望者への周知、他機関との調整等。）。 ○研修等へ既存の地域子育て支援人材や団体等の活用について検討し情報提供をする。 ○区のネットワークを活用して研修内容のすみわけと連携を図る
○区との連絡会を定期的に開催する。 ○拠点運営スタッフへの研修、スーパーバイズ等のサポート体制を整える。 ○他区の拠点とネットワークを形成し、モデル事例の提示を行う。 ○拠点の存在について、子育て家庭に周知を図る。	○拠点との連絡会を定期的に開催する。 ○拠点の存在と取り組みについて、子育て家庭のみならず広く区民に周知を図る。 ○区の子育ての現状を、子育て当事者以外の区民にも伝えていく。

（港北区地域子育て支援拠点どろっぷ／港北区　共同作成（2008年度版））

② 質の担保

　地域性や運営する法人の特色、あらゆる行政課題などを拠点事業に反映させながら、横浜市に住まう子育て当事者に共通のまなざしを向けるようにするには、検証による一定の指針が必要です。拠点事業実施要綱に規定されている5つの事業内容の中では、数ある子育て支援の場において、単体では構築が難しい「ネットワーク」、「人材育成事業」に重きが置かれることも当然です。しかし、場の数があればいいだけではなく、その居場所がどう展開されているかが要であり、自ずと、ひろば事業そのもののもつ意味合いは、要綱の内の1番の基盤となってきます。初めの一歩を踏み出した親子にとってどのようなまなざしが必要であるか、その共通理解を深めていく作業に、18区内の拠点運営法人のネットワークが必要になってきます。

　ネットワークも機関代表の顔合わせのような形式的会議や、単なる活動紹介だけであったり、課題出しで終始してしまうようなものではないことが必要です。いかに実働として機能し、当事者に届く具体的支援メニューを迅速に提供できるものであるか。人材育成においては、座学、机上のものだけではなく、ひろばにおける個対個のやりとりの中で、1人ひとりを丁寧に育成していく視点等、旧来のものからの思考脱却という発想も問われます。お互いの独自性を尊重しながら、運営におけるマネジメント、要綱上の1つ1つの活動中身の情報交換と学び合い、ひろばスタッフ同士の存在意義と専門性の追求、これらのことを忌憚(きたん)なくやりとりできる関係が、市域の子育て環境のボトムアップにつながると考えられます。

　以上のことを実現していくためには、行政側には、スタッフらが安心して継続的に働ける場としての補償を含め、確固たる支援が必要です。また法人側には、日常、地域に根ざした子育て支援の場として、面的整備の重要な位置にある拠点事業を通じて、様々な機関と連携し、子育てしやすいまちづくり、環境づくりにつなげられるよう、自らが創造する力を養いながら、子育て支援における専門性を構築していくことでもあります。現場からの実証とそれに基づいた行政の施策の中での位置づけを努力するとともに、双方がリ

第8章　場や拠点の整備

図表5　拠点要綱のイメージ連関図
〈地域子育て支援拠点の機能について〉

```
┌─────────────────────────────────┐
│ 遊んで、交流できる場を提供        │
│   土日どちらか週5日以上、1日6時間以上 │
├─────────────────────────────────┤
│ 子育ての不安や悩みの相談          │     子育て家庭のために
│   日々の子育ての悩み等に対応       │
│   （専門的な相談は除く）          │
├─────────────────────────────────┤
│ 子育てのいろいろな情報を集め提供    │
│   行政サービスから地域の身近な情報まで幅広く │
├─────────────────────────────────┤
│ 支援者のネットワークづくり         │
│   親同士のつながり、             │     子育て支援に携わる
│   子育て支援に携わる方・団体同士    │     方・団体のために
├─────────────────────────────────┤
│ 支援者向けの研修会などの人材育成    │
│   養成講座、活動支援の研修会の開催など │
└─────────────────────────────────┘
```

（横浜市こども青少年局　地域子育て支援課作成）

ンクしながら子育て支援事業を確立すること、これこそが大きな課題であると考えられます。

おわりに

　横浜市の取組みとして、各区に1か所ずつNPOや社会福祉法人などに委託して「地域子育て支援拠点」の整備を行い、行政との協働を進めようとしているところに大きな意義があるといえるでしょう。この地域子育て支援拠点と行政の協働が核になり、「親と子のつどいの広場」、子育てサークル、子育て支援者、保育所・幼稚園・学校などの関係機関、地域住民などとの地域ネットワークが形成されることが期待されます。

　しかし、そうであるとすれば、地域子育て支援拠点の役割は非常に大きいものとなります。現在、委託されている法人の個性は各区によって大きく異なります。大きく分ければ市民活動を行うNPO法人と保育所などを運営す

る社会福祉法人ですが、それぞれにおいてもその得意とする分野は大きく異なります。もちろん、地域のニーズに合った個性の法人が選ばれ、その得意分野を特徴として運営されることが求められることは当然であり、行政との協働により、互いの得意・不得意分野を協力関係のもとに埋め合わせていくことでよいわけです。とはいっても、それぞれの区に1か所のネットワークの拠点としての役割が求められるとすれば、行政との協働で埋め合わせることが可能なことには限界があるはずです。そうしたことから考えれば、地域子育て支援拠点には、ある程度広い視点から地域の子育て支援の実態が捉えられるとともに、ある程度の専門的な視点が求められるのは当然のことです。

　こうした地域子育て支援の拠点的な取組み自体が新しいものです。ですから、その守備範囲も曖昧であったり、何が専門的力量であるかも自明ではありません。そのため、今後、地域子育て支援拠点の守備範囲や求められる役割・機能を再構築していく必要もあるのかもしれません。もちろん、個々の拠点の努力も大切ですが、全区に共通するガイドラインを作成したり、研修・スーパーバイズシステムを確立するなど、市レベルで行政サイドが音頭をとってこの事業をよりよいものにしていくといった視点・取組みも必要なのではないでしょうか。

　さて、これまで述べてきたように、地域の子育て支援の場や拠点を整備する上でのいくつかのキーワードが導かれたように思います。第一には、子育て支援はすべての子育て家庭を対象にしたものであるという点があげられます。第二には、そうした子育て家庭が気軽に集うことのできる場の量的な整備が必要ということ。第三には、すべての子育て家庭を対象にしたものであるからこそ、1つの場や拠点があればできるのではなく、支援の網の目を張り巡らせるためのネットワークの拠点としての役割の場が必要。第四には、そうした拠点には子育て当事者的な視点と専門的な視点が必要となるということ。第五には、そうした拠点は行政との協働的な取組みによって効果を発揮するということ。そして、第六にはそれぞれの拠点や場の役割や協力関係がうまく機能するようなシステムを整備する必要があると考えられます。

第9章

子育て支援におけるもう1つの協働
―"win-win の関係"をめざした地域支援―

島村　友紀・安田　純子（野村総合研究所）

1．企業の「子育て支援」

　現在、少子化や核家族化が進む中で、「子どもを生み育てやすい社会」をつくるために、様々な「子育て支援」機能の強化が必要とされています。子育て支援の担い手は、従来地方自治体が中心で、その提供主体も地方自治体、もしくはそれに準じた社会福祉法人等が担ってきました。最近ではNPO法人や地域の自治会も参加するようになり、地域の資源を活かしての活動が盛んとなっています。

　一方で、これまではあまり「子育て支援」に貢献が少なかった「企業」の参加もここ近年目立つようになってきました。企業による「子育て支援」は大きく3つのカテゴリーに分類することができます。まず1つ目は「従業員の働く環境整備を通じた子育て支援」です。企業は育児休業休暇制度の整備や、長時間労働の抑制、短時間勤務制度の導入等、主に労働環境の見直しをすることで、子育てをしながら働きやすい環境を整えています。最近では福利厚生メニューとしてベビーシッター補助、家事支援サービス利用補助等を導入する企業も増えてきました。これらの対象は基本的に従業員となるため、企業にとっては内向きの子育て支援であり、人事戦略の一環といえるでしょう。

　2つ目のカテゴリーとしては、「事業としての子育て支援」が挙げられます。これは、最近増加している認可保育所や認可外保育所の運営、ベビーシッターの派遣事業等、直接的に何らかのサービスを担う事業です。核家族

化、就労形態の多様化等により、保育や教育に関するニーズは増加しつづけています。これらのニーズを企業は事業チャンスと捉え、様々なサービスを提案しています。

3つ目のカテゴリーとしては、「CSR活動の一環としての子育て支援」が挙げられます。「CSR」とは、企業の社会的責任（CSR：Corporate Social Responsibility）の略で、社会の持続可能な発展への貢献と共に、企業の価値創造や競争力向上にも結びつく活動を意味します。従来、企業は「メセナ（慈善）活動」として地域の子育て支援に貢献する事例が多く、それらの活動は収益性を求めず、企業の社会貢献として位置づけられてきました。しかしながら、そのような活動は費用が発生するため、経営の状況よっては打ち切りになったり、規模が縮小されたりするなど、継続性の確保が課題となっていました。

CSR活動では、社会への貢献をめざすと共に、その活動を企業の経営戦略上に位置づけ、例えばブランド価値の向上や顧客基盤の拡大等、競争力の向上に結びつけることによって、「社会」も「企業」もお互いが利益を得ることを目的として実施され、企業側には活動を継続していくことも求められます。

最近では、CSR活動として子育て支援分野に乗り出す企業も増えており、「社会（子育て家庭、地域）」「企業」がお互いにwin-winとなる関係づくりを果たしている事例も見られるようになってきました。これらの活動は企業にとって「子育て支援」に対する新しいアプローチ方法といえます。

次の章からは、3つ目の新しいカテゴリーである「CSR活動の一環としての子育て支援」について、活動の形態別にいくつかの事例を紹介しながら、推進のポイントや今後の課題について考えます。

2．CSR活動の一環としての子育て支援

現代の社会は、高齢者や障害者の生活支援、環境問題・ごみ問題、地域の治安維持やホームレス等に関する問題、コミュニティや商店街等の活性化に

第9章 子育て支援におけるもう1つの協働―"win-winの関係"をめざした地域支援―

関する問題など、地域で暮らしていくために解決しなければならない様々な社会的課題を抱えています。子育てや教育に関する問題も、こうした社会的課題の一つとなっています。

これらの「社会的課題」は個人や家族だけでも、地方自治体だけでも解決が難しいことから、地域の住民や住民グループ・NPO、企業等と地方自治体との協働による取組みが始められています。

この章では、全国に見られる先進的な協業の事例を「A．協業のパターン」と、「B．事業の特性」という切り口から、5つの分野に分け、それぞれ成功のポイントを分析します（図表1）。

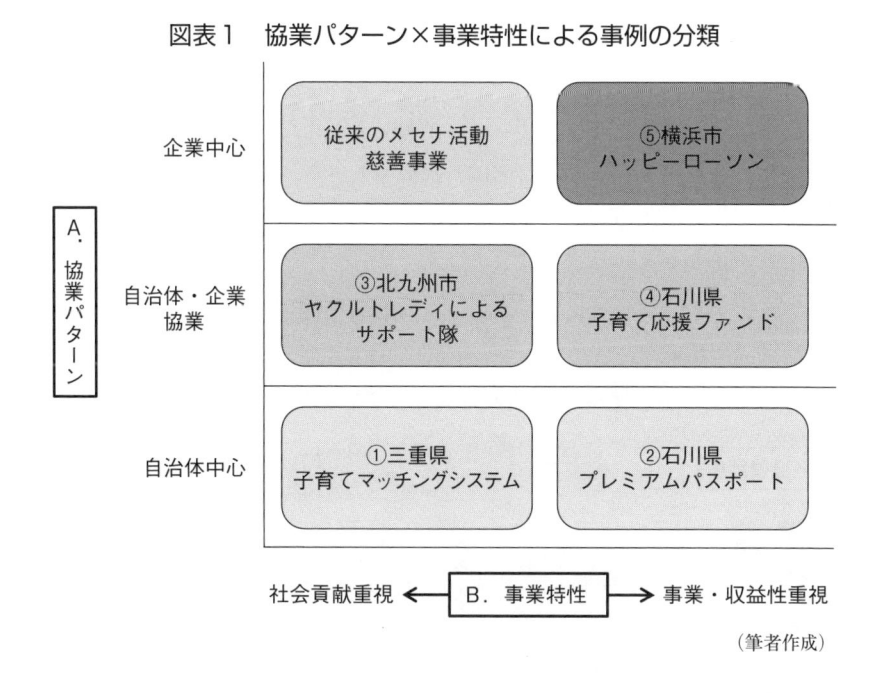

図表1　協業パターン×事業特性による事例の分類

A．協業パターン	B．事業特性	社会貢献重視 ← → 事業・収益性重視
企業中心	従来のメセナ活動 慈善事業	⑤横浜市 ハッピーローソン
自治体・企業協業	③北九州市 ヤクルトレディによるサポート隊	④石川県 子育て応援ファンド
自治体中心	①三重県 子育てマッチングシステム	②石川県 プレミアムパスポート

（筆者作成）

（1）自治体中心×社会貢献重視：子育てマッチングシステム ——三重県「スイッチ」

　三重県では子ども・子育て家庭を支え合う地域社会づくりのため、2006年6月に「みえ次世代育成応援ネットワーク」を設立しました。このネットワークは、地域で次世代育成支援を行う企業や団体等が、互いに知恵を出し合い、それぞれができることを持ち寄り、パートナーとして自由に連携したり、補い合うための出会いの場として機能しています。

　「子育て応援！マッチングシステム　スイッチ」は、この「みえ次世代育成応援ネットワーク」の会員企業から団体に、使わなくなった備品や事務用品を、また、団体から企業に子育て支援に関する講座等のサービスを提供するなど、会員間での「モノ」や「サービス」のやりとりをネット上で行うことにより、ネットワーク内で実施される様々な活動を相互支援するシステムです（図表2）。

　この事業は、あるクラフトメーカーが製品とならない素材（紙）を保育園に提供し、画用紙として活用していた事例があり、その活動が近辺の子育て支援センターや他の保育所にも広がっていったことがきっかけになっています。

　企業は、この「スイッチ」に参加することで、資源（不要になったモノ、

図表2　三重県「スイッチ」の仕組み

会員団体	マッチングシステム『スイッチ』	会員企業
必要なモノやサービスを確認 提供できるサービスを登録	みえ次世代ネットにアクセス インターネット上でマッチング	提供できるモノやサービス情報を登録
・必要なモノやサービスを確認 ・システムによるマッチング成立以降は双方が連絡を取り合い調整。		・物資例：机椅子、OA機器、文具類、試供品等 ・サービス例：会議室貸出、コピー機無料使用、出前教室、セミナー講師

（「みえ次世代育成応援ネットワーク」ホームページより作成）

第9章 子育て支援におけるもう1つの協働—"win-winの関係"をめざした地域支援—

社員の技能等）を有効活用することができ、子育て応援企業としてのＰＲにもなります。行政は「マッチングシステム」という仕組みの構築、推進への働きかけを行い、地域における子育て支援力の向上をめざしています。特に本事例では企業に対して「できる範囲」での協力を求め、中小企業にも取り組みやすい仕組みをつくったことがポイントといえます。

現在約600企業・団体が参加をしており、マッチング実績は2007年9月～2008年2月で事務用品を中心にモノの提供は24件、サービスの提供は10件を超えています。子育てサークル、子育て支援団体においてはインターネットの利用環境整備がまだまだ不十分であるため、より活発な利用を実現できるように、今後はスイッチの提供情報を様々な広報媒体通じて発信できるよう改善を行う予定です。

（2）自治体中心：事業性重視：子育て家庭優待事業――石川県「プレミアム・パスポート事業」

石川県では、多子世帯の経済的な支援に加え、企業が子育て支援に積極的に参画するきっかけとなるよう、2006年1月より「プレミアム・パスポート事業」をスタートさせました。

「プレミアム・パスポート事業」とは、18歳未満の子どもが3人以上いる世帯からの申請に基づき、パスポートを交付し、協賛店舗でパスポートを提示することにより、店舗ごとに設定された割引等の特典を受けることができる事業です（図表3）。

地元店舗にとっては、協賛することで子育て支援を通した社会貢献をすることができ、また、情報誌やホームページ等で広告掲示ができたり、低利融資制度を利用できたりする等のメリットが受けられます。行政は「仕組み」を構築することによって、少ないコストで子育て家庭へのメリットをつくり出すことができます。この事業は県の主導により発足した県内の主要な経済団体等で構成する「子育てにやさしい企業推進協議会（事務局：いしかわ子育て支援財団）」を実施主体としており、2008年8月現在の協賛店は県内で

図表3　石川県「プレミアム・パスポート事業」の仕組み

(「いしかわ子育て支援財団」ホームページ)

約2,000店舗となっています。

　この仕組みは、子育て家庭にとってメリットが大きいだけでなく、大型店舗等に流れがちなファミリー層を「プレミアム・パスポート」で呼び戻すことによって地元商店街の活性化にもつながることから、子育て家庭、地元店舗、行政にとってメリットのある好事例といえます。

　他の自治体においても、2007年頃より同様の子育て割引制度の導入の動きが広がっており、すでに全国的な動きとなっています（図表4）。現在は県や市区町村が各主体で個別に制度を運用していますが、今後は利用者側の使いやすさを考慮して、広域での連携によるサービスの拡大が期待されます。

（3）自治体と企業の協業×社会貢献重視：地域見守り隊
——北九州市「ヤクルトレディによるサポート隊」

　北九州ヤクルト販売株式会社は、地域貢献の一環として2006年11月より従業員が「街の安全安心サポート隊」としての活動を行っています。「街の安全安心サポート隊」とは、日常的に地域で活動している販売員（ヤクルトレ

第9章 子育て支援におけるもう1つの協働―"win-winの関係"をめざした地域支援―

ディ)がその地域の不審者の情報や独居老人の状況を察知して、市役所に提供することで、住民と行政等とのパイプ役を果たし、地域の安全を確保することを目的としています。

これは以前より販売員が日々の販売活動の中で、1人住まいの老人の話し

図表4　子育て家庭優待カード事業取組み

世帯	主な実施自治体	実施(予定)時期	カード等	実施(予定)の内容
18歳未満の子が3人以上	石川県	2006年1月	「プレミアムパスポート」	店頭での提示により、特典を受けられる。
	山梨県	2006年10月	「子育て応援カード」	店頭での提示により、特典を受けられる。
	奈良県	2005年8月	「ならちゃんカード」	店頭での提示により、特典を受けられる。
	松本市	2006年9月	「わいわいパス」	店頭での提示により、5%(原則)の割引が受けられる。
	鳥取市	2007年	「とりっこカード」	店頭での提示により、特典を受けられる。
18歳未満の子が1人以上	富山県	2006年10月	県HP等からの優待券	店頭での提示により、特典を受けられる。
	大分県	2006年10月	携帯に送信した会員証等	店頭での提示により、特典を受けられる。
	静岡県	2006年4月	「しずおか子育て優待カード」	店頭での提示により、特典を受けられる。妊婦も対象。
	岡山県	2006年10月	「ももっこカード」	店頭での提示により、特典を受けられる。妊婦も対象。
	島根県	2006年7月	「しまね子育て応援パスポート」	店頭での提示により、特典を受けられる。妊婦も対象。
	愛知県	2007年10月	「はぐみん」	店頭での提示により、特典を受けられる。妊婦も対象。
就学前の子の世帯	福岡県	2006年10月	就学前の子どもを連れている場合	「子育て応援の店」で割引等の特典を受けられる。
	佐賀県	2006年10月	携帯に送信した会員証	店頭での提示により、特典を受けられる。
	長崎県	2006年10月	就学前の子どもを連れている場合	「子育て応援の店」で割引等の特典を受けられる。
	熊本県	2006年10月	就学前の子どもを連れている場合	「子育て応援の店」で割引等の特典を受けられる。

(内閣府「平成18年度版少子化社会白書」(2007)をもとに筆者追記(2008年6月現在、40道府県が実施))

相手となったり、不審者等を見かけた際に情報提供をしたりするなど、個人ベースで行っていた活動を取り上げ、福岡県警や北九州市が連携を図ったものです。現在では、販売員は「サポート隊」の腕章をつけて地域の状況を見守り、子どもへの声かけをしたり、何か変わった状況などがあれば、福岡県警や北九州市に情報提供したりしています。

　また、北九州市が販売員に対して認知症対応の研修を実施するなど、行政と企業とが連携をしながら活動内容を充実させることで、より一層の地域貢献をめざしています。北九州ヤクルト販売株式会社はこれらの活動を通じて、販売活動の充実や、従業員のモチベーション向上につなげることで経営の活性化を実現させています。

（4）自治体と企業の協業×事業性重視：子育て応援ファンド ──石川県「ふるさといしかわ子育て応援ファンド」

　2007年3月に石川県の呼びかけに賛同する県内の金融機関（北國銀行、金沢信用金庫、のと共栄信用金庫、北陸信用金庫、鶴来信用金庫、興能信用金庫）が「ふるさといしかわ子育て応援ファンド」として、県内外の個人・団体等から子育て支援事業のための資金を募ることを目的とする金融商品を発売しました。

　「ふるさといしかわ子育て応援ファンド」は石川県知事から認定された定

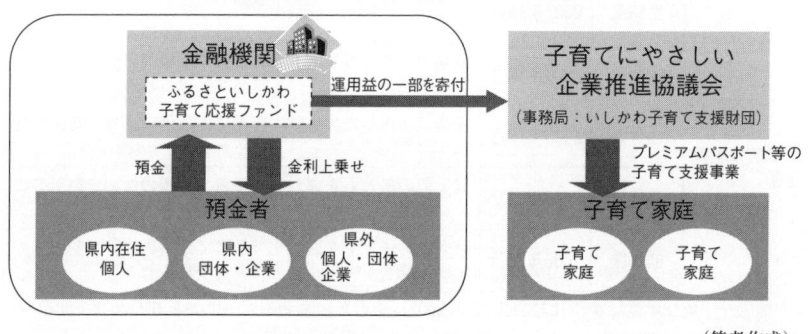

図表5　子育て応援ファンド図

（筆者作成）

第9章　子育て支援におけるもう1つの協働─"win-winの関係"をめざした地域支援─

期預金等の総称で、通常より金利が高く設定されたのが特徴であり、運用益の一部は金融機関より前述のプレミアム・パスポート事業の実施主体である「子育てにやさしい企業推進協議会」に寄付され、少子化対策事業のために活用されます（図表5）。

2007年3月の販売から同年10月で販売が終了しましたが、いずれの金融機関でも募集額が満額になり、預金額は250億円を超え、寄付金の総額は5年間で約5,000万円程度となる見込みです。

「ふるさといしかわ子育て支援ファンド」は、出資者（県内外の個人、団体等）と子育て家庭の間に、「金融機関」と「子育てにやさしい企業推進協議会（事務局：いしかわ子育て支援財団）」が入ることによって、支え合いの仕組みを構築しながら、子育て支援事業費用の拠出をも可能としました。金融機関にとってはこのような新たな取組みは企業イメージの向上、商品力の強化にもつながるため、参加するインセンティブも強く働きます。

これまでは子育て支援への参加となると、個人ではボランティア等のサポートがほとんどでしたが、新しく「資金の提供」という機会を設置することによって、「子育てを応援したい」という気持ちを持つ、より多くの個人に子育て支援参加のきっかけを提供することができたのも、子育て応援ファンドの利点であると指摘できます。

（5）企業中心×事業性重視：新たなビジネスモデル「ソーシャルビジネス」

（1）～（4）は「自治体」が中心となってネットワーク強化している連携形態、「自治体」と「企業」がパートナーシップをつくり上げる連携形態を事例として紹介しました。（5）では、「企業」が中心となって事業を展開する新しいビジネスモデルを紹介します。現在、子育て支援などの公共性が高い事業を慈善的活動や税金を財源とする政府の事業・支援としてではなく、一定の価値（もしくは収益）を生み出す持続可能な事業（ビジネス）として展開することが少しずつ始まっています。こうした取組みは、総称し

第3部　テーマ別に見る自治体の子育て支援

て、「ソーシャルビジネス」と呼ばれています。

　ここでは、ソーシャルビジネスに近い形態で取り組まれている事例として、株式会社ローソンが横浜市で展開している「ハッピーローソン」をとり上げます。

①ハッピーローソンとは

　「ハッピーローソン」は2007年7月に横浜市の山下公園内にオープンした「子育て応援コンビニ」で、全国に1か所しかないコンセプトショップです。

　「ハッピーローソン」のコンセプトは、株式会社ローソンの創業30周年事業として一般公募した「未来のコンビニを考えよう。」という論文・アイディアコンテストで最優秀賞となった「子育て応援コンビニ」のアイディアがベースとなっています。このアイディアをもとに、ローソン社内の多様な部署からメンバーが集められ、2006年3月から「ハッピー子育てプロジェクト」が立ち上がりました。

　「ハッピーローソン」は、ディック・ブルーナがシンボルキャラクターやカラーデザイン等を担当しており、明るい雰囲気の店舗となっています（図表6）。販売されている商品は、主にナチュラルローソンで販売されるヘルシー志向・ナチュラル志向の高い商品をベースに、外出先で必要となるちょっとしたベビー・子ども向け食品・グッズ、玩具、絵本などと共に、子育てママのための癒し商品、ハッピーローソンオリジナルグッズ、「横濱001」ブランド等の横浜のお土産物などで構成されています。売り場は棚と棚の間を広くとり、ベビーカーがすれ違えるように配慮されています。入り口に近い一角には、ベビー・子ども向け商品のメーカー等とのコラボレーションによる企画が展開されるコーナーも設けられています。

　店舗面積の約半分は、子どものための遊び場空間兼カフェスペースとなっており、子どもを遊ばせつつ、子育てママ同士がコーヒー等を飲み、情報交換をするのが日常的な光景となっています。カフェスペースの運営は、トラベルカフェ（株式会社インストアメディア社）への委託によって行われています。

第9章　子育て支援におけるもう1つの協働―"win-winの関係"をめざした地域支援―

図表6　ハッピーローソン全体像

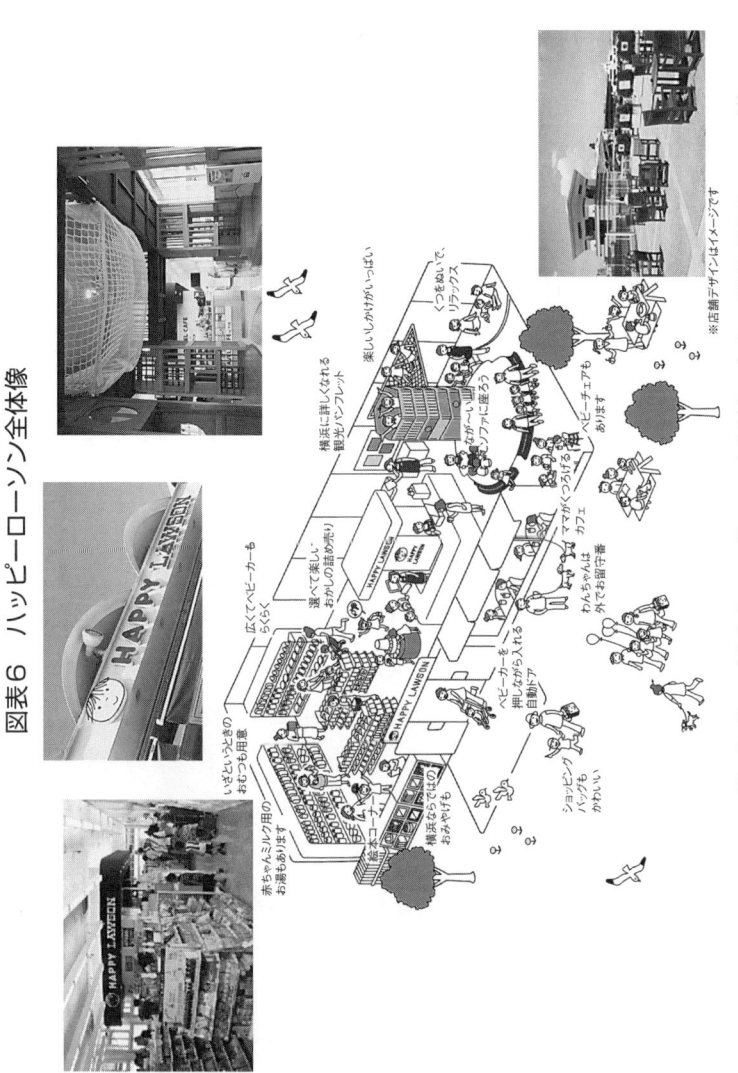

Illustrations Dick Bruna © copyright Mercis by, 1953-2008 www.miffy.com

(出典)店内図：株式会社ローソン HAPPY LAWSON パンフレット
写真：ブログ http://grindel.cocolog-nifty.com/ より転載

303

カフェの外は、デッキ状になっており、晴れた日はテーブルとベンチが並べられ、海や港に停泊する船を眺めながら、おにぎりやサンドイッチなどの商品を買ってランチをすることもできるようになっています。

　子育て関連のボランティア等がパンフレットを置いたり、情報発信をしたりできる掲示コーナーが設けられているほか、ボランティアやメーカー等との協働企画による各種のイベントも開催されています。メーカーとのタイアップによるイベントは、テストマーケティングとしての意義を果たしている場合もあります。

② 「ハッピー子育てプロジェクト」から「ハッピーローソン」ができるまで

　株式会社ローソンでは、「ハッピー子育てプロジェクト」のミッションを、ⓐ「子育て応援コンビニ」のコンセプトショップを開店すること、ⓑCSR活動として展開・アピールすること、ⓒコンセプトショップで得た商品・サービスに関するノウハウを一般のローソン・ナチュラルローソンへ展開すること、としています。

　ⓐについては、山下公園店がオープンしたことにより既に達成されていますが、この店舗開設までにも様々な工夫がなされています。「ハッピーローソン」の第１号店舗は、2006年12月に東京都中央区日本橋にて開設されましたが、場所の制約として半年限りの実験店舗でした。その頃、横浜市の山下公園内のレストハウス（売店・休憩所・トイレ）の指定管理者の公募に応募し、その提案が採用されたことにより、現在の店舗が開設されるに至りました。

　横浜市への公募では、子育て面で付加価値を高めたレストハウス（売店）として提案し、審査員の評価により採用されています。店舗を営業するローソンにとっては、公園内の閉鎖立地というデメリットもありましたが、最終的には会社としては、周辺には新規マンション建設が進んでおり、観光客も含めて週末には集客が見込める立地であったことなどから、子育てファミリー以外も含め、幅広い層の人に「ハッピーローソン」を知ってもらうには適した場所であるとの判断がなされました。

第9章　子育て支援におけるもう1つの協働—"win-winの関係"をめざした地域支援—

ⓑについては、日本橋店、山下公園店のオープン時やイベント時などに各種のメディアにとり上げられたこともあり、来店者や店舗とかかわりを持ったボランティア等だけでなく、広く全国に知られるようになり、目的が達成されつつあります。

そして、ⓒについても、「ハッピーローソン」で子育て世帯に好評だった20アイテムを、一般のローソンから選定された3つの店舗で実験的に販売してみて、その売れ方等を検証する、といった取組みも始められています。

③**株式会社ローソンにとっての「ハッピーローソン」**

同社では、店舗のランニングコストとなる使用料をある程度まかなうだけの採算性を確保しつつ、CSR事業としての情報発信拠点として活用するだけでなく、本業であるコンビニエンスストア事業にも一定の貢献を果たせる仕組みづくりが進められています。

横浜市との関係では、公園管理部、子育て支援課、観光交流推進課の3つの部署と連携が図られています。店舗の建物については、公園管理部から「公園内施設の管理許可」を受け、それに基づき施設の「使用料」を負担しています。

公園という公共施設の一部であることから、市との協議のもと、この店舗から大きな収益を上げることは避ける方針がとられており、使用料の金額は、周辺の家賃相場よりはやや安めであるものの、それなりの負担がなされています。また、イベントや子育て情報の発信などについては、子育て支援課との連携のもとに行われています。さらに、横浜観光コンベンション・ビューローとの連携を通じて、同店舗では、横浜の観光情報（地図やパンフレット、バス・シーバス等の時刻表等）の提供も行われています。こうした関わりを通じて、同社は、横浜市の施設管理コストの削減、地域子育て支援の取組みの担い手としての参画、観光情報提供の支援などの面で市政に貢献しています。また、同店出店前は夜になるとホームレスが集まる場であったものが、店舗出店により、子どもや子育てファミリーが集まるようになったことから、治安の維持・改善にも貢献している側面もあります。

本事例は、自治体のちょっとした支援をベースに、民間企業が自社と地域の双方に貢献し得る取組みとして展開されていることから、「ソーシャルビジネス」の一つと見ることができます。取組みの持続性の確保という観点から見ると、従来の「メセナ活動型」よりも望ましい形態であり、今後、こうしたタイプの取組みが増えていくことが求められるでしょう。

3．まとめ

　以上の事例を見ると、企業を巻き込んだ子育て支援を推進させるには、「行政」「企業」「子育て家庭・地域」の3者それぞれにメリットが発生し、自主的かつ継続的な参加が見込まれるモデルの構築が必要であることがわかります（図表7）。1つの空間（あるいは地域）を拠点としてコーディネータとなる主体（企業もしくは自治体）を中心に、民間企業、NPO・ボランティア、行政など多様な主体がそれぞれに関与する意義・価値（value）を見出して参画していること、事業の維持・持続を可能とするだけの収益性が確保できることが成功のカギとなります。

第9章 子育て支援におけるもう1つの協働—"win-winの関係"をめざした地域支援—

図表7 各取組みにおけるメリットと特徴

	自治体・行政	企業	子育て家庭・地域	特徴
①三重県マッチングシステム	○コストをかけずに子育て支援団体をサポートできる ○多様な支援者（企業、個人）を含めたネットワークが形成される	○自社の得意分野、所有資源にて支援ができる	【子育て支援団体】 ○必要なモノ、サービスを検索することができる ○支援者とのネットワークが形成される	○ITを活用し、多くの団体、個人が参加できる状態を実現
②石川県プレミアムパスポート	○コストをかけずに支援を提供できる ○地域商業が活性化する	【地元商店】 ○販売促進につなげることができる	○加盟店舗にて割引を受けられる ○子育て家庭が地元商店を利用するようになり地域活性化につながる	○地域事業者を活用することによって地域商業の活性化と子育て支援を両立
③北九州市ヤクルトレディによるサポート隊	○コストをかけずに地域の情報を得ることができる ○地域の治安向上	【北九州ヤクルト販売】 ○販売促進につなげることができる ○ブランドイメージの向上 ○販売員のモチベーション向上	○地域の安全が保たれ、安心感が高まる ○見守り隊とのコミュニケーションを通じて、情報を得ることができる	○販売員という既存チャネルの活用 ○コミュニティが希薄する中での「対面」機会の増加
④石川県子育て応援ファンド	○子育て支援にかかる政策の財源を調達できる	【金融機関】 ○販売促進につなげることができる ○ブランドイメージの向上	○ファンドを通じ提供されるサービスを利用することができる	○「資金面」で子育て支援に参加する機会を提供することでこれまでの直接的なサービス提供者とは異なる「支援者」の発掘
⑤横浜市ハッピーローソン	○公園施設の管理に加えて、「子育て家庭」への付加価値が提供できる	○収益を上げることができる ○ブランドイメージの向上 ○パイロット事業として他地域に商品展開することができる	○散歩の際に、子育て家庭にあった商品（子ども向けの飲料等）の購入が可能 ○休憩スペースが利用可能	○公園内の施設を活用することで、「事業性」と「公益性」の両立モデルを実現

（筆者作成）

第3部 テーマ別に見る自治体の子育て支援

第10章

要支援家庭へのサポート

島村　友紀　（野村総合研究所）

1．児童虐待対策の流れ

　厚生労働省が発表した児童相談所における児童虐待対応件数は、2005年度において3万4,472件と、増加の一途をたどっています（図表1）。
　東京都で実施されている調査「児童虐待の実態Ⅱ」のデータ（図表2）を確認すると、特に「軽度虐待」（実際に子どもへの暴力があり、保護者や周囲のものが児童虐待と感じているが、一定の制御があり、一時的なものと考えられ、家族関係には重篤な病理が見られない。例：①外傷が残るほどではない暴力行為がある、②子どもの健康問題を起こすほどではないが、養育の

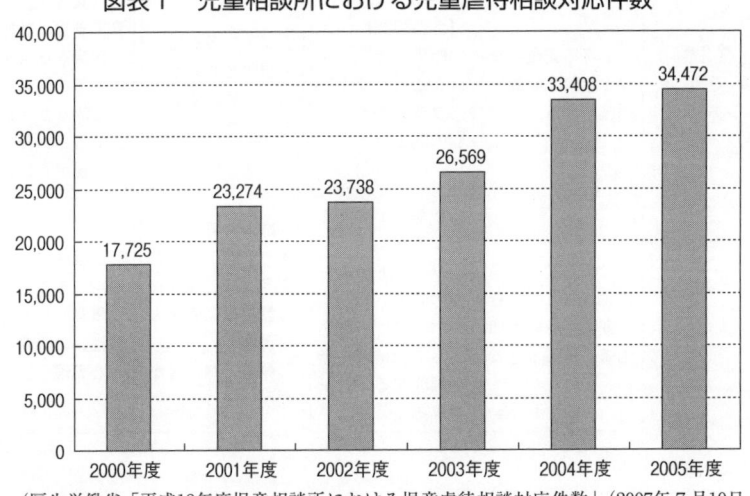

図表1　児童相談所における児童虐待相談対応件数

2000年度	17,725
2001年度	23,274
2002年度	23,738
2003年度	26,569
2004年度	33,408
2005年度	34,472

（厚生労働省「平成18年度児童相談所における児童虐待相談対応件数」（2007年7月10日発表速報値））

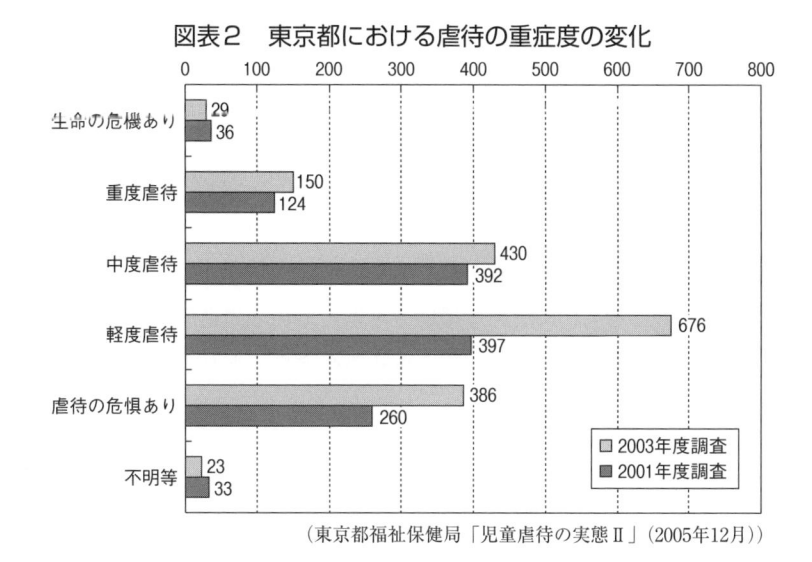

図表2　東京都における虐待の重症度の変化

重症度	2003年度調査	2001年度調査
生命の危機あり	29	36
重度虐待	150	124
中度虐待	430	392
軽度虐待	676	397
虐待の危惧あり	386	260
不明等	23	33

（東京都福祉保健局「児童虐待の実態Ⅱ」（2005年12月））

放棄・怠慢（ネグレクト）の傾向がある（子どもの世話が嫌で時々ミルクをあげないことがある、など））の件数が増加傾向にあることがわかります。

　従来、児童福祉法（1947年法律第164号）においては、あらゆる児童家庭相談について児童相談所が対応することとされていましたが、近年児童虐待相談件数の急増等により、緊急かつより高度な専門的対応が求められる一方で、東京都のデータが示すように育児不安等を背景に軽度虐待への対応や身近な子育て相談ニーズも増加しています。

　このような背景を踏まえ、「児童福祉法の一部を改正する法律」（2003年法律第121号）により、2005年4月から市町村が子育て支援事業を実施することとされたと共に、児童家庭相談に関する体制の充実等を図る法案である「児童福祉法の一部を改正する法律案」が2004年11月26日に成立し、同年12月3日に公布、施行されました。

　この法律により、児童家庭相談に応じることが「市町村」の業務として明確化され、住民にとって最も身近な市町村において、虐待の未然防止・早期発見を中心に積極的な取組みが求められるようになりました。また、都道府県（児童相談所）は専門的な知識および技術を必要とするケースへの対応や

市町村の後方支援にその役割を重点化し、さらに保護者に対する指導には家庭裁判所が関与する仕組みを導入するなど、司法関与の強化も図られました。

　このような法律改正を受け、市町村はより重要な役割を担うこととなり、現在その体制整備に取りかかってるところです。この章では、主に児童家庭相談援助において、厚生労働省が提示する市町村が担うべき役割や連携のあり方を整理するとともに、実際に援助を推進している先進的事例を紹介することによって、児童虐待対策に有効な取組みや連携のあり方を探っていきたいと思います。

2．市町村における児童家庭相談援助

（1）基本的な考え方・役割

　厚生労働省「市町村児童家庭相談援助指針」2005年2月14日（雇児発第0214002号）によると、市町村が担うべき業務は、児童および妊産婦の福祉に関し、「必要な実情の把握に努めること」「必要な情報の提供を行うこと」「家庭その他からの相談に応じ、必要な調査および指導を行うこと並びにこれらに付随する業務を行うこと」とされています。具体的には、

- 住民等からの通告や相談を受け、一般の子育て支援サービス等の身近な各種の資源を活用することで対応可能と判断される比較的軽微なケースについては、市町村を中心に対応する。
- ケースの緊急度や困難度等を判断するための情報提供を行い、立ち入り調査や一時保護、専門的な判定、あるいは児童福祉施設への入所等の行政権限の発動を伴うような対応が必要とされる困難なケースについては、児童相談所に直ちに連絡する。
- 施設を退所した子どもが安定した生活を継続できるよう、相談や定期的な訪問等を行い、子どもを支え、見守るとともに、家族が抱えている問題の軽減化を図る。

など、自ら対応可能と考えられる比較的軽微なケースへの対応や、重篤なケースに関する窓口、行政権限の発動を伴うような対応が必要となった場合の児童相談所への連絡等を担うことが市町村における役割と示されています。

これらの役割を果たすために、市町村においては、下記のような体制を整備することが求められています。

① **必要な職員の確保**

児童家庭相談においては、福祉事務所や保健センターを含め、現在も市町村が一定の役割を担っていますが、今後とも、児童家庭相談に的確に対応できるよう必要な職員を確保するとともに、児童家庭相談を担当する職員および組織としての「責任」を明確にすることが求められます。

② **職員の高い危機管理意識**

児童家庭相談においては、子どもの命、一生に直接関わる極めて責任ある厳しいものであることを職員1人ひとりが自覚し、高い危機管理意識を持ち続け、子どもの安全確認を徹底することが重要です。

③ **組織的対応**

調査にあたっては、複数の職員で行ったり、状況の把握や対応の方向性については、幅広い観点からの議論を踏まえた確実な意思決定を行うよう組織的対応の徹底が重要です。特に虐待相談や非行相談など、複雑な背景がある相談については、担当者が1人で抱え込まないことが大切です。

④ **児童家庭相談の質の向上**

このような職責の重大性を考えれば、相談援助活動に携わる職員は、相談援助活動に必要な専門的態度、知識技術を獲得していることが必要であり、少なくとも相談機関は研修のほか、児童相談所や学部の専門家からの助言・指導を受けることなどにより、職員の専門性の向上に努めなければなりません。また、同時に職員自身も自己研鑽をし、専門性の向上に努めることが求められます。

⑤ **関係機関の連携**

　相談援助活動の実施にあたっては、幅広い関係機関の取組みが必要であり、各機関の相互連携が極めて重要です。要保護児童の適切な保護を図るため、関係機関等により構成され、要保護児童およびその保護者に関する情報の交換や支援内容の協議を行う『要保護児童対策地域協議会』（児福法第25条の２に規定する要保護児童対策地域協議会をいう）の活用等を通じて、各機関の連携を深めていくことが考えられます。連携を進めるにあたっては、それぞれの機関が相談援助活動に関する深い理解をもち、役割や考え方を相互に共有するということが必要です。

⑥ **休日・夜間の体制**

　市町村は、都道府県の設置する福祉事務所、児童相談所等と緊密に連携し、夜間、休日等の執務時間外であっても相談・通告を受けて適切な対応がとれるよう所要の体制を整備することが必要です。例えば、当直体制の整備など、自らが通告を受けて適切な対応がとれるような体制の確保に努めるほか、夜間、休日等の執務時間外における電話等による通告の受理についてⓐ複数の市町村、都道府県の設置する福祉事務所が広域で連携し、輪番制等により担当する、ⓑ児童家庭支援センターなどの民間の相談機関に対応を委託する、ⓒ児童相談所の担当区域内の市町村、都道府県の設置する福祉事務所への通告については、児童相談所に転送し、児童相談所において対応する、という手法をとることとし、通告受理後の対応はケースの緊急度等に応じて行うといった体制を整備することが考えられます。

⑦ **相談・通告窓口等の地域住民等への周知**

　問題の早期段階での相談・通告等を促すため、あらゆる機会や多様な媒体を活用して、市町村における相談援助活動の内容や相談窓口等について、地域住民、関係機関等への周知に努めます。また学校等を通じて、子ども自身にこれらの内容の周知に努めることも必要です。

(2) 児童家庭相談援助の流れ

相談援助業務の流れとしては、相談・通告を受けつけ、当該ケースに係る調査等を行い、必要な支援の方針を決定、各機関が連携してフォローを行うこととなっています（図表3）。

図表3　相談・援助の流れ

1．相談・通告の受付
- 相談、通告を受け、問題の内容など必要な情報を把握する。
- 必要に応じて、指導・助言を行う。

↓

2．受理会議（緊急受理会議）
- 受けつけたケースのうち、継続的関与が必要なケースなどについて協議を行い、当面の方針や主たる担当者等を決定する。
- 緊急に受理会議を開催する必要がある場合には、随時緊急受理会議を開催する。

↓

3．調査
- 援助方針の決定にあたり必要な情報を把握するため、調査を行う。

↓

4．ケース検討会議
- 調査の結果を踏まえ、ケース検討会議を開催し、子ども、保護者に対する最も効率的な援助方針を決定する。

↓

5．関係機関等による支援
- 援助方針に基づき、市町村による援助、児童相談所への送致等を行う。

↓

6．定期的なケース検討会
- 適時適切に相談援助活動に対する評価を実施し、それに基づき援助方針の見直しを行うとともに、相談援助活動の終結についてもその適否を判断する。

（厚生労働省「市町村児童家庭相談援助指針について」を参照のうえ筆者作成）

3．要保護児童対策地域協議会を中心とした体制づくり

（1）連携体制

　相談援助業務においては、個別ケースへの丁寧な支援とともに、医療、司法等の専門的な視点も必要とされます。そのため、先述の「要保護児童対策地域協議会」の活用を通じた、各機関との連携が重要となってきます。要保護児童対策地域協議会は「運営の中核となって関係機関相互の連携や、役割分担の調整を行う機関を明確にするなどの責任体制の明確化」「関係機関間の円滑な情報の提供を図るための個人情報保護の要請と関係機関における情報共有の関係の明確化」のために、2004年児童福祉法改正法において定められた機関で、設置は義務づけられてはいませんが、こうした関係機関等の連携による取組みが要保護児童への対応に効果的であることから、その法定化等の措置が講じられたものです。

　要保護児童対策協議会の意義としては、以下のような利点が挙げられます。

- 要保護児童等を早期に発見することができる。
- 要保護児童等に対し、迅速に支援を開始することができる。
- 各関係機関等が連携を取り合うことで情報の共有化が図られる。
- 情報の共有化を通じて、それぞれの関係機関等の間で各々の役割分担について共通の理解を得ることができる。
- 関係機関等の役割分担等を通じて、それぞれの機関が責任を持って関わることのできる体制づくりができる。

　地域協議会の対象児童は、児童福祉法第6条の3に規定する「要保護児童（保護者のない児童又は保護者に監護させることが不適当であると認められる児童）」であり、虐待を受けた子どもに限られず、非行児童なども含まれるため、ケースの多様化が想定されます。

（2）要保護児童対策地域協議会の設置について

　要保護児童対策地域協議会の設立にあたっては、設置主体は地方公共団体（市区町村、都道府県等）が想定されています。また、地域協議会は個別の要保護児童等に関する情報交換や支援内容の協議等を行うことから、地域の事情に応じて複数の市町村が共同で設置することも想定されています。

（3）要保護児童対策地域協議会の構成員

　協議会の構成員は、児童福祉法第25条の2第1項に規定する「関係機関、関係団体及び児童の福祉に関連する職務に従事するもの、その他の関係者」です。

　構成員として想定される関係者は図表4の通りです。

図表4　要保護児童対策地域協議会の構成員として想定される関係者

【児童福祉関係】	【保健医療関係】
■市町村の児童福祉、母子保健等の担当部局 ■児童相談所 ■福祉事務所（家庭児童相談室） ■保育所（地域子育て支援センター） ■児童養護施設等の児童福祉施設 ■児童家庭支援センター ■里親 ■児童館 ■民生・児童委員協議会、主任児童委員、民生・児童委員 ■社会福祉士 ■社会福祉協議会	■市町村保健センター ■保健所 ■地区医師会、地区歯科医師会、地区看護協会 ■医療機関 ■医師、歯科医師、保健師、助産師、看護師 ■精神保健福祉士 ■カウンセラー（臨床心理士等）
	【警察・司法関係】 ■警察署 ■弁護士会、弁護士
【教育関係】 ■教育委員会 ■幼稚園、小学校、中学校、高等学校、盲学校、聾学校、養護学校等	【人権擁護関係】 ■法務局 ■人権擁護委員
	【その他】 ■NPO法人 ■ボランティア団体等

（厚生労働省「市町村児童家庭相談援助指針について」を参照のうえ筆者作成）

（4）要保護児童対策地域協議会の運営

厚生労働省「市町村児童家庭相談援助指針」2005年2月14日（雇児発第0214002号）では、地域協議会においては、個別のケースについて担当者レベルで適時検討する会議（個別ケース検討会議）、構成員の代表者による会議（代表者会議）や実務担当者による会議（実務者会議）を開催することが期待されています（図表5）。

以上のように、厚生労働省の指針等では、「連携」を通じた個別ケースへの適切な対応、見守り機能の強化が求められています。現在地方自治体は、この指針に沿って要保護児童対策地域協議会を設置し、地域の状況にあった対策に向けてスタートを切り始めています（図表6）。これまでも地方自治体は個別ケースに応じて福祉、教育、医療、保健等の担当者が情報交換をしながら最善の対応を図ってきていましたが、協議会のように多数の関係機関

図表5　各会議の目的等

	代表者会議	実務者会議	個別ケース検討会議
目的	・実務者会議が円滑に運営されるための環境整備 ・関係機関における相互理解、共通認識の醸成 ・連携の継続性確保	・情報交換やケースに関する傾向の把握 ・各関係機関における活動状況の共有と役割の確認	・個別ケースの適切な支援内容を検討
頻度	年1回～2回程度	年1回程度（自治体によって異なる）	必要に応じて開催
参加者	各関係機関の責任者	実際に活動する実務者	当該ケースに関わる各機関の担当者
議題等	・活動状況の報告と評価 ・要保護児童等支援に関する全体の課題検討　等	・定期的な情報交換 ・ケース対応における課題 ・啓発活動 ・年間活動方針の策定　等	・要保護児童の状況の把握や問題点の把握 ・支援の経過報告およびその評価、新たな情報の共有 ・援助方針の確立と役割分担の決定およびその共有 ・支援計画の検討　等

（厚生労働省「市町村児童家庭相談援助指針について」を参照のうえ筆者作成）

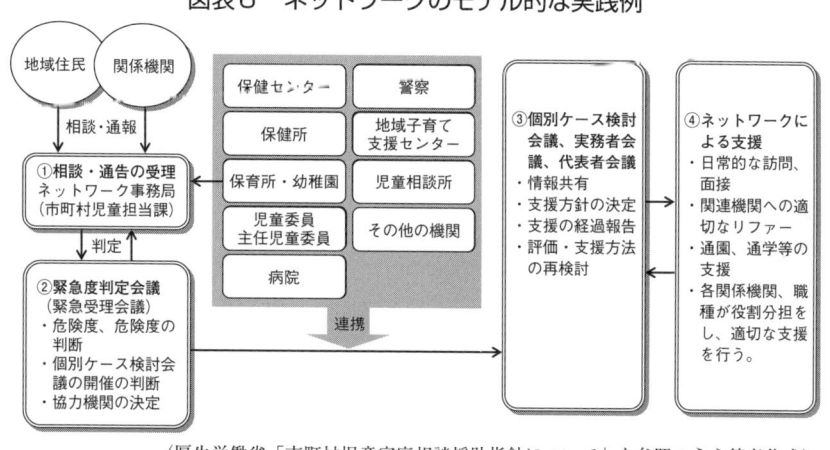

第10章 要支援家庭へのサポート

図表6 ネットワークのモデル的な実践例

```
[地域住民] [関係機関]
     ↓相談・通報
①相談・通告の受理
ネットワーク事務局
(市町村児童担当課)
     ↓判定
②緊急度判定会議
(緊急受理会議)
・危険度、危険度の判断
・個別ケース検討会議の開催の判断
・協力機関の決定

[保健センター] [警察]
[保健所] [地域子育て支援センター]
[保育所・幼稚園] [児童相談所]
[児童委員 主任児童委員] [その他の機関]
[病院]
   ↓連携

③個別ケース検討会議、実務者会議、代表者会議
・情報共有
・支援方針の決定
・支援の経過報告
・評価・支援方法の再検討

④ネットワークによる支援
・日常的な訪問、面接
・関連機関への適切なリファー
・通園、通学等の支援
・各関係機関、職種が役割分担をし、適切な支援を行う。
```

(厚生労働省「市町村児童家庭相談援助指針について」を参照のうえ筆者作成)

が参加し、それぞれの役割を担いながら対応を検討する「しくみ」はなく、試行錯誤しながら進めています。次に、加古川市における取組みを取り上げながら、要保護児童対策地域協議会設置による利点や、推進時のポイントについて整理していきます。

4．事例：加古川市における家庭児童相談援助

（1）市の概要

　加古川市は、兵庫県の南部に位置し、人口約26万6,000人、そのうち15歳未満の年少人口は約4万人で全体の15％程度にあたります（住民基本台帳人口、2008年4月1日現在）。現在、特例市に指定されており、東播磨地方の中核都市として機能しています。大阪市までは電車でおよそ1時間、神戸市、姫路市へのアクセスもよく、ベッドタウンとして栄えてきました。市街地は加古川町一帯（JR加古川駅周辺）、平岡町一帯（JR東加古川駅周辺）、別府町一帯（山陽別府駅周辺）に発展しており、人口も主として3町のある南東部に集中しています。重化学工業地帯の位置する南部では、マンションが林立し大型量販店の激戦区となっている一方、北部は農村風景が残るのど

かな雰囲気となっており、住民構成やコミュニティの活性状況が異なっています。

（2）要保護児童対策に関する取組みと現状

加古川市では、2005年4月1日に要保護児童対策地域協議会を設置しています（図表7）。協議会のメンバーは図表8の通りです。

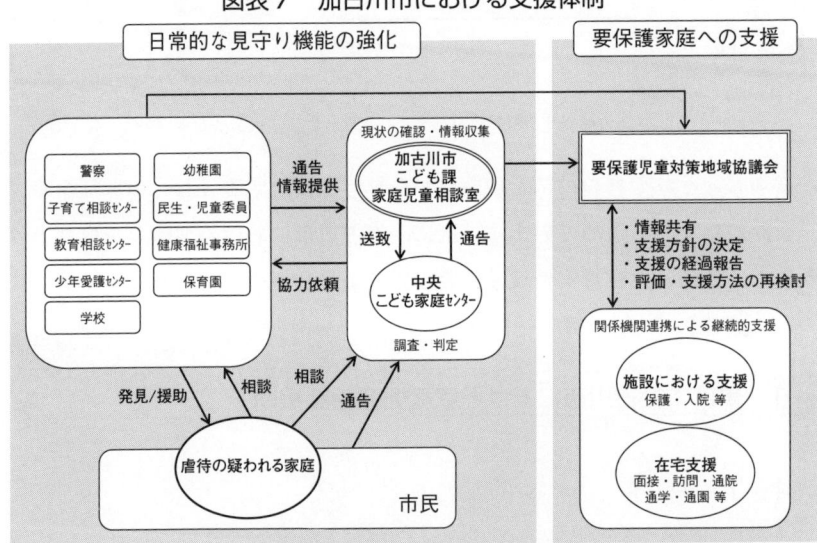

図表7　加古川市における支援体制

（「平成18年度　加古川市要保護児童対策地域協議会活動報告書」より筆者作成）

図表8　加古川市「要保護児童対策地域協議会」の構成

会議	メンバー
代表者会議	医師会、町内会、社会福祉協議会、民生児童委員、PTA、人権擁護委員、児童養護施設、保育協会、警察、こども家庭センター（児童相談所）、健康福祉事務所、中学校長会、小学校長会、幼稚園長会
連絡会議	こども家庭センター（児童相談所）、健康福祉事務所、庁内関係機関
個別ケース検討会議	適宜

図表9　加古川市における虐待件数

年度	件数	種類				
		身体的	性的	ネグレクト	心理的	不詳
15	35	19	0	9	7	0
16	36	18	0	11	1	6
17	72	26	2	28	11	5
18	129	47	3	47	28	4
19	146	45	2	64	34	1

(「加古川市　児童虐待通告受付件数」(2008年3月30日現在))

　市担当課の体制としては、1年目（2005年）は担当係長、家庭児童相談員、臨時保健師の設置のみ、2年目（2006年）は要保護児童対策担当副課長、家庭支援係が設置され、市職員が3名（兼任）、保健師1名（非常勤、専任）、家庭児童相談員2名（非常勤、専任）となりました。

　加古川市要保護児童対策地域協議会活動報告書によると、加古川市が受けつけた虐待に関する通告件数は、要保護児童対策地域協議会を設置した2005年度より窓口を一本化したため件数が倍増しています。2006年度は129件、2007年度は146件とさらに増加していますが、この背景には各連携機関における見守り機能の強化、啓発による意識の高まり等があると考えられます（図表9）。

（3）加古川市における要保護児童対応に関する基本的な考え方

　加古川市における目標は、最終的に地域の関係機関による「見守り」によって、早期対応、日常的な支援ができる状態を実現することです。この目標を達成するために、加古川市では①関係機関との連携強化、②事務局の運営機能・専門性の強化のために次のような取組みを行ってきました。（破線囲み内は取材時における加古川市のコメント）

① 関連機関との連携強化

■1年目：ネットワークの基盤づくりに試行錯誤

- 協議会設立当初は、担当係長、臨時保健師の設置のみで、協議会の告示や代表者会のメンバー選定等の事務手続きに労力を費やした。活動内容も研修会や講演会等の開催が多く、実際のケースにどのように関わっていくかは詰められていなかった。
- まずは市の担当課の中で定期的にケースの見直しを行い、就学前・就学後担当に分けて情報の交換等を行った。
- 連絡会議では、どのような内容でどれくらいの頻度で開催するかがわからず、開催回数を減らすなど試行錯誤を繰り返した。
- 大勢が集まる連絡会議ではなかなかネットワークの強化が難しいため、できるだけ個別に顔を合わせる機会を増やすと共に、関係が築けそうな機関から積極的に働きかけるようになった。

■2年目：関係機関への積極的な働きかけ

- 連絡会議のあり方について、位置づけや開催の内容を検討。「こども家庭センター（児童相談所）・健康福祉事務所」「就学前担当機関」「就学後担当機関」「民生・児童委員」と4つのブロック化等を図った。
- 連絡会議では各担当機関が役割を認識し、主体的に動いてもらえるよう、すべてのケースについて説明し、常に連携の大切さを説明した。
- 民生・児童委員への定期的な研修、学校園職員向けのマニュアルの作成・配付、講演会の実施等、関係者に対して積極的な啓発活動を行った。

■3年目～今後：より機能するネットワークへ

- 実務者会議を設置し、すべてのケースの進捗状況の検討を図った。
- これまでマニュアル等の配付によって発信をしてきた中学校、小学校等の教育機関に対しても訪問を予定。現在は学校や担当者によって温度差があったり、他分野の職員は福祉の手当等についてあまり知らなかったりすることが多いため、直接説明することによって共通認識を持つことを目的とする。

これらの活動により、加古川市では現在も「ケース検討会議を重ねることでの連携の強化」を重視し、すべてのケースについて実務者会議にて報告を

すると共に、情報の一元化を図り支援方針を決定するなど、ネットワークを活用した支援につなげています。また、活動の過程においては、市担当課が積極的に足を運び「顔が見える関係」を構築することによって、各関係機関や担当者1人ひとりの当事者意識を醸成し、関係機関による「見守り」によって、早期発見、日常的な支援ができる状態をめざしています。

② **事務局（市担当課）の運営機能・専門性の強化**
　■1年目：人員不足・運営方法の模索

- 担当係長、臨時保健師の設置のみという環境から、事務作業に時間が費やされる一方、ケースの通告件数が増加していき、ネットワークが機能しないままでは適切な支援ができなくなってしまうとの危機感から、児童虐待の専門家に協議会の運営についてアドバイスをもらうようになった。

　■2年目：支援の「質」を充実

- 引き続き、協議会の運営については専門家にアドバイスをもらい、ケース検討を中心に連携の強化を図った。
- 実際の支援を担当する家庭児童相談員は、相談対応の経験は長いが、多様化するケースに対して困難を感じることも多い。1人で抱え込みすぎないために、相談員を支援するスーパーバイザーを設置。2006年度は女性問題のカウンセリングを担当する臨床心理士に依頼。
- 市内の虐待事例が新聞に取り上げられたことにより、議会をはじめ上層部の関心が集まったこともあり、相談員の勤務体制の充実に向けて予算計上を図った。

　■3年目～今後：より高度な支援の実現へ

- スーパーバイザーを社会福祉士に依頼。ケースの見立ても含めてアセスメントやアドバイスを受ける。今後はケースが増加しているメンタルヘルスケア対策のために、精神科医への依頼を想定。
- 専門性や経験を高めつつある相談員が継続的に従事できるように雇用条件についての問題提起を行う。

協議会が有機的に機能するためにも、事務局の運営能力強化は非常に重要です。しかし、財政的な制約等から、人員を十分に整えられる自治体は多くありません。そのような状況下で運営能力を強化する際には、加古川市のように「外部リソース」を使ってアドバイスをもらったり、相談員の育成を行ったりすることで、中長期的な運営能力の強化や支援の質の向上が期待できます。

5. まとめ

「家庭」の問題は、虐待、非行、病気、生活保護など、様々な要因が絡んでいます。加古川市では、関係機関との積極的な連携づくりで協議会を設置することによって包括的な支援ができる基盤が徐々に整備されつつありますが、よりよい支援を実現するために、今後も教育や、医療、地域の民生児童委員との連携強化や、多様化するケースに対応するための専門性の強化が課題となっています。

各地方自治体においても協議会推進時には連携の難しさや不十分な体制等、同様の課題が指摘されています。これらの課題に対して、どのように解決していくのか、自治体間での情報交換を行いながら、それぞれの取組みに活かしていくことも必要であると考えます。

第11章

父母や保護者たちのエンパワメント
―これからの「子育て支援」をめざして―

久保田　力（浜松大学 健康プロデュース学部こども健康学科教授）

　本章では、これまでの「子育て支援」に対する反省的・批判的思考から生まれた「父母や保護者たちのエンパワメント（empowerment：資質能力の維持と向上）」という視点から、これからの「子育て支援」の基本的方向を確認したいと思います。

　それを一言で表現するなら、「父母や保護者たちによる自主的・自発的・自律的な学習活動の相互支援」になるでしょう。言い換えれば、生物学的意味での父母（親）が、本当の意味での「親（保護者）」として、その責任を遂行するために行われるべき社会的支援です。

　この議論への示唆を得るため、本章では先駆的な実践活動事例を2つ紹介します。ニュージーランドで「草の根」的に発生し、展開されてきた「（父母や保護者たちによる）子育て相互支援」としての「プレイセンター（Playcentre）」、そして、カナダにおいて「虐待」防止の観点から家庭教育力の回復をめざし、現在、国家的親教育プログラムとして展開されている「Nobody's Perfect（「完全な親などいない」）」です。

1. 普遍的な社会機能として存在していた子育て支援

　子ども・父母（保護者）・子育て・子育て支援などをめぐる多くの次元や側面の状況は、時々刻々と変化しています。また、それに連動する真偽や善悪の判断基準も動いている以上、「昔はよかった」風の懐古話をしたところで仕方ありません。しかし、とりわけ「子育て支援」を話題にする時に筆者は、社会の中に存在する普遍的機能としてのそれと、近年の「少子社会」問

題に対応する政策としてのそれとを、どうしても比較してみたくなります。

　乳飲み子を見かけると「何ヵ月？」と母親に尋ね、電車やバスの中で赤ん坊と目が合えば微笑を返し、おかしな顔をして笑わせようとする人、ヨチヨチ歩きの子には「アンヨがお上手ね〜」と声をかけ、「今日は小学校の参観日でしょ？私が○○ちゃんの面倒を看ていてあげようか？」と言ってくれるお隣さんが、かつては今よりもいました。もちろん、そういう方々は今でも少なくないのですが、やはり、乳幼児や子どもを連れている（＝育児中の）父母に対する周囲の興味関心レベルはかつての方が高く、それゆえ社会は、日常生活のごく自然な場や機会の中で、しかも、多種多様な形と方法をともなった「子育ち・子育て」への支援に充ちていました。普遍的に存在した社会的機能としての「子育て支援」とは、そのような意味です。

　そういう諸々の支援が、各時代の父母たちにとって十分なものであったかはわかりませんし、また、それを詳しく検証する事が拙稿の目的ではありません。ただ１ついえるのは、「子育て支援」という特別なスローガンを掲げながら、色々な行政施策の制定と実現を強く期待し、それらを躍起になって要求するということは多くありませんでした。「楽観的だ」と批判されるかもしれませんが筆者は、上述の普遍的社会機能としての子育て支援、換言すれば、この国の精神文化の一部としての子育て支援は、今も連綿と私たちの日常生活に潜在していると考えます。

2.「少子社会」問題対策／政策・施策としての「子育て支援」

　関東学院大学の大豆生田氏は、「"子育て支援"とは何かということは自明ではない。その具体的な子育て支援の内容はその立ち位置やスタンスによって大きく異なる。」と述べていますが（大豆生田啓友『支えあい、育ち合いの子育て支援〜保育所・幼稚園・ひろば型支援施設における子育て支援実践論〜』（関東学院大学出版会、2006年）35頁）、ここでの「子育て支援」は前述の普遍的社会機能としてのそれではなく、実際の社会の中で展開されている具体的な活動や、それらを根拠づけている制度や法令群を意味しています。

第11章　父母や保護者たちのエンパワメント―これからの「子育て支援」をめざして―

　一口に「子育て支援」と言いながら、そこに内包される意味や内容は多次元的で多種多様であり、この点を軽視・看過した十把一絡げ的な「子育て支援」の議論、つまり、子育て支援の賛否を問うたり、「望ましい"子育て支援"」を討論する等の行為に対して、私たちは慎重にならざるを得ません。なぜなら、社会の中の普遍的機能であり、その意義がア・プリオリ（先験的）に肯定される「子育て支援」ですが、それを目的に行われる「子育て支援」諸施策の中には、必ずしも望ましくない・好ましくないものが混在しているからです。「子育て支援」自体の賛否や適否が問われ、その実効性や妥当性などが議論されるのは、「子育て支援」という社会機能そのものではなく、その発現を意図して展開される多様な政策や施策の次元においてです。

3.「子育て支援」諸施策の類型

　私たちの社会に普遍的に存在する機能としての「子育て支援」が、その賛否や適否を問われ、複数の選択肢を前提に議論されるのは、そこに多くの施策群が存在するからです。そして、それらの多くは、1989年の「1.57ショック」をエポックとするわが国の「少子社会」問題と絡んでいます。要するに、国家政策としての「子育て支援」は、「子育て中の人を様々な形や方法で支援する」という本来の方向から離れ、「この国に生まれ育つ子どもの数を増やす」というベクトルの中で展開されてきたということです。以下では「子どもの数を回復する」ための政策や施策群を類型化し、その問題性や課題を指摘してみます。

（1）「乳幼児を託す」場や機会の拡大

　早朝保育・延長保育・休日保育・一時保育・緊急保育・病後保育まで、とりわけ保育所には乳幼児保育時間の拡大、および、乳幼児を託される形態の多様化が求められてきました。このような政策や施策が、私たちがめざす本当の「子育て支援」なのか否かを議論する気はありません。「預けられる子ども側の気持ちにもなってみろ！」という観点から、このような諸策を非

難・批判することはできますが、「子どもを少しでも長く預けて働きたい」という「社会的ニーズ」も、確かに存在しているからです。

「待機児童の増加」対「待機児童ゼロ作戦」という奇妙なイタチの追いかけっこ的社会状況を生み続けているにも関わらず、「乳幼児を托す場や機会が拡大すれば、『もう１人産んで育てよう』という父母は増える」的な発想は、残念ながら今でも消散していません。したがって、「エンゼルプラン（児童育成計画）」の策定過程で創出され提案された「子育て支援」諸施策の多くは、「乳幼児を託す・子どもを預かる」タイプのものが主流を占めていました。

（２）「子育て支援」と「子育て代行」との混同

地方自治体が各種のサービスを提供する「子育て・子育て家庭・ファミリー」サポートセンター構想や「保育ママ」制度、あるいは、民間組織主催の「パパママ応援団（例：静岡第一テレビ）」やNPO法人による「親子ふれあい広場」「親子で絵本教室」などに散見される活動の類型であり、「父母の代理で誰かが行う保育活動」であり、基本的な方向性は前述（１）と同様です。本来は父母がすべきこと・父母にもできること・父母でなければできないことを、保育経験者（元・保育士や元・幼稚園長など）が代わりに「やってあげましょう」型の「子育て支援」で、これもまた、初期の行政施策の中に多く見られました。準備や運営の費用が比較的廉価に済むだけでなく、「やってもらう」事に飢えていた父母たちから広く支持された（少なくともそう見える）ケースが多かったからだと思われます。残念な事に、このような一発型の子育て支援イベントは、今でも少なくはありません。

ちなみに、「親子○○教室」「母子○○講座」などと銘打ちながら、実態は「無料託児所」化していたケースもあります。無料の託児に関する情報を巧みに収集し、それらを次々に渡り歩く人たちを私は、「子育て支援はしご族」と揶揄しています。しかし、彼らこそが大量で多種多様な社会的ニーズをつくり出しているのです。

第11章　父母や保護者たちのエンパワメント―これからの「子育て支援」をめざして―

(3)「子育てに関する相談」の場や機会の拡大

　出生率的に言って、この国から子どもの姿が消え始めたのは1970年代後半からです。深刻な社会問題としての「少子」化は、その萌芽を既に一世代前に求めることができます。そして、「徐々に子どもが減っていく」、つまり、兄弟姉妹・同級生・（同・異世代の）友人や知人などとの人間関係が希薄化していく社会の中で育ってきた世代が、既に父母をやり始めているのが現代なのです。

　私たちは、幼少期からの多種多様な人間関係を通して、自分の社会性を発達させていきますが、それは親子関係についてもまったく同様です。ある子が父母（親）となった時、そこでの新たな親子関係の密度は、その子がそこまでに体験した親子関係の濃淡に規定されます。前述（1）や（2）の「子育て支援」を受けて育った子どもたちは、もしかするとわが子について、「どのように育てようか？」を考える以前に、「どこに預けようか？」と発想したりはしないでしょうか。こんな恐怖は、取るに足りない個人的な杞憂であってほしいです。

　「育児相談」型の諸施策は、以前から比較的多く展開されてきました。しかし、とりわけここへきてクライエント（相談者）が、父母になるための人間関係的な学習機会に恵まれなかったことも一因し、これまで以上に子育ての不安や悩みと直面しやすくなったため、新聞・雑誌・電話による従来型相談活動に加え、携帯電話やインターネットを活用する新しい「子育て支援」活動への参加も増えています。1つの事例として、NPO法人／はままつ子育て情報ネットワーク「ぴっぴ」が主宰するウェブサイトを紹介しておきます（http://www.hamamatsu-pippi.net/）。

(4)「子育てに関する財政的援助」の拡大

　「預かってあげる」や「やってあげる」基調の「子育て支援」諸施策の実効性が確認できないこともあるのか、近年、教育費や医療費などを無料化す

るという方策を試みる地方自治体が増えています。各種の調査によると、父母の「子育て」負担感の少なからぬ部分は経済的側面と関わるのだそうで、そこへの直接的・間接的な行政的対応や金銭的手当ては、確かに父母たちの社会的ニーズへの反応という意味において、時宜を得ているといえます。

しかし、その一方で、子どもに対する医療費の公的支給が、小児医療現場への「昼夜を問わず来院する親子の発生による小児科医の過重負担」を生んでいるとの指摘もあり、ここでもまた、「子育て支援」の真の意味と「社会的ニーズ」との関わらせ方や、「社会的ニーズ」の取り上げ方などへの問題提起がなされています。

4. 看過されてきた「保護者」になるための学習活動

3. で述べたように、「子育て支援」というスローガンの下、様々な行政施策や民間主導の活動が展開されてきています。でも、敢えてここで再度、「子育て支援」の真の意味を問い返しておきましょう。子育て支援は、「何の（誰の）ために行われる」ものなのでしょう。確かに、近年それは「少子社会」問題への対策として展開されてきましたが、それでよかったのでしょうか。この問題の原点に立ち返ってみます。

2006年12月に改正された教育基本法は、子どもの教育の第一義的責任が父母（または保護者）にあることを明記しています（第10条）。本来の「子育て支援」は、その第一義的責任を負う父母（保護者）たちの、その全遂行過程を対象とする様々な社会的支援の総体を意味するものです。そして、「子育て」を代行し、「働きたい・リフレッシュしたい・子育てから解放されたい」等の父母側意思を、優先させるためのものでは決してありません。

「少子社会」問題とのネジレの中で「子育て支援」が看過してきた最も重要な視点、それは、「子育て支援」が、生物学的意味での父母（親）たちが子育てという試行錯誤の諸活動を通じ、社会学的・心理学的意味での「保護者」へ育つための意図的・無意図的、意識的・無意識的な学習活動への社会的支援であるということです。おとなから子どもへの知識・教養・技術・技

第11章　父母や保護者たちのエンパワメント─これからの「子育て支援」をめざして─

能の一方的伝達という伝統的なとらえ方ではなく、学習者の自発的・自主的・自律的学習活動の支援という意味で「教育」という語を用いるのなら、父母を保護者に育てるための教育活動こそが「子育て支援」なのです。「父母を育てる」という視点を欠くところに、私たちの次の「子育て支援」はないのです。

筆者も委員を務めた第30期静岡県社会教育委員会（委員長：鈴木真理　青山学院大学教授）は、その報告書を「家庭教育支援のあり方と方策」と銘打ち、「家庭教育支援の現状と問題点」「家庭教育支援施策の方向性」「家庭教育支援施策に向けての提言」という3つの章を設けながら、「子育て＝家庭教育」の支援が社会教育の範疇であることを明確に示しています。その意味でこの報告は、これまで「児童福祉」や「仕事と子育ての両立」「ワークライフバランス」という視座だけで論じられてきた「子育て支援」を、「教育」の視点から把握し直すことを主張する画期的なものです。

父母（親）を対象とする「保護者になるための学習」の支援は、具体的にどう進められればよいのかを考えてみましょう。もちろん、「代行」や「やってあげる（一方的サービス提供）」でないことは明らかです。これまでにも、色々な場や機会に多様な試みが行なわれてきたに違いありませんが、ここでは父母や保護者の「エンパワメント（empowerment）」、すなわち、資質能力の形成・維持・向上という視点から、彼ら自身による子育ての相互支援活動の事例を紹介してみましょう。

「子育て支援」の今後を考えるヒントとして、父母や保護者による相互支援活動を考えた場合、近年、わが国で注目を集めている諸外国での実践活動として、ニュージーランド起源の「プレイセンター（Playcentre）」や、カナダ起源の親教育プログラム「Nobody's Perfect（どんな父母も完璧ではない）」が挙げられます。

前者は、第二次世界大戦前後のニュージーランドにおいて「草の根」的に発生した保護者同士による当番制の就学前教育システムです。また、後者は、1980年代前半にカナダの保健省および大西洋側四州の保健部局により開

発された親教育プログラムであり、1987年にカナダ全土に拡大導入された地域社会による子育て支援が強調されています。次節では、半世紀以上の活動歴を有し、また、行政主導型の成立と展開の過程をたどったのではなく、あくまで父母（保護者）たち自身によって支えられてきたという意味において、「プレイセンター」について多少詳しく紹介しながら、将来における「子育て支援」を展望してみたいと思います。

5．ニュージーランドのプレイセンター（Playcentre）に見る「子育て相互支援」

「プレイセンター（Playcentre：以下PCと略す）」は、半世紀以上も前にニュージーランドで「草の根」的に誕生し、現在、保育所・幼稚園に続く第3の就学前教育機関として位置づけられているものです。その存在目的や特徴を説明するための視点は複数ありますが、本稿での最大の注目点は、その設立や運営が、父母（保護者）たちによる自主的で自律的なものだということです。与えられた紙数でそれらを網羅することはできないため、「PC」の成立過程や現状に関する詳説は別機会に譲り、本項ではそこでの諸活動の中核である「セッション」と「ワークショップ」に焦点化して紹介してみます。

（1）セッション（session）

子どもとおとな（父母・保護者以外の活動支援者も含む）が、「遊び（プレイ）」の時間と空間を共有する活動です。幼稚園や保育所などで一般的に見かける保育（教育）実践活動と類似していますが、ここでは特に、①父母が「保育者」の役割を当番制で担当する　②「遊び」の主導権は子ども側にある　③就学前教育制度の中に組み込まれた公式的活動であり、ニュージーランド教育省の統合的就学前教育課程『テ・ファリキ（Te Whāriki）』に準拠した活動が展開される　という3点に注目しておきましょう。

第1点は、前述のように保育専門職（プロフェッション）がそこに存在し

第11章　父母や保護者たちのエンパワメント―これからの「子育て支援」をめざして―

ないことからくる結果ですが、子連れの母親が定期的に集い、参加者全員で楽しい時間を過ごす風の一般的「子育てサークル」活動とは少し様相が異なっています。つまり、「当番」が子ども全体の保育（教育）活動を担当している間、その他のメンバーは仕事・家事・リフレッシュなどに自分の時間を使えるのです。「（保育料を払って）預かってもらう」のではなく、「時間とエネルギーと自分にできることを提供する」という意味では、《give and take》という考え方に近いかもしれません。

　自分の「当番」時には、その「PC」の子どもたち全体の面倒を見なければならず、「（個人的）子育て」経験はあっても、組織的子育てである「保育」経験をほとんど持たない父母たちですから、不安や心配はもちろん多いでしょうし、また、シロウト保育者にわが子を預けるとなると、不安や心配をいだく父母もいるでしょう。しかし、看過できないのは、「自分の子しか見ていない」父母が、「他家の子どもたちの様子を直接見聞できる」機会から学べるものの大きさです。例えば、「言葉や歩行の遅れ」や「友だちと上手に遊べない」等の不安や悩みの多くは、子育てマニュアル上の記述との単純比較から生じており、子どもの発達の実際を実地見聞することで解消されるケースも少なくはありません。この意味で「セッション」は、父母たちに、子どもや子育てに関する自主的・自発的な学習機会を提供しています。

　第2点、「遊び」の主導権についてです。「PC」活動において「遊び」が重要視される教育思想的背景については、本稿の守備範囲ではありません。詳説は別機会に譲ります。

　幼稚園や保育所では、教諭や保育士が子どもたちの諸活動の主導権を握るのが一般的です。1989年に4半世紀ぶりに改訂され、「自由保育」という考え方を前面に打ち出した「幼稚園教育要領」ですが、幼児教育であろうと保育であろうと、それが意図的・体系的・組織的に展開されるものである以上、その主導権は専門職の手に委ねられなければなりません。ルソーが提唱する「消極教育（l'éducation negatif）」は、「放任／放置（neglect）」とは異なります。しかし、「PC」には、幸か不幸か職種としての保育専門職（プ

ロフェッション）が存在しないのです。それでは、「PC」活動の中心となる「遊び」の主導権は、どのような形で存在しているのでしょうか。この答えを端的に述べれば、「子ども自身が『遊び』を選択し、おとなは子どもが選択した『遊び』に参加する」ということになります。

実は、60年以上の活動経験の中から「New Zealand Playcentre Federation（NZPF：ニュージーランドプレイセンター連盟）は、小麦粉粘土遊び・フェイスペインティング・フィンガーペインティング・読書・ロールプレイ（変装遊び）・運動遊び等、16種類の「遊び」を父母たちに推奨し、「PC」活動時にそれらの準備を指示しています。もちろん、準備されるのはそれだけではなく、種芋の植えつけ作業や泥団子づくりなど臨機応変です。ところが、「今日はこれをしましょう！」というおとなからの誘いかけはほとんど見かけません。子ども自身が準備・提示された選択肢（その他）から選び（または、彼ら自身が偶然・自発的・突発的に始める場合もある）、その「遊び」におとなが参加させてもらうわけです。

筆者は、これまでに何度も「セッション」に参加させてもらいましたが、準備されたままで放置された玩具や絵筆や画用紙などを多く見かけました。そこには決して、「せっかく準備したんだからこれで遊ぼう！」風の発言はありませんでした。歌やリズム遊びも、「ピアノ」等を中心とする定位置／定点的活動として展開されるケースはなく、庭の片隅で蟻の行進を見つめつつ、ある時は砂山の頂上に立ちながら自分で歌い始めた子どもの歌に、ギターやリコーダーで伴奏をつけるという形で存在していました。

次に、「セッション」と『テ・ファリキ』の関係について述べます。

ニュージーランドには、保育所・幼稚園・プレイセンターのほか、先住民マオリの子たちを教育対象とする「コハンガ・レオ（言葉の巣）」、南太平洋島嶼部からの移民のための「言語グループ」、さらには、「通信制幼稚園」や各種保育所（一般家庭型・臨時保育所など）が存在していて、就学前幼児の居場所として、実に10種類以上の組織や機関があります。わが国の事情と大きく異なるので理解しづらいとは思いますが、ニュージーランドではそれら

第11章　父母や保護者たちのエンパワメント―これからの「子育て支援」をめざして―

各々の特質や個性を保護者や子どものニーズに上手に対応させながら、独自で巧妙な就学前サービスの一元化が図られています。その一つの表れが、全就学前サービス機関に共通する教育課程（カリキュラム）の制定です。

1986年、ニュージーランド政府は、就学前教育に関係する全機関を教育省（The Ministry of Education）の管轄下におきました。それの背景には、行財政改革の必要性、「幼児教育の機会均等」を徹底させるという意図などがありました。興味深いのは、わが国の「幼保一元化」論議によく見られる「幼稚園か保育所か」的な二者択一論の発想ではなく、個々の機関を存続させながらも、そこで展開される幼児教育活動の内容と質とレベルを共通化しようという考え方です。「認定こども園」が制度的に発足しても、相変わらず内容的に類似した「幼稚園教育要領」と「保育所保育指針」が並存し続けている日本とは、まるで状況が異なります。

先住民マオリの伝統的織物工芸品「ファリキ」の名が与えられた統合的就学前教育課程（カリキュラム）が、教育行政官や幼児教育研究者だけでなく、父母（保護者）代表などの協力も得ながら作成され公刊されたのは、1996年のことです。『テ・ファリキ』の具体的内容は、既に別稿（参考文献を参照のこと）で明らかにしましたので、よろしければそちらをご参照ください。

先述のとおり「PC」は、かつてのわが国の寺子屋にも似た「草の根」的成立過程を経ましたが、現在ではニュージーランド就学前教育体系に公式的に組み込まれています。したがって、そこにおける「セッション」も当然、国家レベルでの教育意図に基づくものでなければなりません。「PC」には教員免許状や保育士資格を有する「専門職」は存在しませんが、それでもそこがオーソライズされた就学前サービス機関である以上、『テ・ファリキ』に示される教育の目的や内容の国家基準に則った「セッション」が展開されなければならないのです。この点は、特別な法制的根拠や基準がないわが国の「子育てサークル」などと大きく異なり、次に述べる「PC」のほかの重要な要素「ワークショップ」での学習内容と深い関係性を持っています。

(2) ワークショップ (workshop)

「PC」での諸活動、つまり、父母や保護者による子育ての相互支援活動を実現するために、絶対不可欠な前提的条件があります。それは、そこが父母・保護者たちだけで構成されることに由来しています。すなわち、個々の「PC」に集う父母や保護者たちは全員、ある程度の（もちろん、できる限り高いレベルの）「子育て」や「保育」に関する知識・教養・技術・技能を修得（習得）しなければならないということです。そのため、父母や保護者たちには「自主ゼミ」的な自己学習の場が設定・準備・提供されなければなりません。この「PC」メンバーたちの自主的・自発的な相互学習の場や機会が「ワークショップ」で、夜間や休日など、わざわざ「セッション」とは別の時間帯や場を設けて開催しています。保育専門職を置かない「PC」では、この「ワークショップ」があって初めて「セッション」が成立します。したがって、「PC」活動に加わろうとする人全員に、「ワークショップ」への継続的な参加や参画が要求されるのです。この一種の大変さが災いするのか、ニュージーランドにおける「PC」活動への参加率は、恒常的に2割を超えることはないと聞いています。しかし、逆にいえば「自分たちの子どもは他人に預けたりせず、自分たちで育て合う」というプライドを持ち続ける人たちが、今でも2割近くいるということなのです。

6. わが国での父母（保護者）のエンパワメントの課題

筆者は、2000年6月より、静岡県三島市内を拠点とする日本版プレイセンター活動の立ち上げと運営に関わり続けています。その間、愛知県豊橋市・豊田市・刈谷市、あるいは、三重県などからの求めに応じて、三島市周辺での日本版プレイセンター活動の報告に基づいた問題提起、また、新たな「子育て支援」に向けた諸々の提案をさせていただいていますが、本稿のテーマである「父母（保護者）のエンパワメント」ということに絡めて一言、「それを実現するための道のりは必ずしも平坦ではない」と、与えていただいた

第11章　父母や保護者たちのエンパワメント―これからの「子育て支援」をめざして―

本稿執筆の機会の最後に述べさせてください。

　筆者が最も強く問題提起しておきたいのは、父母や保護者たちの「エンパワメント」主体としての意識レベル（テンションの高さ）の問題です。「親が親でいられるための子育て支援」は、実は、「親が親（保護者）をやろうとしているか」のレベル、そもそもそういう認識を持っているかどうかによるということです。これは、私たち日本人が共通して内在させている一種の精神文化ではないかとも思うのですが、「自分たちの資質能力は自分たち自身で高め合っていく」という意識が、そして、「同じ時代に同じ社会の中で同じような年齢段階の子どもを育て合う者同士、『子育て』をお互いに支え合い・（それについて）学び合い・（保護者として）育ち合っていく」という発想が、ニュージーランドのplaycentreに集う父母たちと比較すると、まだまだ弱いような気がしてなりません。

　（行政も含めた）他人を頼る前に、まずは自分たちでもできることから始めてみる。それが子どもにとっての「お手本」たる父母・保護者の望ましい行動様式かもしれません。読者諸兄のご意見やご批判をお待ちしています。

■参考文献
・久保田　力「わが国におけるPlaycentre活動の先験的試み」日本ニュージーランド学会誌第8巻12頁以下（2001年）
・久保田　力「New ZealandのPlaycentreにおける保護者の自主的学習プログラム」日本生涯学会論集Vol.22、165頁以下（2001年）
・久保田　力「子育て支援の進歩と進化」幼稚園じほう第33巻第8号12頁～18頁（2005年）
・久保田　力「子どもが父母・保護者・地域社会と一緒にいられるために」保育の実践と研究Vol.10、No. 3、21頁以下（2005年）
・久保田　力「『テ・ファリキ』はなぜマオリ語か？」現代と保育Vol.69（特集　レッジョとテ・ファリキ）84頁以下（2006年）

【子育て支援シリーズ◆第3巻】

地域の子育て環境づくり

2008年10月31日	初版発行
2009年8月17日	再版発行

監　　修　　汐見　稔幸
　　　　　　佐藤　博樹
　　　　　　大日向雅美
　　　　　　小宮　信夫
　　　　　　山縣　文治

編集代表　　大日向雅美

発 行 所　　株式会社ぎょうせい

　　　　　　本　社　〒104—0061
　　　　　　　　　　東京都中央区銀座7—4—12
　　　　　　本　部　〒136—8575
　　　　　　　　　　東京都江東区新木場1—18—11
　　　　　　ＴＥＬ　03—6892—6525（編集）
　　　　　　　　　　03—6892—6666（営業）
　　　　　　フリーコール　0120—953—431

〈検印省略〉　ＵＲＬ　http://www.gyosei.co.jp

印刷　ぎょうせいデジタル㈱　　　　　Ⓒ2008 Printed in Japan
＊乱丁本・落丁本はおとりかえいたします。本書の一部あるいは全部について
　無断で転載・複写・複製することは固く禁じられています。
　　　　　ISBN978—4—324—08367—3
　　　　　　（3100491—01—003）
　　　　　〔略号：子育て支援シリーズ③〕

子育て世代、応援します！
保育と幼児教育の場で取り組む "親の支援" プログラム
加藤邦子、飯長喜一郎／編著　　　　　　A5・定価2,300円税込

今後の幼稚園や保育園等では積極的な子育て支援が求められている。本書は、親をどう支援するかに重点を置き、具体的なプログラムづくりの方法や援助のポイントを解説。悩む親たちを励まし子育てに自信を持ってもらう方策が満載の一冊。

「幼保一体化」から考える
幼稚園・保育所の経営ビジョン
無藤隆、網野武博、神長美津子／編著　　　A5・定価2,300円税込

今日の乳幼児保育・教育をめぐる諸課題を解説するとともに、地域のニーズを重視した柔軟な子育て支援を展開している施設の事例を紹介。「幼保一体化」をキーワードに、これからの幼稚園・保育所運営のヒントをわかりやすく示す、関係者必携の書。

新版　もうひとりで悩まないで！
教師・親のための子ども相談機関利用ガイド
小林正幸、嶋﨑政男／編　　　　　　　　A5・定価2,600円税込

症状別・機関別・地域別の3種類の方法で、適切な相談機関を探しだせるガイドブック。子どもの心身の問題を解くヒントを示すという基本はそのままに、新版では虐待対応や発達障害者支援などの項目を追加、巻末の全国相談機関一覧も充実。

豊かな感性を育む表現遊び
心と体を拓く
青木理子、青山優子、井上勝子、小川鮎子、小松恵理子、
下釜綾子、瀧信子、松田順子、宮嶋郁恵／共著　　B5・定価2,300円税込

幼稚園教育要領や保育所保育指針の保育内容にも掲げられている領域「表現」について、基本的な考え方や具体的な「表現遊び」の事例を用いて分かりやすく解説する一冊。

幼保施設等　安全・安心ハンドブック
【危機管理マニュアル】　　　　幼保施設危機管理研究会／編集
　　　　　　　　　　　　　　加除式・B5・定価9,800円税込

幼児を狙った凶悪犯罪や児童虐待が頻発している。そうしたなか、幼稚園や保育園などの施設においても、乳幼児を取り巻く事件・事故を未然に防ぐための危機管理が求められている。本書は、幼保施設等の運営全般における危機管理マニュアルとして、幼保施設等で過去に発生した事故・事件・問題等を体系的に整理・分類し、予測される事態への予防方法と対処方法を解説。

☆加除式図書は、以後発行される追録（代金別途）と併せてのご購入となります。

株式会社　ぎょうせい　〒136-8575　東京都江東区新木場1-18-11
TEL:0120-953-431／FAX:0120-953-495

小社発行の図書はホームページからもご注文を承ります。　URL:http://www.gyosei.co.jp